臺灣歷史與文化 研究輯刊

六　編

第 11 冊

台灣關貿政策之歷史研究
（1945 ～ 1967）（上）

李 文 環 著

花木蘭文化出版社

國家圖書館出版品預行編目資料

台灣關貿政策之歷史研究（1945～1967）（上）／李文環 著 --
初版 -- 新北市：花木蘭文化出版社，2014〔民 103〕
目 8+198 面；19×26 公分
（臺灣歷史與文化研究輯刊 六編：第 11 冊）
ISBN 978-986-322-954-4（精裝）
1.關稅 2.貿易政策 3.歷史 4.臺灣
733.08   103015087

ISBN-978-986-322-954-4

9 789863 229544

臺灣歷史與文化研究輯刊
六　編　第十一冊　　　　　　　ISBN：978-986-322-954-4

台灣關貿政策之歷史研究（1945～1967）（上）

作　　者　李文環
總 編 輯　杜潔祥
副總編輯　楊嘉樂
編　　輯　許郁翎
出　　版　花木蘭文化出版社
社　　長　高小娟
聯絡地址　235 新北市中和區中安街七二號十三樓
　　　　　電話：02-2923-1455／傳眞：02-2923-1452
網　　址　http://www.huamulan.tw 信箱 hml 810518@gmail.com
印　　刷　普羅文化出版廣告事業
初　　版　2014 年 9 月
定　　價　六編 21 冊（精裝）新台幣 42,000 元

台灣關貿政策之歷史研究
（1945～1967）（上）

李文環　著

作者簡介

李文環，高雄市大寮區人，成功大學歷史學系文學博士，目前任教高雄師範大學台灣歷史文化及語言研究所。1990 年代末，因緣際會得以覽閱高雄關稅局的檔案，因而撰寫《高雄海關史》一書，本書可說是海關史的延續與深化。近十餘年投入文化資產調查研究，並試圖另闢地方研究之蹊徑，代表作品《空間與歷史：旗山文化資產之歷史論述》。

提　　要

　　本文探討台灣國家關貿政策之形成、轉變與影響。借用亞當斯密批判重商主義「輕消費、重生產」的論點，轉化為「節流與開源」的概念為研究取徑，論述民國 34（1945）年二次世界大戰結束後，政府如何從接收的矛盾問題，過渡軍事對抗的調整，乃至民國 56（1967）年間形成台灣自主性的關貿政策。

　　透過本文的討論，台灣關貿政策的歷史演變歸納為三個機制與一大弊端來說明。

　　第一個機制是以台灣為主體的國家邊境安全與經貿流通之監管機制。這是隨著民國 38（1949）年間政府在大陸局勢惡化，以戒嚴令為依據，軍警尤其是保安司令部大力介入台灣邊境安全與貿易管制流通的監控，形成以台灣為主體的國家邊境管理機制，在此機制上，軍警、海關、港務與金融銀行各司專業分工，維護台灣國家邊境安全與監控經貿的流通。

　　第二個機制是在高關稅、高管制的關貿政策下，犧牲廣大消費者利益的節流機制。這是從戰後接收復員與制度磨合的同時，中央與地方隨局勢需求所不斷調整而形成的現象，後來均積累在台灣而構成進口商品高關稅、高管制，以及出口商品高限制的關貿政策。如此，在軍警所構築的戒嚴體制下，結合金融外匯管制、高貿易管制與高關稅等，構成三合一的半封閉系統，乃是政府為解決財政拮据、外匯不足的節流機制。

　　第三個機制是以政府積極獎勵生產者擴大再生的開源機制。從迎合大陸紡織資本遷台，大幅調整紡織商品關稅與貿易管制結構，結合美援原棉與代紡代織之統制再生產機制，大陸紡織資本成功移植台灣。以紡織業為核心，初步奠定民生自足的經濟體系之後，如何在不違背國家安全與財政收入的前提下，在半封閉的體系中擴大再生機能，進而達到國家財政與產業資本累積的功能，而勞力密集之出口代工與勞務出口，也就成為開源擴大再生的楔子。

　　綜觀台灣關貿政策的演變，以台灣自主性的國家建立，貫穿歷史發展的脈絡，而其過程又以犧牲消費者作為國家財政與資本累積的前提，進而獎勵生產者擴大內部再生產，以促進出口擴大再生。然這樣的過程嚴重扭曲市場機能，以致以走私滿足內部消費需求的地下經濟始終無法遏止。這股龐大的走私弊端，以遊走邊境的漁船與船員為主，主要從事民生消費商品的走私，其力量之大成為海關最為棘手的挑戰。諷刺的是，不少海關人員也捲入走私的暴利之中，而成為時代性的結構性問題之一。

致　謝

　　歷史研究必須奠基於紮實的史料，才能言而有徵。本文最重要的努力，在於將凌散的公文檔案有系統加以整理分析，以呈現二次大戰後二十餘年間台灣在關貿政策上的歷史現象。在這個人努力的背後，特別要感謝財政部高雄關稅局昔日的長官與同事，允許我查閱海關檔案，讓我得以在紮實的資料基礎上，論述我這篇論文。

　　回顧在成功大學求學的歲月，悠悠十一載串起大學到碩、博士的人生歷程，將我這位原是修理船舶的行船人，調教成致力於關懷人類行為現象的文化人。這段蛻變與成長的歷程，系上每位師長，均是涵養的泉源。從「歷史只是事件的記憶」，進而了解「過去與現在的對話」，乃至人類行為演變的大時代現象的認知，王琪教授乃是引領我進入歷史學的導師。只是浩瀚的歷史現象總是令人徬徨，徬徨之際猶清楚記得，林瑞明教授對賴和、呂赫若、楊逵等台灣先進們精闢而動人的講解，勾引我對台灣文學的感動，尤其張文環更令我印象深刻，同為「文環」，莫名觸動了我內心的使命感。雖然無緣研究台灣文學，但是台灣文學的閱讀凝聚我那廣泛興趣的焦點於台灣，再加上石萬壽教授對於台灣文化特有的解讀方式，以及業師梁華璜教授嚴謹而細膩的對岸政策之研究，均不斷強化、刺激我對台灣歷史的了解與情感，因而一頭栽進研究台灣歷史與文化的殿堂，並不斷引發追求更深認知的狂熱。

　　研修碩、博士課程長達八年期間，業師梁華璜教授總是細心而耐心逐字批改我每一篇習作，撰寫博論最後階段，又逢業師白內障手術，每每想到他戴著老花眼鏡，閱讀我那擠滿密麻文字而且非常厚重的 B4 紙堆，自己常常深深感到於心不忍。可是他還是一貫作風，逐字、逐句批改，然後再提問、討

論。無形之中，更教導著我對教學、研究應有的執著與態度。

　　畢業了，這是人生旅途上最高的學歷，也是為我這幾年來研究體驗的總結象徵，更是新的開始。而在這人生旅途的轉折點上，感謝陳國棟教授、王慶輝教授、鄭梓教授、湯熙勇教授、鄭永常教授、蘇梅芳教授等內外審口試委員，為我的學生生涯劃上句點，並在新的旅途上給予我指導與啟蒙。

　　最後，謹將這本尚待改進的論文獻給一路辛苦支持我的妻子淑卿。

目

次

圖　次

表　次

第一章　導　論

第一節　問題緣起

　　台灣由於地理上是島嶼的因素，資源有限，且又是較晚開發的地區，所以自十七世紀初期荷蘭人經營以來，其經濟並未發展成為自給自足的體系。又以其海上交通地理位置優越，因而出現於近代歷史舞台，即與貿易有著密不可分的關係，農產品也出現早熟的商品化現象。所以，無論基於經濟結構或地理上資源的限制，台灣在對外貿易上均呈現著相當顯著的重要性。對外貿易是一種比較利益下的區域分工或依賴，其理想目的在於藉由彼此的商品交換，達成以有易無、無中建構，進而成為內部經濟體系再生的一環，豐富既有的經濟體系。

　　然經濟脫離不了政治的制約。從荷蘭、鄭氏、清廷到日本治台，各統治政權各有其特定市場需求的考量，台灣經貿發展也往往因而被導向特殊性的發展，即使二次大戰結束後，台灣尚隸屬於大中國政治經濟圈時，這種情形還是無所改善。直至民國 38（1949）年底，中華民國政府遷台，台灣脫離中國成為一個獨立的個體，以致台灣必須獨自面對以有限的經濟資源發展台灣的經濟。換言之，此後在有限的資源下，政府如何透過內部的生產與外部的貿易交換，以達成國家機器與人民的經濟需求。在這內、外經濟體系的交換過程中，關稅與貿易政策乃是最重要的監管機制。這樣的機制可分為消極與積極兩種政策，關稅所形成的名義保護率、實際保護率與加工值保護率三個不同的產業保護概念，以及產業保護效果遠超過關稅

的貿易管制〔註1〕，是屬於消極性的關貿措施；為促進出口擴張的退稅、沖退稅、保稅、保稅工廠、加工出口區等，則為積極性關貿措施。

　　過去，有關戰後台灣關貿政策的研究，政府官員、經濟學者大都將焦點擺在關稅財政與產業保護的分析上，以作為提供政府釐定政策的參考，至於整體制度之開端、形成與發展的歷史過程則乏人問津。雖然部分研究已提出高關稅、高管制與出口促進等台灣在關貿政策發展上的基本雛形，往往引用官員出版的專書，或政府出版物，提出概括性的關貿政策的主軸性的發展，卻很少具體落實到政策形成的實際發展狀況，更遑論檢視關貿政策對產業影響的歷史發展脈動，以及對政策反動力量走私之探討。

　　或許受限於資料因素，經濟學者分析台灣經濟發展時，無論是發展論者或是依賴論者，很少針對台灣關貿政策做歷史性的深入探究。蕭全政提出「台灣地區的新重商主義」的概念，重新解讀戰後台灣經濟發展的理論，令人耳目一新。眾所周知，重商主義政府在釐定國富累積與企業擴張的政策中，如何制訂有效的關貿政策以維持財政供給，並監管內部生產與外部貿易之流通，以達成國家機器與人民的經濟需求乃是相當重要的一環。誠如李斯特（Fredrick List）主張：「每個經濟體制都可能處於不同的經濟發展階段，故身處較低發展階段國家的政府，必須制訂且實行高關稅與貿易管制等政策，才能防止外來的經濟入侵，並保護幼稚民族的工業〔註2〕」。Thomas Mun 認為，重商主義者所重之商業，只限於出口商業；因為出口商業發達，外國的金銀財寶才會進來。「進口」只能為「出口」而存在；也可說「進口」的存在，只為增加「出口」的一種手段而已〔註3〕。如此主張，其呈現在關貿政策上，就

〔註1〕 政府對某種輸入商品課徵關稅，此稅率即為該產品之名義保護率；然衡量關稅結構對某種產業之保護功效時，必須留意原料、半成品、成品之間的關稅轉稼問題，設若水泥與皮鞋進口關稅稅率均為 50%，水泥廠就地取材，其實質享有關稅保護率即為名義稅率 50%，皮鞋原料為生皮，如生皮進口稅為 35%，故皮鞋實際保護率必低於 50%，其計算方式為「名義稅率-原料稅率*原料所占比例」；加工值保護率乃關稅使一工業之單位加工增值額之增加，占無關稅自由貿易狀況下的單位加工增值額之百分率，如前述皮鞋除生皮等原料投入品外，其餘部分為皮鞋業本身貢獻之勞動與資本等基本生產要素之服務價值，簡稱為加工增值，此項加工增值占成品價值之比率為加工增值率。柳復起，《關稅論》（台北：財政部財稅人員訓練所，民國 59 年 10 月），頁 87～90、112。

〔註2〕 蕭全政，《台灣地區的新重商主義》（台北：業強出版社，民國 86 年 4 月），頁 30～31。

〔註3〕 Thomas Mun 著，周憲文譯，《重商主義論》（台北：台灣銀行，民國 61 年 3月再版），頁 5、「譯序」。

是高關稅與高管制的政策。經濟學者告訴我們，關貿政策在重商主義的重要性，但是蕭全政在總結台灣地區新重商主義時認為：四十年來，為解決各種國內外政經危機，政府除以軍事力量保護內外的安定外，又以保護政策與新重商主義式政策結合企業界共謀產業的發展與外貿的擴張〔註4〕。而其所謂新重商主義式政策，不外匯率管制、美援與十九點財政措施，以政府為主導所發展的「進口替代」、「出口導向」等政策，對台灣企業發展的促進。這樣的結果，不禁令人產生一個疑問：所謂台灣地區的新重商主義，難道只是政府對企業的扶植與獎勵，以及重金主義轉化為重視外匯存底而已嗎？重商主義乃政府以高門檻的關貿政策來管理國際貿易的現象，新重商主義也應該以此為基礎來探討，因此解讀台灣新重商主義的大前提，顯然應該從台灣的關稅與貿易政策的歷史演變著手，這就是本文所試圖完成的。

關貿政策的有效推行，有賴組織健全的海關行政機構與奉公守法的關務人員。海關的設立除了徵收關稅及執行貿易管制政策外，兼有管理國境的重要作用，諸如為維護國家主權的完整；外國機船車輛及旅客出入國境之管理；違禁品的取締、防止。這些都是現代國家海關的職責，而海關執行這些業務也應有完整的法律根據。二次世界大戰後的台灣海關，沿革自清末中國洋人稅務司體制，在此之前，清治台灣因不能直接與外國貿易，僅能由對渡口岸與大陸貿易，而「洋船由廈門洋行保結出洋，海關徵稅，廈防同知、文武汛口查驗放行〔註5〕」，來往兩岸之船舶、貨物與人員的檢查，則落在台防廳、鹿防廳和八里坌巡檢〔註6〕。直至同治3（1864）年因天津條約台灣開港後，洋人稅務司的海關體制進駐淡水、雞籠、安平與打狗等港口，以洋人稅務司為首對清廷總理各國事務衙門負責。只是在不平等條約的制約下，關稅主權旁落。

台灣為日本統治後，稅關理應隸屬日本帝國大藏省，然明治29（1896）年日本政府所頒佈的「台灣總督府條例」第四條規定中，台灣民政局長對於民政事宜得做適當分課，而台灣總督得責成、認可各民政支部隸屬人員的配屬及事務的擔任，此明確揭示各行政官廳的分課定員法源〔註7〕。同年2月23

〔註4〕蕭全政，《台灣地區的新重商主義》，頁81～82。

〔註5〕周凱，《廈門志》上冊（台灣文獻史料叢刊第二輯），頁179。

〔註6〕李文環，《高雄海關史》，（高雄：財政部高雄關稅局，民國88年12月），頁51。

〔註7〕台灣總督府淡水稅關編纂，《台灣稅關十年史》（台灣總督府，明治40年1月30日），頁53～54。

日台灣準用日本現行條約時，亦將「稅關法」第四十三條第二項有關進出口貨物最終判決權授與台灣總督裁決〔註8〕。明治 32（1899）年 7 月 15 日所頒佈的「台灣稅關規則」第二條規定，亦將「稅關法」中大藏大臣的權責，由台灣總督執行之〔註9〕。總之，台灣總督實質管理台灣的稅關，因此，總督府民政局的分課規定第五條，將民政局財務部分為租稅、關稅二課，其中關稅課負責有關海關稅的事務，設課長一人，乃為實質的稅關長〔註10〕，以稅關長為首建立起稅關、稅關出張所、稅關監視署等三個層級組織，密布全台各大小口岸的海關機制〔註11〕。換言之，日本人在台灣建立了一個以台灣為主體的海關體制，台灣總督府轄下的稅關體制才頗能符合具有維護國家主權的海關。只是在關貿政策上，由於台灣是殖民地的角色，政策的釐定也就無法以台灣為主體來量身訂做。

台灣被日本統治的階段，近代中國海關逐漸納編為財政部關務署的下屬機構，其權責也不斷膨脹，因此二次大戰結束後政府對台的接收，首先面臨中央與地方政府對於分離五十年後，各自已經發展的海關組織與職權如何磨合的問題。當然隨政府遷台，台灣成為獨立的政經個體，擺脫被殖民或被邊陲化的危機，如何以台灣為主體，建立國家邊境安全的管制體系，以及符合國內產業發展的關貿政策，則是本論文試圖論述的重點。

第二節　研究回顧

前人的研究成果，約可分為關稅實務、海關史，以及關稅理論、政策之研究等三類。關稅實務類作品多為海關高階關員基於培養新進關員或提供報關行所編寫的「通關實務」類書籍，此類書籍不少，但是學術價值不高，因此下面僅就海關史與關稅理論、政策之研究等二類來討論。

一、海關史研究

海關史的研究上大多以中國為核心的探討。高柳松一郎的《中國關稅制度論》主要討論鴉片戰爭後，近代中國洋關體制與稅制的形成與演變

〔註 8〕 日本大藏省編纂，《明治大正財政史》第 19 卷：外地財政（下）（東京：財政經濟學會，昭和 15 年 1 月 31 日），頁 520。

〔註 9〕 日本大藏省編纂，《明治大正財政史》第 19 卷：外地財政（下），頁 521。

〔註 10〕 台灣總督府淡水稅關編纂，《台灣稅關十年史》，頁 53～54。

〔註 11〕 李文環，《高雄海關史》，頁 109～134。

〔註 12〕。陳詩啓的《中國近代海關史問題初探》,除討論近代中國洋關的創建,進而分析洋關內部組織「國際性」的本質,並且運用不少海關檔案,分析洋關組織的演變與職權的擴張,如擴大海務組織、郵務管理,以及稅務司與常關監督之間的權力鬥爭等〔註 13〕。其另一本姊妹作《中國近代海關史(民國部分)》,則是以民國時代的海關問題作為討論的重點〔註 14〕。陳詩啓這兩本有關中國海關的專書,使用不少海關的檔案資料,問題的分析也相當深入,惟其受馬列思想的影響,無法跳脫反帝國主義的意識型態。趙淑敏的《中國海關史》,探討自康熙 23(1684)年至民國 38(1949)年之中國海關的演變。從歷代沿革、稅則演變、稅制改革、財政的重要性,以及關稅對中國經濟發展的影響等〔註 15〕,惟其使用資料與研究方法均沒有突破性。類似趙淑敏的《中國海關史》作品者,乃葉倫會之《中華民國海關簡史》。葉倫會是財政部關稅總局秘書,民國 81(1992)年受總局長詹德和之命撰寫,四年完成,全書計分十三章,從清末洋關、北京政府、國民政府〔註 16〕,乃至政府遷台後海關組織與職權的演變,並分別說明海關在分類估價、徵稅、查緝、統計、燈塔管理與關務國際化的歷程〔註 17〕。以葉倫會的身份應有機會大量閱讀公文檔案,便可在紮實的一手資料上重建中國或台灣的海關歷史。但是全書大多引用海關歷年出版的公報或簡報,並沒有創新的看法,殊為可惜。同樣是關務體系官員的陶玉其〔註 18〕於民國 57(1968)年出版《中國關稅制度及實務》,全書分為八章並附編有關日本關稅制度的介紹。陶玉其主要介紹海關的功能、行政組織、制度與海關稽徵之基本法規,其異於前二書者,在於他深入探討政府在台灣所建立的一些積極性的關稅制度,包括關稅減免、外銷退

〔註 12〕 高柳松一郎著,李達譯,《中國關稅制度論》(中國金融經濟史料叢編,台北:文海出版社。

〔註 13〕 陳詩啓,《中國近代海關史問題初探》(北京:中國展望出版社,1987 年 10月)。

〔註 14〕 陳詩啓,《中國近代海關史(民國部分)》(北京:人民出版社,1999)。

〔註 15〕 趙淑敏,《中國海關史》(台北:中央文物供應社,民國 71 年)。

〔註 16〕 國民政府遷台後於民國 39(1950)年正式行文各公務單位,原國民政府應改稱「中央政府」。本文對於政府名稱,原則以民國 39 年分界點,之前稱「國民政府」,之後稱「中央政府」。

〔註 17〕 葉倫會,《中華民國海關簡史》(台北:財政部關稅總局,民國 84 年 5 月再版)。

〔註 18〕 陶玉其,湖南省長沙市人,畢業於湖南大學經濟學系,美國南伊利諾大學肄業。民國 33 年高考財政金融人員及格,歷任經濟部媒焦管理處財務課長,財政部錢幣司稽核,關務署關政科科長,財政部簡任編譯兼關務署秘書。陶玉其,《關務行政及措施論述》(出版年度與地點不詳),頁 1。

稅與加工出口區設置等機制〔註19〕，提供我們對於這些制度形成的瞭解。

以台灣爲主體探討台灣海關歷史發展的作品相當少，僅筆者於民國 87（1998）年 4 月間受當時高雄關稅局長張朝欽之指示撰寫《高雄海關史》一書，隔年（1999）12 月付梓，全書計分七章，主要以台灣（南台灣）爲歷史時空，分析南台灣海關之發展及其所面臨的問題。該書第一章至第三章分別按照統治台灣政權的遞嬗做爲斷代分期，對每階段台灣的海關與經貿有著初步的討論；第四章至第六章專門探討二次大戰結束後南台灣海關的發展與問題所在。第四章討論民國 34～38（1945～1949）年間，政府接收日治高雄稅關重建台南關，並深入分析台南關的所面臨的人員、設備，以及省方、軍方對海關職權的爭議；第五章以美援的開始與結束爲分期點（1950～1965），討論此階段台南關的組織發展與問題所在，尤其是船員走私的問題與因應；第六章從台南關改制爲高雄關後，隨高雄港蓬勃發展，不僅延續上階段包括船員走私，尚有原木估價問題、加工區走私等問題；第七章則初步討論近代中國海關組織與人事的演變。全書雖以高雄海關的歷史發展爲撰述的軸心，然台灣的經貿問題則是筆者的終極關懷，當然勢必涉及關貿政策的探討，這方面當時因時間所限，無法在短期內大量整理消化龐大的檔案資料，因而對於關貿政策的討論相當粗淺。回顧拙作，不僅問題多、缺漏亦不少。不過，當年因職權之便，得以覽閱高雄關稅局所保存之檔案資料，期間並蒙葉倫會先生與基隆關稅局協助獲取一些相關資料，以此一手資料筆者力圖重建二次大戰後南台灣海關的歷史發展，這是拙作唯一可告欣慰之處。基本上，本論文就是《高雄海關史》中有關二次大戰結束後台灣關貿政策之延伸研究。

二、關稅理論與政策之研究

1919 年瑞典經濟學家黑克斯（*Eli Heckscher*）在一篇以瑞典文出版的著名論文中，首度提出有關國際貿易、要素分派及所得分配的問題，基本上與古典模型不同，其弟子歐林（*Bertil Ohlin*）結合黑克斯所強調的要素於 1933 年出版《區域貿易與國際貿易》（*Interregional and International Trade*）一書中，以價格的多邊市場理論（multiple-market theory）改寫古典國際貿易理論之後，開創了對於比較利益問題的新研究途徑〔註 20〕。黑克

〔註19〕 陶玉其，《中國關稅制度及實務》（台北：陶玉其，民國 57 年 9 月）。
〔註20〕 林炳文，〈黑克謝──歐林理論之探討〉，《經濟研究論文選集》2：1（民國 63 年 1 月），頁 1。

斯──歐林模型（Heckscher-Ohlin model），常是被當代經濟學者引為分析關稅理論的基礎。

　　有關台灣關貿政策之實證研究，民國 57（1968）年孫義宣以 54 年修正之海關進口稅則及 53 年「投入產出表」，計算三十七個工業部門之有效保護率，初步取得成果，然並未詳細說明〔註21〕。民國 58（1969）年何珍予以 54 年關稅稅率及 55 年投入產出表計算二十種產業之有效保護率〔註22〕。這些單篇論文或碩士論文，均針對關稅理論的討論與民國 54（1965）年的進口稅率進行有效保護率的分析，少有涉及政策面的討論。諸如此類的研究，民國 59（1970）年柳復起為財政部財稅人員訓練所撰寫《關稅論》一書，應算是較為完整性的著作。該書前三章討論關稅課徵的一般理論，包括從個別商品市場與總體經濟兩方面的效果分析、關稅所得分配的效果分析與經濟發展的影響等，如黑克斯──歐林模型（Heckscher-Ohlin model），這些理論的介紹只是分析關稅的工具。該書比較具有歷史性價值者，乃第四章分析民國五十年代台灣關稅結構的成果。他使用民國 55 年修正之稅率表及 55 年投入產出表為資料，計算四十四個產業別共 690 種財貨的有效保護率，他認為：「現行關稅結構對飲食衣著類產業之一般保護程度甚高，對水泥、鋼鐵製材、化工原料等工業基本原料及機械、電機、電訊等資本設備之保護程度則較低〔註23〕」，並建議：「廢止現行進口管制措施」。同樣處理民國 55（1966）年台灣產業保護結構，李登輝與梁國樹利用 Balassa 及 Corden 方法處理非貿易財，計算考慮間接稅及進口管制，發現關稅有效保護順序與名義稅率順序有很大的差別，並懷疑進口管制對有效保護加值性，建議除非能證明其具有發展潛力，不然應降低其關稅保護水準〔註24〕。這些經濟學者之研究幾乎一致認為應取消貿易管制、調降進口關稅。政府於國 61（1972）年大幅調降進口管制數量由 40％以上降為 17.9％〔註25〕，

〔註21〕孫義宣，〈中華民國台灣地區之貿易政策與經濟發展〉，《中國財政季刊》35 期（民國 57 年 10 月 0），頁 28～43。

〔註22〕何珍予，〈關稅保護效果的研究──有效保護率的分析〉（台灣大學經濟研究所碩士論文，民國 58 年 5 月）。

〔註23〕柳復起，《關稅論》，頁 118。

〔註24〕李登輝、梁國樹，〈台灣的保護結構〉，《經濟論文叢刊》第二輯（台灣大學經濟學研究所，民國 60 年 1 月），頁 69～96。

〔註25〕周玲惠，〈我國關貿政策之政治經濟分析（1950～1990）〉（台灣大學三民主義研究所碩士論文，民國 82 年），頁 33 表 2～4。

應與學者建議有著密切的關係。只是這些研究均集中於民國五十年代以後，對於本論文研究的範圍未曾涉及，這與經濟學者著眼於政策建言有關。因此，後來經濟學者的研究包括刑慕寰﹝註26﹞、鄭文輝﹝註27﹞、梁國樹﹝註28﹞、孫克難﹝註29﹞等，以及部分碩士論文如潘聖潔﹝註30﹞，均以分析所處年代的關稅問題為研究對象。此類研究有其參考價值，甚至應說他們的研究成果多少為政府採納，而成為調整台灣關貿政策的因子，只是此類作品往往忽略關貿政策形成過程中的政經因素，也與本論文所研究的年代並不相關。

　　除了關稅與產業的關聯分析外，關貿政策也是經濟學者討論台灣經濟發展的課題之一。Maurice Scott 認為民國 44（1955）年與民國 47～49（1958～1960）年的一連串改革乃是台灣經濟起飛得以順利起飛的前提﹝註31﹞。而他所謂的一連串改革，包括民國 44（1955）年的退稅制度、民國 47（1958）年間廢除進口貿易的數量管制與複式匯率制度慢慢被廢除﹝註32﹞。退稅制度與貿易管制為探討關貿政策重要的課題，只是經濟學者常忽略政策釐定與修改的歷史過程，如 Maurice Scott 說：「在 1955 年之前，台灣並沒有任何所謂的出口沖退稅制度，不管對象是進口關稅或貨物稅﹝註33﹞」。事實上，早在民國 41（1952）年 11 月政府修訂「紙帽出洋退還原料紙捻絲進口稅辦法」時，即已發展出關稅記帳與沖抵的制度﹝註34﹞，民國 43（1954）年 6 月 3 日為發展外銷工業，政府也已頒訂「外銷品退還原料進口稅辦法」﹝註35﹞。至於對外

﹝註26﹞ 刑慕寰，〈台灣工業發展與貿易政策之檢討〉，《台灣對外貿易論文集》（台北：聯經出版社，民國 58 年 5 月），頁 133～178。

﹝註27﹞ 鄭文輝，〈台灣產業有效保護結構之研究〉，《台灣銀行季刊》24：2（民國 62 年 6 月），頁 1～45；鄭文輝，《台灣有效保護率研究——兼論非關稅性措施對產業保護之影響》（台北：財政部財稅人員訓練所，民國 62 年 10 月）。

﹝註28﹞ 梁國樹，〈有效保護關稅之理論與測定〉，《社會科學論叢》二十一輯（台灣大學法學院，民國 61 年 5 月），頁 291～316。

﹝註29﹞ 孫克難，〈台灣關稅保護政策與產業結構轉變〉（台北：中華經濟研究院，民國 71 年 8 月）。

﹝註30﹞ 潘聖潔，〈關稅政策與我國產業發展的關係〉（政治大學國際貿易研究所碩士論文，民國 76 年 6 月）。

﹝註31﹞ Maurice Scott 著、林昭武譯，〈台灣的貿易發展〉，收於薛琦主編《台灣對外貿易發展論文集》（台北：聯經，民國 83 年 5 月），頁 1～55。

﹝註32﹞ Maurice Scott 著、林昭武譯，〈台灣的貿易發展〉，頁 16～18。

﹝註33﹞ 同上註，頁 16。

﹝註34﹞ 海關總稅務司署通令，第 88 號（民國 41 年 11 月 28 日）。

﹝註35﹞ 海關總稅務司署訓令，第 1157 號（民國 43 年 7 月 16 日）。台南關訓令，政字第 1046 號（民國 43 年 7 月 21 日），抄件。

銷退稅政策的探討，劉泰英於民國 62（1973）年撰寫《外銷退稅制度之改進》，針對民國 58（1969）年前後台灣在退稅與沖退稅制度上所面臨的問題有詳細的討論，他認爲：退稅標準過於苛細、進口資料「繁」、出口申請沖退內容「雜」，使得既有的沖退稅的改善刻不容緩，以致有後來的簡化退稅政策的推行〔註36〕。

　　有關關貿政策之歷史性研究，民國 82（1993）年間，周玲惠的〈我國關貿政策之政治經濟分析（1950～1990）〉乃是僅有的一篇碩士論文。他將戰後台灣關貿政策的形成與轉變劃分爲「高度管制時期（1950～1960）」、「高度管制與出口促進時期（1960～1972）」、「產業調整及科技生根時期（1973～1982）」、「國際自由化及產業升級時期（1983～1990）」等〔註37〕。大體上這樣的劃分符合一般的說法，也讓人直覺台灣出口促進政策始於民國 49（1960）年，而所謂出口促進亦即對生產者的獎勵措施，事實上，此類獎勵措施始於民國 40（1951）年 3 月所頒布的「紙帽出洋退還原料紙捻絲進口稅辦法」中的退稅制度，民國 43（1954）年 5 月 26 日財政部爲「發展外銷工業」釐訂「外銷品退還原料進口稅辦法」，將退稅獎勵制度由手工業擴大到工業，且經修改爲「外銷品退還稅捐辦法」數次放寬優惠條件，至民國 49（1960）年可謂完備化。再者，他忽略民國 34～38（1945～1949）年間台灣關貿問題的分析，使得全文失去對政府在制訂高管制、高關稅政策的本質性與延續性的探討。

　　綜合上述，有關民國 56（1967）年以前台灣關貿政策的討論相當有限。基本上，本文並不打算處理關貿政策的所有問題，而是針對目前被忽略的亦即歷史脈絡的發展面向來做深入的討論，從二次大戰結束後的接收、磨合，乃至政府遷台形成以台灣爲主體性關貿政策的建構，進而探討台灣在國家主權形成的過程中，呈現在其背後重商主義的因子。

第三節　研究方法

一、資料來源與分析

　　過去對台灣關貿制度、政策或海關史的研究，主要以政府統計資料、公報、簡報、年報，以及官員行政經驗所撰寫的專書爲主。本文除了儘量蒐集

〔註36〕劉泰英，《外銷退稅制度之改進》（台北：財政部財稅人員訓練所，民國 62 年 3 月）。

〔註37〕周玲惠，〈我國關貿政策之政治經濟分析（1950～1990）〉（台灣大學三民主義研究所碩士論文，民國 82 年）。

這些資料之外，將再大量使用尚未整理公開的海關檔案、報告。其中以目前存放在高雄關稅局檔案室，數量高達一千餘冊的資料，爲本書最重要的研究素材。

高雄關稅局檔案室完整保存自民國 34（1945）年 12 月設關以來的公文資料，因尚未整理公開，存檔方式仍維持既有按照公文流水序號裝訂成冊方式儲存，至今仍是海關人員行政上重要參考文件。檔案的內容主要有通令（Circular Instruction）、訓令（Despatches）、Semi-Official Letter、指令（Notes or Memoranda）、「呈」、「密呈」、「密令」、「政字訓令」，以及其他單位來文等。

通令始於咸豐 11（1861）年赫德（Robert Hart）擔任海關代理總稅務司後，他爲主導海關的發展，從人事安排到組織創建的過程，赫德不厭其煩藉由總稅務司通令（Inspector General's Circulars），反覆重申各類職員應有的職責及派任情形。如同治 8（1869）年 11 月間，赫德在第 25 號通令中提到：

> 自 1861 年春季起，海關事務的安排主要由我管理。在 100 名內班的人員中，大約只有 20 名最初是由李泰國總稅務司所任用，其餘之升遷大多數均由我自己任命。現於海關服務的其餘 80 位先生們——除 3、4 位最初是由費子洛先生（Fity-Roy）提名任用者外，其他的首次任用和後來的升遷，都是由我所負責。以上所述，……使你們回憶到我一開始就怎樣親切地同海關同事相聯繫，以及我本人是怎樣密切地與每一位海關人員的經歷相關連。〔註38〕

因此，早期的通令帶有赫德給稅務司信函的意味，藉由此類通令傳達對各關口稅務司的命令。此類通令隨洋關被納編爲稅務處或關務署後，成爲總稅務司轉達上級政令或下達具有共通性法規文件。這類文件乃爲海關關章主要所在，所以保存也最爲完整。其編列方式，從咸豐 11（1861）年至光緒元（1875）年乃按年編列流水序號裝訂成一冊，光緒 2（1876）至 32（1906）年已遺失，推測從光緒 2（1876）年起重新編號，至民國 37（1948）年底共 7400 號。民國 38（1949）年 6 月起，改以編列「台」字重新編號，至民國 72（1983）年間計有 800 號。與通令具有相似性者爲「政」字訓令，此類訓令乃各關稅務司轉達總稅務司各類命令，或針對所轄關區所應注意的處理原則，對海關關員之命令。藉由通令與政字訓令，海關總稅務司的政策幾乎可完全下達到每一位海關關員。

〔註38〕 Inspector General's Circulars NO.25（1869 年 11 月 1 日）。

「訓令」通常是總稅務司針對各關區所發生的案例所下達的命令，故帶有區域性與特殊性，所以可從中獲取當時海關各關區的特殊問題，如商人的陳情或異議案件，陳情書、異議書往往鉅細靡遺載錄案件發生的原因、過程、結果，相當精彩。而這類文件往往因為具有個案性質，數量也特別多。台灣從民國 39（1950）年海關總稅務司才在台灣發佈訓令，至民國 52（1963）年間就有 5200 號。「訓令」同時也是總稅務司針對某些問題要求各關區稅務司答辯的文件，從中亦可瞭解當時海關內部關注的焦點。為回答總稅務司的質詢，各關區稅務司以「呈」文報告，此類稅務司報告，乃是深入瞭解各關區問題最重要的文件。

至於 Semi-Official Letter、「密令」、「密呈」，如同訓令與呈，民國 39（1950）年以前乃是總稅務司與各稅務司私底下的半官方性質的信函，所以稱為 Semi-Official Letter。政府遷台以後，在保密防諜的時代氣氛下，改為「密令」、「密呈」。此類文件不多，大都是涉及密告或是關員操守的問題，應該是揭開海關神秘面紗重要的文件，只是牽涉海關職員個人隱私，至今仍不許特定人員以外關員調閱，更何況非海關人士。

除此之外，尚有有關人事調派的職字令、關區之間的簽報附件，以及財政部、關務署針對特殊行政工作所直接下達的命令、信函。不過此類文件較為零散，不易整理。

除了公文檔案之外，海關的貿易統計資料、歷年的稅則簿、歷年的年報，以及零散的走私統計資料等，以及生管會檔案、省政府公報、自由中國之工業等，都是本文用來釐清關貿政策發展的來龍去脈之依據。除此之外，當時政府主政官員之言論，如陳誠、尹仲容、李國鼎等人之相關著作，以及最近才開放網路線上查閱的陳誠之「石叟叢書」，也都是本文參考的文獻。

至於資料處理上，主要以文字分析與歸納為主，並輔以統計數字，以資有系統、條理呈現檔案資料中的意義。由於檔案資料龐大，內容零散不易歸納與解讀，實在很難達到絕對精確完整的爬梳或歸納，因而本文研究主要以描述性討論為主，而無法進一步使用現代的經濟學理論與模式來討論。

二、研究課題與觀點

關稅的課徵，中外起源皆頗早，中國甚至可追溯至《周禮》・王制：「關，譏而不征」的說法，亦即《商書大傳・多士》：「遂郊之門執禁以譏易服，識

異言」，可知所謂關，乃遂郊之門〔註39〕。這種關卡的設置，初期在於稽查出入，防禦外界侵犯，其財政功能可能較為淡薄。因此，「關」原本是城邦防衛體系的一環。約在春秋前後城邦各國陸續徵收關稅，《左傳》文公十一年（BC616）載：「宋公於是以門賞班，使食其征」。杜預注：「門，關也；徵，稅也」〔註40〕。因此，「關」不僅成為徵稅的體系，也成為王賞賜封臣的贈品。此後，中國歷代關稅的課徵，多為政府或皇室的財政或特殊需求，南宋趙汝适被任命為提舉福建市舶司，後來完成《諸蕃志》，他在序言裡就提到：

> 國朝……置官於泉廣，以司互市，蓋欲寬民力而助國朝，其與貴異
> 物窮侈心者，烏可同日而語。〔註41〕

他的意思點出，宋代以前「關」之稽徵在於奇珍異寶的獲取，自宋代以後，是要「寬民力、助國朝」，亦即民間貿易的促進與財政稅收，已成為市舶司最重要的功能。只是，後來明朝的海禁、清朝的一口通商政策，均使得海關的功能侷限於政府或皇室的收入。如清代的粵海關關稅收入分為正項、雜項與「平餘、罰科、裁曠」等，其中雜項為粵海關行政開銷、「平餘、罰科、裁曠」為粵海關公用銀，正項收入則交給廣東藩庫〔註42〕，不外充實中央財政與地方之行政費用。其實，隨著近代國際貿易的繁榮，關稅除了財政收入的功能外，也直接影響經濟體系內的產業現象，間接導致內部人民的所得分配〔註43〕，亦即涉及國家財政，以及經濟體系內的生產者與消費者的關係。因此，如何釐清這三者的經濟關係，乃成為近代以來關稅政策的課題。其中以關稅或貿易管制政策，發展出一套監管經濟體內外政策者，則源自十五、十六世紀歐洲的「重商主義」（Mercantilism）。

重商主義者認為，國家財富的增加是藉由不斷地累積金銀等貴重金屬而來，為累積國家財富，一個強而有力政府的存在是非常必要的。政府的責任是一方面要鼓勵人口的增長、提高勞動生產力，以創造更多的價值出口；另一方面則要促進貿易、累積貿易順差、賺入國外金銀。勞動與自然是一切價

〔註39〕 杜正勝，《古代社會與國家》（台北：允晨文化實業，民國81年10月），頁584
　　　～585。
〔註40〕 左丘明著、杜預集解、竹添光鴻會箋，《左傳會箋》（台北：明達出版社，民
　　　國75年10月），頁655。
〔註41〕 趙汝适，《諸蕃志》（台北：商務書局，民國51年9月，台一版），頁1。
〔註42〕 陳國棟，〈清代前期的粵海關（1683～1842）〉（台灣大學歷史學研究所碩士論
　　　文，民國69），頁6～43～44。
〔註43〕 柳復起，《關稅論》，頁28。

值的來源，除了設法使人口增長，也要增加自然資源的開拓，並以分工和防止怠工等方式來增加生產量。重商主義將社會勞動力區分為生產性和無生產性兩種：紡梳製造業和農業勞工，被視為生產性勞動；零售商、店員、醫師、律師則被視為非生產性勞動。政府的責任之一，是將非生產性勞動維持在社會需要的最低數目，而將其餘導入生產性勞動行列〔註 44〕。所以，重商主義隱含近代國家主權的建立，以及藉由高額的貿易逆差、重金主義、製造業的獎勵等關稅與貿易策略，累積國家財富、產業促進。政府在釐定國富累積與企業擴張的政策中，如何制訂有效的關貿政策以維持財政的供給，並監管內部生產與外部貿易之流通，以達成國家機器與人民的經濟需求是最為重要，因此關貿政策對於生產者與消費者的關係上，重商主義者自然偏向對生產者利益的維護。為此，亞當斯密（*Adam Smith*）對整體重商主義的結論批判時指出：

> 整個重商主義的設計者是生產者，尤其是商人與製造業者。其主要認為工商業的目的在於生產，不在於消費，因此消費者的利益為達成或促進生產者的利潤所犧牲。〔註45〕

亞當斯密批評「重商」然並非「反商」，甚至應說他本身就是：重視商業利益與資本累積的資本主義先知。其批評重商主義，在於重商主義者認為整個世界的經濟大餅是固定的，因此一個國家若要達到對外貿易順差及獲致貿易的益處，則必然會以犧牲其貿易伙伴國家為代價。相反地，亞當斯密在《國富論》（*Wealth of Nations*,1776）認為：世界的經濟大餅並非是一個固定的數量，各國之經濟體會因其絕對利益（absolute advantage）的差異而產生專業化的國際分工，國際間的貿易自然發生，而國際貿易將促使國與國之間的分工更為專業化，進而增加各國的生產力及整個世界的生產量〔註 46〕。所以，亞當斯密反對重商主義者加諸在國際貿易上諸如關稅（Tariff）、限額（Quota）之貿易障礙。他的理論後來為李嘉圖（David Ricardo）在《政治經濟以及租稅之理論》（*The Principle of Political Economy and Taxation*,1817）一書中，提出比較利益理論加以補充而更為完備。從亞當斯密到李嘉圖奠定古典經濟學派的自由貿易理論。

〔註44〕許永河，〈馬克斯與傳統經濟理論中的價值、階級與分配〉，《成功大學社會科學學報》第七期（民國 83 年 12 月），頁 157～183。

〔註45〕亞當斯密著，張漢裕譯，《國富論（下冊）》（經濟學名著翻譯叢刊第二種），頁 618～619。

〔註46〕康信鴻，《國際貿易原理與政策》（台北：三民書局，2003 年 10 月），頁 25。

　　重商主義與自由貿易理論是國際貿易理論的兩個極端，姑且不論其在經濟學上的真諦，放在歷史脈絡來考察，兩者之差異性其來有自。重商主義誕生於歐洲民族國家形成的過程中，在此過程中內外戰爭都要取得戰費財源，因而國王必須得到商人的資金協助；而商人則可因國家統一，消除國內交易障礙，降低國內產品的交易成本，而獲得交易利益。因此，在民族國家形成過程中，商人與國王的利益是一致的，兩者的結合乃成為重商主義經濟思想的基本特色〔註47〕。相對地，古典學派以當時（十九世紀）英國經濟發展經驗為其模型，認為所獲法則得以應用於世界各地。這種態度忽略了時空的影響，也就是忽略了經濟法則的相對性。例如，他們鼓吹自由貿易，對英國固然有利，但卻有害於當時的各開發中國家〔註48〕。換言之，經濟理論與政策常緣起於獨特的時空特性，而非放諸四海皆準的一般性，此大原則古今皆然，這也就是釐定經貿政策者對於經濟體必須擁有主體性思維之重要所在。所以考察經貿政策的背後絕對不可忽略政治的背景，這是本文討論台灣關貿政策的基本思維。

　　二次大戰後，台灣先是被納入大中國經濟圈，民國38（1949）年底因國共內戰波及而再度脫離大中國經濟圈，成為獨立的政經個體，這樣的歷史轉圜，背後經貿政策調整值得考察。再者，政府遷台後兩岸關係從相互廝殺的熱戰到各自喊話的冷戰的過程，乃是繼清廷、日本統治台灣後，第一個必須單獨承受統治台灣成敗的政權，其中隱含以台灣為主體之國家建立的性質。因此，思考此階段台灣的關貿政策，不能脫離兩岸軍事對峙與衛護國家主權獨立的大前提。況且隨著台灣成為國共對峙的反共基地，軍事對抗與一百五十餘萬的新移民大大加重台灣的經濟負擔，民國39（1950）年可說是台灣財政上最艱苦的一年。當時台灣經濟元氣未復，不但要供應八百萬軍民生活需要，還要撐持對中國共產黨的作戰任務〔註49〕。事實上，在民國54（1965）年以前，台灣的國際收支的經常帳仍然有大幅赤字〔註50〕，如何兼顧軍事安全與改善財政、國際收支，也就成為關貿政策必須思考的基軸。高關稅、高管制的關貿政策，以及邊境安全體制的重整，也就在此時代背景下形成。柳

〔註47〕　林鐘雄，《西洋經濟思想史》（台北：三民書局，2004年8月），頁14。
〔註48〕　同上註，頁129。
〔註49〕　李國鼎、陳木在合著，《我國經濟發展策略總論（上冊）》（台北：聯經出版社，民國76年），頁11。
〔註50〕　Maurice Scott 著，林昭武譯，〈台灣的貿易發展〉，頁9。

復起分析民國 55（1966）年間台灣的關稅所得的結論是：

> 我國消費者因政府徵課關稅而忍受福利犧牲之程度，遠大於先進國
> 家之消費者。〔註51〕

柳復起的看法，意味著台灣至民國 55（1966）年間，在關稅政策上一如亞當斯密對重商主義批判的現象。張漢裕教授研究英國的重商主義指出：

> 清教徒革命後的英國，在配合近代國家形成過程中所執行的重金主
> 義、貿易差額論、保護主義與海運法案，是能與當時政治體制與經
> 濟體制的權力系統特質相吻合，並使兩者密切結合而促成進一步經
> 濟合理化發展的政策。此合理化的內涵，包括以船堅砲利的軍事武
> 力為後盾而進行殖民地和市場的掠奪以增加金銀而累積資本或增加
> 通貨，和以出口管制及保護政策而促成國內產業發展、就業增加和
> 出超等。〔註52〕

此「合理化發展的政策」，蕭全政認為：重商主義使政府能透過各種政策，促成產業的發展與企業的擴張，而產業的發展與企業的擴張，又透過國富的累積與租稅的繳納而強化政府的力量〔註53〕。不僅如此，個人也認為「合理化發展的政策」的背後更隱含國家的政治現象與企圖，這常是自由主義論者所忽略。蔣碩傑批評此階段的貿易政策指出：

> 凡此種種管制及重稅，造成長期性之貿易出超。此一現象不啻我國
> 長期的以我國資源之一部份，提供他人享用，實極不智。〔註54〕

經濟學者看到政策面對經濟資源的扭曲，卻忽略政策背後的政治考量。曾任台灣區生產事業管理委員會（以下簡稱：生管會）副主委，以及經濟部長（民國 43～52 年），並兼任行政院外匯貿易審查委員會主任委員、台灣銀行董事長等要職的尹仲容〔註55〕，在民國 41（1952）年談到台灣經濟時就說：

> 戰時經濟狀態供求彈性小又須顧到時間問題的情形下，要仍然用自由
> 企業經濟以價格成本關係來調節生產與消費是難以做到的。〔註56〕

〔註51〕柳復起，《關稅論》，頁 171。

〔註52〕張漢裕，《英國重商主義要論》（台北：台灣銀行，民國 46 年），頁 30。

〔註53〕蕭全政，《台灣地區的新重商主義》，頁 29。

〔註54〕蔣碩傑著，歐崇敬主編，《蔣碩傑先生建言錄》（台北：遠流出版事業股份有限公司，民國 84 年 9 月），頁 41。

〔註55〕袁穎生，《光復前後的台灣經濟》（台北：聯經出版社，民國 87 年 7 月），頁 206。

〔註56〕尹仲容，〈從台幣改革泛論目前台灣的經濟情形〉，收於《我對台灣經濟的看法》（台北：美援運用委員會，民國 52 年 3 月），頁 26。

主政官員顯然更務實兼顧經濟層面之外的政治與社會問題。所以尹仲容主張：

> 欲達到國際收支平衡之目標，不外開源與節流，所謂開源即增加輸
> 出，所謂節流即減少輸入。〔註57〕

努力增加生產輸出以開源，限制民間消費節省不必要之支出，此開源、節流
之理財觀念，恰與亞當斯密以生產者、消費者的角度來批判重商主義，凸顯
重商主義者「重生產、輕消費」的經濟理念不謀而合。換言之，從主政者尹
仲容的說法來看，結合柳復起的初步研究，台灣在二次大戰後的二十餘年間，
其關貿政策有著濃厚的重商主義的現象。從「重生產、輕消費」的思維著手，
本論文的旨趣就在以此「開源節流」的概念，檢視台灣關貿政策的釐定與發
展，及其過程與內涵。

其次，本文對於資料處理、概念的運用以及問題的解析，大致上採取如
下的論證過程：

「開源節流」意味著個人乃至國家理財必須擁有自主性與主體性的前
提，戰後初期的台灣，因兩岸分隔五十年所形成的制度性差異，復以「大中
國、小台灣」的歧視，以及國民政府乃尚未完全法制化的政府，均意味著在
大中國前提下，戰後台灣接收與經營勢必存在著諸多問題。因此第二章「戰
後海關與省府間之衝突與協調機制之形成」，主要從兩岸歷史發展的分歧所形
成的制度面的差異性，分析日治台灣與民國大陸分隔五十年後，在戰後的接
收、重建過程中，海關與台灣地方政府環繞在海關職權上的矛盾、衝突，最
後如何達成協調的機制，以及在這制度磨合的過程中，對台灣有何影響。

關稅保護與貿易管制政策乃本文探討的重心所在，第三章「高關稅與高
管制關貿政策之形成」，主要分析政府遷台前的四年多中，政府從戰後的重
建，到國共惡戰的戰備需求，關貿政策呈現如何的調整，成為往後在台灣實
施長達二十餘年的高關稅、高管制的制度。釐清此階段關貿政策的轉變，有
助於釐清政府在台所實施的關貿政策之基軸。

關稅保護的目的在於維護主體產業的發展，其背後隱含台灣主權與主體
意識的形成。第四章「軍事對抗與節流體制之建構（1950～1954）」，主要分
析政府遷台後如何以台灣省保安司令部為主體，結合軍警、海關、港務局、
銀行，建立起一套監控台灣關稅與進出口貿易的機制。在高關稅、高管制的
政策下，這個體制一方面維持國家財政與物資的需求；二方面衛護國家邊境

〔註57〕尹仲容，〈如何平衡台灣的國際收支〉，收於《我對台灣經濟的看法》，頁32。

的安全，形成以台灣爲主體的半封閉節流經貿體系，這是台灣新重商主義所呈現的第一個現象。

　　節流在於累積資本、在於維護國家安全，只是開源更爲當務之急。第五章「開源政策的形成與完備化（1955～1967）」，分析政府如何開啓獎勵產業出口的積極性關貿政策，包括退稅、沖退稅、稅捐記帳、保稅工廠與加工出口區等策略，在半封閉的節流體制中，爲台灣產業開啓一條既不違背國家財政、又以安全爲前提，而得以擴大再生產機制的開源策略，這是新重商主義的第二個現象。這個開源政策便是民國 55（1966）年加工出口區的設置，其大方向已確立，隔年（1967）關稅法立法完成，台灣海關運作終於法制化，關貿政策也步上法制的軌道，這也是本文將研究年代界定在民國 56（1967）年的主要理由。

　　台灣國家主權之建立、財政節流機制的形成，其背後隱含重商主義對生產者的保護而大大犧牲廣大消費者的利益，更不用說爲達政治目的所進行的白色恐怖手段。因此勢必引來投機份子爲偷漏節流體制而造成時代弊端，呈現在國際貿易上就是走私貿易的猖獗，以及官商勾結的貪污瀆職問題。因此，第六章「走私的問題與對策」，主要分析戒嚴以後主要的走私問題，包括船員、漁船的走私，討論其走私的方式以及海關如何因應。更值得玩味的是，在節流體制裡扮演把守國家大門的海關，其本身就是一個問題，所以最後進而分析執行緝私的主要機關——海關本身的貪瀆問題。這可說是重商主義的弊端與問題所在。

第二章　戰後海關與省府間之衝突與協調機制之形成

　　二次大戰結束後，中華民國政府展開接收台灣並實質加以統治。眾所皆知，民國 34（1945）年 10 月 25 日以後，以陳儀爲首的台灣省行政長官公署（以下簡稱：省署）〔註1〕成爲台灣最高統治機關，令人關注的是，國民政府早於同年 9 月 20 日所頒定的「台灣省行政長官公署組織條例」中，賦予行政長官公署便宜行事的權力。如該條例：

> 第二條：台灣省行政長官公署，於其職權範圍內，得發布署令，並得制定台灣省單行規章。
>
> 第三條：台灣省行政長官公署，受中央之委任得辦理中央行政。
>
> 　　　　台灣省行政長官，對於在台灣省之中央各機關有指揮監督之權。〔註2〕

其中第三條第二項，明確賦予陳儀節制中央駐台機關指揮監督的權力。因此，若從法律層面來看，陳儀與省署對於台灣的統治是握有絕對的權責。多數學者也依此認定，陳儀集行政、立法、司法三權於一身〔註3〕，其權力冠於中國大陸各省省主席，除中央政府的監督之外，權力之大無任何機關得以制衡〔註4〕。不過，事實是否如此？

〔註 1〕二二八事件後，台灣行政長官公署於民國 36（1947）年 4 月 22 日撤廢，改行「台灣省政府」，以下有關台灣省政府則簡稱：省府。

〔註 2〕「台灣光復以後之經濟法規」，《台灣銀行季刊》1：1（民國 37 年 1 月），頁 303。

〔註 3〕鄭梓，《戰後台灣的接收與重建──台灣現代史研究論集》（台中：新化圖書有限公司，民國 83 年 3 月），頁 152～153。

〔註 4〕陳翠蓮，《派系鬥爭與權謀政治──二二八悲劇的另一面相》（台北：時報，1995 年 5 月，初版二刷），頁 72。

　　於此同時，民國 34（1945）年 10 月 15 日中華民國海關接收關員張申福（*Chang Shen-fu*）〔註5〕、夏廷耀（*Hsia Ting Yao*）〔註6〕隨同國軍第七十軍搭乘美軍運輸艦 LST 627，由鎮海出發來台，10 月 17 日上午抵達基隆港，展開對台灣海關的接收〔註7〕，也爲台灣海關與關貿政策的運作開啓新頁。中華民國海關承繼清末洋關，不僅擁有課徵關稅、查緝走私的權責，更擁有修築港口與管理船舶等權力、任務。國民政府建立以後，推動關稅自主，並將洋關納入中國財政組織的一環，也將清末以還的港口管理逐步劃歸交通部管轄。然組織的調整也不是朝夕可致，以致交通部與財政部對港口管轄權仍有待釐清。相對地，日治時期的台灣稅關與港口管理單位，雖然分別隸屬台灣總督府交通局與稅關兩不同單位，卻同受台灣總督節制。顯然，五十年兩岸的分隔，已各別在關稅、港口管理上，建立不同的體制。五十年後這兩套不同的體制會產生怎樣的摩擦？這是本章所關注的議題。

　　張申福、夏廷耀於完成接收後，分別擔任台南關與台北關稅務司。其中張申福曾是陳儀於重慶兼任國民黨中央訓練團教育長時，開辦台灣行政幹部訓練班的學員〔註8〕，可見張申福應該頗爲熟悉陳儀與省署的組織與運作模

〔註5〕張申福，江蘇江都人，光緒 34（1908）年生，民國 18（1929）年畢業於稅務專門學校，是年 7 月進入海關服務。民國 34（1945）年 10 月來台接收日治高雄稅關，當時爲超等二級幫辦，年僅 38 歲。接收完成後成立「台南關」，爲台南關首任稅務司（代理），並榮獲行政院頒給執行復員工作人員獎狀。民國 37（1948）年 11 月 15 日，奉調擔任台北關稅務司，民國 45（1956）年 9 月調任總稅務司署，民國 47（1958）年 2 月升任副總稅務司，民國 49（1960）年 7 月，繼方度擔任海關總稅務司。參閱財政部關稅總局編撰，《中華民國海關簡史》（台北：財政部關稅總局，民國 84 年 5 月再版），頁 192。海關總稅務司人事科編，《海關職員題名錄》第七十四期（上海：海關總稅務司署，民國 37 年 6 月），頁 3、290。

〔註6〕夏廷耀，浙江省人。民國 4（1915）年 8 月進入海關服務，民國 12（1923）年榮獲北京政府六等嘉禾獎章，民國 20（1931）年 1 月間曾奉派來台調查台灣與大陸東南沿海的走私問題，當時爲副稅務司，民國 33（1944）年 3 月晉陞爲稅務司。戰後奉命接收日治的基隆稅關，接收完成後成立台北關，成爲台北關首任稅務司，並榮獲行政院頒給執行復員工作人員獎狀。民國 36（1947）年底奉調甌海關稅務司。海關總稅務司人事科編，《海關職員題名錄》第七十四期，頁 2、292。

〔註7〕台南關稅務司 S/O Letter NO.1（at Taipeh 26th October 1945），「The journey from Shanghai to Formosa」部分。

〔註8〕張申福在其向總稅務司李度的 S/O Letter NO.5 報告中曾這樣提到：「在完成接收後，我和副代理稅務司谷錫之於 12 月 6 日前往台南，次日……和台南市長兼台南州接管委員會主任委員韓聯和及其他委員會晤，而這些人員大多是我在中央訓練營中所熟悉的人」。可見張申福應爲陳儀中央訓練團的學員之一。

式，理應配合台灣地方長官的政策。問題是：海關主管全國性的關稅、貿易政策的執行，而台灣省署僅是當時廣大中國的一省，地方大員為省所釐定的單行法規是否能與中央配合？頗令人存疑。復以戰爭才結束，日治台灣與國府中國存在著兩套不同的制度，統治者如何因時、因地制宜，重建一套適合時勢的制度，而且駐台中央機構是否願意與地方省署充分配合，這也是相當值得觀察的重點。

　　本章即以駐台中央機構——海關為焦點，首先回顧中華民國海關與日治台灣稅關體制上的差異性著手，進而從戰後的接收、港口管理制度與貿易政策等三個層面，來檢視陳儀與省署能否貫徹法理上所賦予指揮、監督駐台中央機構的功能，這有助於我們進一步釐清陳儀治台的另一個面相；同時也是作為分析戰後台灣關貿政策的起點。

第一節　歷史的前提
——近代中國海關與日治台灣稅關

一、中華民國海關體制之形成

　　中華民國海關早期又稱「洋關」。咸豐 3（1853）年太平天國攻占南京，上海小刀會趁太平軍勝利與閩南小刀會攻占廈門之形勢的鼓舞下，一舉占領上海縣城，署上海道吳健彰逃出縣城避難租界，上海外灘的海關被群眾搗毀，致使徵稅機關完全停止。英、美、法三國領事看到有機可乘，立即宣布：租界嚴守中立。英國領事阿禮國（R. Alcock）逕行宣布「海關行政停頓期間船舶結關暫行條例」，開啓外國人介入中國海關管理的濫觴。咸豐 4（1854）年 6 月 29 日，怡良面臨軍費竭拙的困境，希望能儘快獲得上海海關的稅收，乃派吳健彰與英國領事阿禮國、美國領事馬輝（Murphy）、法國領事伊登（Edan）會談，達成三國領事各提名一人，經吳健彰委派「幫辦」上海海關稅務的協議。這是近代中國第一個由外國人管理的海關，也是近代中國洋關制度的起源〔註 9〕。此體制逐漸取代中國既有的關稅監督，其演變約可分為三個階段。

　　第一階段（1861～1902）：自咸豐 8 年（1858 年）的「通商章程善後條約」

〔註 9〕陳詩啓，《中國近代海關史問題初探》，頁 5～11。高柳松一郎，《中國關稅制度論》，頁 39～43。

第十款規定，「邀請」外國人「幫辦」稅務後，以英籍洋員為主的稅務司體制遂凌駕於中國原有的海關監督，而成為中國近代海關的主體。在英籍總稅務司體制下，關稅課徵業務，除依照道光 23（1843）年所制訂的「五關出進口稅則善後章程」中規定值百抽五外，大抵依循英國不成文的法律體制處理。總稅務司藉由帶有共通性質事項規定之通令（Circular Instruction）、帶有特殊性質事項規定之特令（Despatches）、帶有補充性質或秘密性質事項之私函（Semi-Official Letter）、及特種問題的專門規定之指令（Notes or Memoranda），這些以總稅務司為主所頒發的行政命令統稱海關「關章」，成為海關關員處理業務之準則〔註10〕。

第二階段（1902～1926）：光緒 26 年（1900 年）的八國聯軍，對積弱的滿清是致命的一擊。政治上，清廷礙於局勢的轉變，著手立憲，並試圖改善滿清頹廢的形象，以滿足改革派的想法。財政上，「辛丑條約」高達四億五千萬兩的龐大賠款，使得滿清財政瀕臨崩潰，不但將洋關進口稅抵押殆盡，甚至連通商口岸 50 里以內的常關稅，也充當賠款擔保。導致在關稅體制方面，光緒 26（1900）年後，將各常關納入稅務司管理〔註11〕，使得中國傳統的海關監督更趨弱勢。

赫德接管常關後，擴大常關稅做為抵押賠款的解釋，並極力額外苛求接收常關，以至英籍稅務司惠特（Stanley F. Wright）亦不諱言，洋關主要是為了維護外國利益而存在，因而以犧牲中國主權來增加總稅務司的新權力〔註12〕。光緒 28（1902）年所訂定的「中英續議通商行船條約」中，進一步欲將所有釐金、內地稅之徵收納入洋關，並廢除釐卡，由各省督撫自行委由海關人員商辦。無疑地，清末洋關有如八爪章魚，試圖緊緊總攬中國的財政〔註13〕。總稅務司權力的快速膨脹，使得清廷試圖加速對洋關的控管，乃有光緒 32（1906）年稅務處的設置。

光緒 32（1906）年 4 月間，清廷將長期隸屬總理各國事務衙門（後來的外務部，即今外交部）的洋關（各地稅務司），劃歸清廷財政官員管轄。是年

〔註10〕 盧海鳴，《海關蛻變年代》（台北：盧海鳴，民國 82 年），頁 13～15；財政部關稅總局編撰，《中華民國海關簡史》，1995，頁 95。

〔註11〕 1906 年 3 月 29 日，Inspectorate General of Customs Circular No.1327，附件五總稅務司呈外務部文，京字第 322 號。

〔註12〕 Stanley F. Wright，*Hart And the Chinese Customs*（London：WM. Mullan & Son LTD，1950），p.818

〔註13〕 陳詩啓，《中國近代海關史問題初探》，頁 232。

4 月 16 日，清廷任命戶部尚書鐵良爲稅務大臣，外務部右侍郎唐紹儀爲會辦稅務大臣，統籌負責管理各海關人員與業務〔註 14〕，中國試圖將洋關納入政府的管轄。只是，直至民國 17（1928）年國民政府大力改革海關之前，洋關儼然成爲中國政府中之政府，可謂爲列強駐華使館之附屬物，甚至有謂總稅務司之一言，其效力等於財政部之成法，北京政府財政總長之命運，實操於總稅務司之手，且海關收入盡存於外籍銀行，海關高級人員之任名命，僅限於外籍關員〔註 15〕。不過北京政府也伺機試圖使關稅自主以提高關稅收入。

民國 8（1919）年，以巴黎和會爲契機，中國代表縷列中外一切不平等條約的事實，作成提案請求和會解決，其中就已出現「關稅自主」（Tariff autonomy）一項，卻不曾進入議程討論。及至民國 10（1921）年的華盛頓會議，中國代表遠東委員會，再度提出關於不平等條約修改之各種要求，關稅自主一項亦占重要份量。幾經審查討論，關稅方面僅獲得「進口稅改正使成 5%」、「從速落實裁釐加稅」、「裁釐加稅未實行之前，許中國增加 2.5% 的附加稅，但奢侈品可提高至 5%」等三項決議，對於關稅自主也就沒有承認。

此外，光緒 28 年（1902 年）7 月 26 日，赫德所制訂的「通商進口稅則善後章程」第一款第四條中對進口洋貨估價與商人異議竟有如此規定：若海關與商人對貨物估值意見不同，可由該商人之本國領事選派商人參與海關協商的權力〔註 16〕。這樣的規定，無疑地，將中國對進口貨物的估價權委棄列強。

所以，清末至民國初期，中國不僅關稅無法自主，連進口貨物估價的權力也需與列強協商，當然也就遑論藉由關稅或貿易管制的手法以保護中國的產業。

第三階段（1927～1945）：民國 16（1927）年南京國民政府成立之初，9 月 1 日財政部長宋子文實行關稅自主，並且公布「裁撤國內通過稅條例」、「國定進口稅暫行條例」〔註 17〕。隔年（1928）6 月開始「改訂新約」運動，以修訂稅則提高稅率，增加財政收入，是年關稅收入增加 40%～50%〔註 18〕，至

〔註 14〕 Inspectorate General of Customs Circular No.1339（Shanghai,14 May 1906）。附件，外務部箚行總稅務司，總字第 209 號。

〔註 15〕 Inspector General's Circulars No.4746（Shanghai,21st November,1933），Enclosure No.3.

〔註 16〕 「通商進口稅則善後章程」第一款第四條，劉科，《關稅估價論——從眞正起岸價格到交易價格估價制度》，頁 284。

〔註 17〕 吳景平，《宋子文評傳》（福州：福建人民出版社，1998 年 9 月），頁 102。

〔註 18〕 蔡渭洲編著，《中國海關簡史》（北京：中國展望出版社，1989 年 8 月），頁 132。

民國 22（1933）年關稅收入約增加三倍〔註19〕。依據民國 18～32（1929～1943）年擔任海關總稅務司的梅樂和（Frederick W. Maze）〔註20〕指出：

> 自後海關一切行政，無不秉承部署（按：財政部與關務署）命令辦理，與中國其他機關無異，而中國在海關上之主權，因以完全恢復。
> 〔註21〕

總之，近代中國洋關歷經國民政府的改革與展開關稅自主後，改訂新約、收回關稅主權、整頓海關行政，以穩固政權擴大財政收入。海關總稅務司才成為中國政府的忠僕，完全聽命於財政部長，國家款項之籌措，完全為財政部長之職責，稅款之存放，也才集中於國家銀行，華洋關員也才日趨平等〔註22〕。

二、中華民國海關的港務管理問題

　　南京條約以前，清廷對船舶的管理在於丈量其大小，以收取船鈔。道光 23（1843）年的「中英五口通商章程」第三條，要求「英國商船一經到口停泊，其船主限一日之內，赴英國管事官署中，將船牌、艙口單（manifest）、報單各件，交予管事官查閱收儲〔註23〕。」事實上，在往後的對外條約中，中國對艙口單並未有詳細的要求，總以「應詳實具報」等含糊的字眼帶過〔註24〕。

　　同治 3（1864）年間，海關總稅務司赫德即已構想成立海務部門，以加強各港口的管理與建設。同治 7（1868）年赫德於主要通商口岸成立海務部，海務部為與稅務部為平行的單位〔註25〕；民國元（1912）年，海關設工務

〔註19〕 Inspector General's Circulars No.4746（Shanghai ,21st November,1933），Enclosure No.3.

〔註20〕 梅樂和，英國人。光緒 17（1891）年進入海關任職，民國 17（1928）年 10 月 3 日為國民政府派任為副總稅務司，民國 18（1929）年 1 月 8 日正式接替易紈士（A. H. F. Edwardes，當時為代理總稅務司）為海關總稅務司，至民國 32（1943）年止。Inspector General's Circulars No.3842（Peking ,31st December, 1928）；Inspector General's Circulars No.3845（Peking ,9th January, 1929）。

〔註21〕 Inspector General's Circulars No.4746（Shanghai ,21st November,1933），Enclosure No.3.

〔註22〕 同上註。

〔註23〕 田濤主編，《清朝條約全集》第一卷（黑龍江：人民出版社，1996 年），頁 63。

〔註24〕 Inspector General's Circulars No.4179（Shanghai ,17th February , 1931），Enclosure No.2.

〔註25〕 李文環，《高雄海關史》，頁 415。

部以掌管徵稅部有關之土地、建築物，及海事部之財產、燈臺、船機具等技術方面之管理〔註26〕。至此，海關總稅務司署之組織分爲徵稅部（Revenue Department）、海務部（Marine Department）、工務部（Works Department），直至北京政府瓦解爲止。其中海務部之主要職務，係掌管船舶港務之事，設巡工司（Coast Inspector）一員爲主管，下設巡工、理船、燈事、海面等四班。其中理船班亦即港務司，負責管理港務、指定泊所、建築碼頭與泊岸、稽查出入船隻、丈量船舶噸位、檢查浮標、指示航路、管理火藥暨爆裂物儲藏所、防疫所、守望臺、水面巡緝等。凡航務繁忙之港口，設置專員司理其事。如上海江海關下設理船廳，理船廳設總務廳、指泊所、水巡、吳淞江理船分廳、防疫所等五部，並附屬守望臺、燈號所、火藥暨爆裂物儲藏所，兼管引水與商船登記、檢查等〔註27〕。可見，海關不僅擁有課徵關稅、查緝走私的權責，更擁有港口建設與維護、船舶管理等任務。不過，關稅、港口管理與航權的問題，隨中國國家主權意識的形成後，也漸被納編爲國家組織的一環。

　　首先在航政組織方面，清廷設郵傳部，下置船政司掌全國船政；民國元（1912）年北京政府公布交通部官制，民國15（1926）年11月13日公布「交通部組織法」，航政司下設航務、船舶、海事三科，進一步負有管理航路、航標，監督造船、船舶、船員及水上運輸等，然實際航政之管理，仍歸海關執行，終北京政府時期仍無更改〔註28〕。

　　北伐後，國民政府對於關稅自主與航港主權逐步回收，民國17（1928）年廢止海關條約，將海關總稅務司改隸屬於財政部關務署，並開始籌設航政局，謀求將航政之管理脫離海關管轄。民國19（1930）年公布「交通部航政局組織法」，民國20（1931）年7月1日同時成立上海、漢口、天津三航政局，將海關理船廳兼管有關船舶行政之工作移歸航政局掌理；其後又成立廣州及哈爾濱二局。

〔註26〕同上註，頁416。

〔註27〕王洸編著，《中華水運史》（台北：商務印書館民國71年4月初版），頁302～306。

〔註28〕交通部編，《中華民國交通史（上）》（台北：交通部，民國80年12月），頁564；王洸編著，《中華水運史》，頁307。

圖 2-1：近代中國海關組織演變示意圖

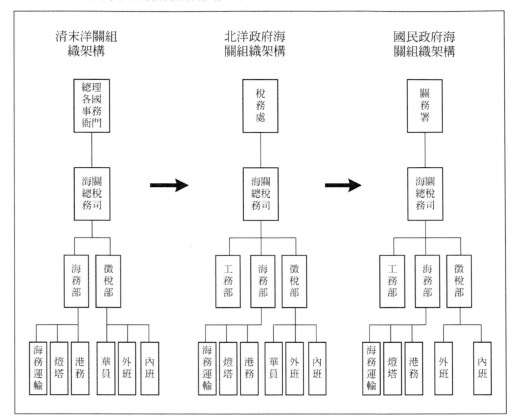

資料來源：李文環繪製

　　回收航港主權的同時，國民政府鑑於走私日益嚴重，不斷強化海關在緝私方面的法律權責與裝備，也同時對於海關控管港口的權力不斷提升。如民國 19（1930）年 9 月，國民政府核准梅樂和所提「一百五十噸以下之輪船或電船，不准於中國與外國各埠間往來裝運貨物」，經行政院核定爲「凡一百噸以下之輪船或電船，不准於中國與外國各埠間往來裝運貨物」〔註29〕，賦予海關對於船舶管理權。民國 20（1931）年 1 月間，由梅樂和擬具草案後經國民政府核准頒佈的「船隻進口呈驗單照規則」中，該規則共計 16 條，主要在於防範不軌商人與船員匿藏私貨，讓海關對於進口商輪的要求更爲具體，包括要求船主必須於輪船抵港 24 小時內提供詳實記載的船舶資料、貨物資料、貨物裝載位置、旅客資料船用物品的艙口單；艙口單更正的規定；旅客及其行李資料的呈報；船用物料與封存；違反規定之罰則等

〔註29〕Inspector General's Circulars No.4166（Shanghai ,27th January , 1931）。

〔註 30〕。如此，以建立海關對每艘進港商輪上的人員、商品與自用品的控管。民國 23（1934）年「海關緝私條例」頒佈後，「船隻進口呈驗單照規則」亦修改為「船隻進出口呈驗單照規則」共計 16 條，其規定更細膩、明確、嚴格。如要求艙口單須按海關規定格式，用墨水筆或不能塗改之鉛筆繕寫（第二條）；應詳載貨物安放地點（第三條丙）；未列入艙口單之貨物一經海關查出，除船長、貨主罰款外，並得將該項貨物充公（第七條）；如申報貨物短少，船長無法正實係短裝者，處罰船長罰金（第八條）；艙口單須經核准卸貨，否則不准拆卸（第十二條）〔註 31〕。這套商輪呈驗單照的規定，即海關外班關員的「理船」作業。其主要目的在於蒐集有關商輪之人、商品、自用品之資料，以瞭解船舶卸貨前的整體狀況，進而防止匿報、虛報或船員走私。

除了大型商輪之外，國民政府亦賦予海關管理民船的權力。民船係指航行於 50 里內外常關的戎克船，此類船舶眾多不易管理。為管理此類民船，梅樂和於民國 20（1931）年 11 月間草擬法案經國民政府通過頒佈「海關管理航海民船航運章程」，要求載重在二百擔以上之民船，均應向海關註冊，並請領航運憑單及往來掛號簿（第一、三條）；航運憑證、往來掛號簿應存放船內，船內所存貨物應詳列於艙口單（第七條）；民船於設有海關的港口，進出口時應向海關結關（第八條）；民船於未設海關港口進出口時，應向該處地方官署或商會呈驗掛號簿（第九條）；往來外洋貿易之民船，不得駛往沿海未設海關之港口進行貿易（第十條）〔註 32〕，海關對於民船的展開整頓與管理。民國 23（1934）年 7 月國民政府頒佈「修正海關管理航海民船航運章程」，進而要求民航貿易船不論其載重多寡，均應向海關註冊請領航運憑證與往來掛號簿；並限制載重未滿 120 公擔之民船，不得向海關註冊經營外洋貿易，只許國內貿易（第一條）〔註 33〕，並將民船走私之處罰，適用於同年（1934）6 月頒佈的「海關緝私條例」辦理〔註 34〕。至此，海關對於民船管理、預防走私的法令與措施趨於完備。

〔註 30〕 Inspector General's Circulars No.4179（Shanghai ,17th February , 1931）。

〔註 31〕 Inspector General's Circulars No.4929（Shanghai ,29th August , 1934），Enclosure No.1。

〔註 32〕 Inspector General's Circulars No.4371（Shanghai ,19th December , 1931）。

〔註 33〕 Inspector General's Circulars No.4969（Shanghai ,30th October , 1934），Enclosure No.1。

〔註 34〕 同上註，Enclosure No.3。

圖 2-2：海關管理民船示意圖

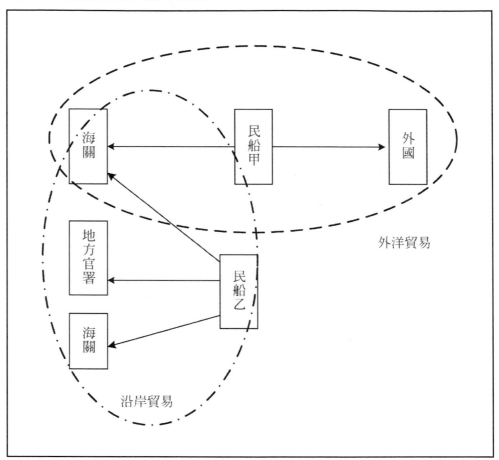

資料來源：依據 Inspector General's Circulars No.4371（Shanghai ,19th December , 1931）之規定自行繪製。

　　總而言之，海關對於商輪或民船可行使檢查權，這項工作通常是海關外班查緝關員負責。法理上，只要進入中國沿海 12 海浬即受海關緝私艦艇的盤查；進入各港口之船舶，除軍艦、遊船、領港船與 24 小時內復出港之補給船外〔註 35〕，所有船舶若進入設有海關的港口則受海關之監管；若未設海關之港口則為地方官署如公安單位之管理，而且只要船舶有航行國外者，就必須進入設有海關之港口接受海關之檢查，並報關、結關。至此，海關可謂完全控管航行外國之船舶之監控，其緝私網如圖 2-3 所示。附帶一提的是，對於船

〔註 35〕「船隻進出口呈驗單照規則」第二條。Inspector General's Circulars No.4929（Shanghai ,29th August , 1934），Enclosure No.1。

舶的檢查，除了對人、商品、自用品外，對於輪船私運軍火事項仍應由海關人員照章執行〔註 36〕。

圖 2-3：海關外班緝私組織示意圖

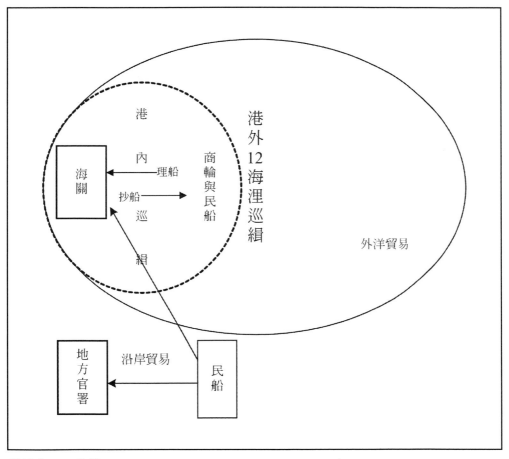

資料來源：依據 Inspector General's Circulars No.4371（Shanghai ,19th December , 1931）與 Inspector General's Circulars No.4929（Shanghai ,29th August , 1934），Enclosure No.1「船隻進出口呈驗單照規則」第二條之規定自行繪製。

　　強化海關海上緝私與港口組織權力的同時，國民政府於民國 22（1933）年頒布「商港條例」，規定船舶進出商港由主管航政官署辦理，商港區域及船舶停泊地點由交通部指定之。惟當時行使之職權，事實上僅為船舶檢查、丈量登記，及管理船員等事項而已。其他法定職掌，如航路標識、管理引水等

〔註 36〕Inspector General's Circulars No.4220（Shanghai ,23rd April , 1931）。

項，上由其他機關代管之﹝註 37﹞，亦即由海關代管。不過，該法卻延至民國
35（1946）年 7 月 1 日才正式施行﹝註38﹞。

　　港口回歸交通部航政司管轄，有著回收航權的重要意義，然而對財政
部而言，如何借重海關既有的組織系統，有效控管港口與海域，達到緝察
走私、穩定關稅收入則是更重要的目標。如從民國 18（1929）年起，梅樂
和在財政部的支持下不斷強化海關海上與陸路緝私的組織與功能。可見，
對於港口的管理，財政部並沒有完全放鬆。因此，國民政府雖欲將港口管
理逐步劃歸交通部管轄，卻也不是朝夕可致，甚至衍生交通部與財政部對
港口管轄權認定的問題。民國 38（1949）年 4 月航政司有關航政工作簡報
時仍提到：

> 港務行政方面：查以前我國港務，向系海關代辦，自一部分工作移
> 歸航政局接辦後，現全國港務行政工作，仍無統一機關辦理。按本
> 部組織法及商港條例，均系指定由本部主管，惟海關囿於舊規及以
> 航路標示均系由其建築，未允移交。復以地方政府影響收入為名，
> 均欲保持原狀。﹝註39﹞

報告內容明白指出港務行政的執行，在海關、航政司與省政府三個單位間
出現頗為嚴重的糾葛，一方面是交通部與財政部管轄權限歸屬的問題，也
涉及中央與地方的權力劃分的界定問題。港口管轄權的歸屬問題如圖 2-4
所示。

﹝註37﹞ 蔡增基，〈十年來的中國航運〉，收於《航政史料》（台北：國史館，民國 78
　　　　年 6 月），頁 1109。
﹝註38﹞ 交通部編，《中華民國交通史（上）》，頁 567。
﹝註39﹞ 中國第二歷史檔案館編，《中華民國史檔案資料匯編（第五輯第三編財政經濟
　　　　（七））》（江蘇：古籍出版社，2000 年 1 月），頁 517。

圖 2-4：民國 22（1933）年後國民政府港口管理問題示意圖

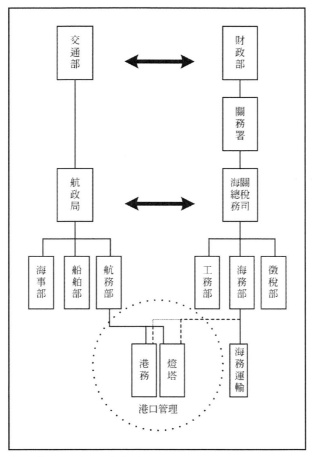

資料來源：李文環繪製

三、中華民國海關緝私權之強化

近代海關外籍稅務司制度推行的過程，海關面臨的嚴峻問題就是關於緝私及其處分問題，因爲當時英國對華貿易占主導地位，而英商與海關的關係最爲密切。海關雖被標榜爲「國際官廳」，但總稅務司赫德是英國人，海關要員與成員也以英人占多數。如此，以英人爲主的海關，在執行緝私及其處分時就經常發生矛盾，而英國領事也站在英商一方，使得海關緝私、處分格外爲難。赫德作爲海關領導人對於這種情況感到爲難，因而認爲即使設立了緝私機構，也不能解決問題〔註 40〕。於是，赫德挖空心思試圖以「中外會訊」

〔註40〕陳詩啓，《中國近代海關史（民國部分）》，頁 342～343。

的辦法，把領事、外籍稅務司、都拉進會訊中來，並制訂「會訊章程」以解決一切走私違章處分問題。該章程第二至四條：

> 凡有洋商或船或貨，各在通商海口被關屬吏扣留，立宜稟明監督，監督聽稟以為罰辦，合宜即委稅務司函致該商所犯何法？是以扣留限自接函之時以五日為期，准商稟報領事官知悉。⋯⋯（第二條）

> 凡監督接到領事官來文照覆，定期何日到關當堂晤會，領事官諭飭該商是日統帶見證各人等赴關⋯⋯（第三條）

> 詢問之間，所有關、役、商、證人等口供，隨時抄錄。監督、領事各為畫押蓋印，⋯⋯各將案情抄錄蓋印，申請總理衙門與駐京大臣查核定奪。⋯⋯（第四條）〔註41〕

洋商之船貨有違法走私之嫌疑為海關扣留，案情是由監督會同稅務司與領事共同審理，再呈送總理衙門或北洋大臣，顯然把緝私案件擴大為外交事件。可想而知，走私違章案件成立的可能性應頗低，緝私成效必然大打折扣，甚至可說，從洋關成立到 20 世紀 20 年代，不存在嚴格意義的緝私制度與機構〔註42〕。近代中國緝私制度的完備，應肇始於國民政府時代。

（一）海關緝私組織之強化

國民政府成立後成立關務署，並要求海關總稅務司梅樂和不僅推行新定進出口稅則追求關稅自主，並配合移轉總稅務司署及所屬各關稅務司署之經費款項至中央銀行〔註43〕；關稅自主下之國定稅則之稅率由 5％提高至 7.5％～27.5％，梅樂和提醒國民政府，走私將因稅率的提高而被鼓舞、擴大，進而負面影響財政利益〔註44〕，走私猖獗使得緝私事務遂為海關第一要政〔註45〕。廈門關稅務司侯禮威（C.N. Hoe Wiu）在其十年報告書裡即指出：

> 本十年（按：1922～1931 年）後期，沿海各處的洋貨走私明顯增加，尤其是 1931 年新進口稅則實施，以海關金單位徵收關稅以來情況更

〔註41〕 Inspector General's Circulars No.17 of 1868（Peking ,29th May, 1868）。
〔註42〕 陳詩啓，《中國近代海關史（民國部分）》，頁 343～344。
〔註43〕 Inspector General's Circulars No.3852（Shanghai ,30th January,1929）；Inspector General's Circulars No.3854（Shanghai ,31st January, 1929）。
〔註44〕 Inspector General's Circulars No.3990（Shanghai ,24th October,1929）。
〔註45〕 Inspector General's Circulars No.4746（Shanghai ,21st Novenber,1933）,Enclosure No.3。

為嚴重〔註46〕。

為此，民國 18（1929）年 10 月間，梅樂和指派 F.H. Bell 為稅務司，指揮深入調查各主要口岸與國境之走私問題，尤其是九龍與 Lappa 邊境；亦要求各關關員配合並隨時回報〔註47〕，隔年 5 月改派福貝士（*A.H. Forbes*）擔任〔註48〕。

至民國 20（1931）年 1 月間，梅樂和向關務署呈報過去一年多的緝私計劃指出：

1. 華南的緝私改善：將原分屬華南各口海關之五艘巡緝輪，改歸九龍關稅務司節制，並於巡輪上設置無線電，使可互通聲氣。因此，九龍關緝獲私貨之價值由先前的關平銀七千兩，驟增至關平銀四萬兩。

2. 五外常關裁撤後，派員調查粵、閩、浙等省邊界海口，以憑添設海關分關，並將向有直接貿易之各海口，由就近海關稅務司派員接收管理。

3. 北方各口與陸邊走私：除業於各重要地方設置武裝巡緝隊嚴加防範，並商准日本方面竭誠協助；並擬派福貝士於考察閩粵邊境走私情形後，再往北方各口，對於陸路邊境情形詳加勘察

4. 各重要口岸如大連、安東、天津、青島、漢口、汕頭、廣東等，按照上海關設立驗估處，使徵收稅款能臻平。

5. 禁止一百噸以下輪船或電船航行外國各埠貿易，以減少專以小輪船或電船走私者。

6. 關於台灣與東南沿海走私情況，已派署副稅務司夏廷耀前往台灣瞭解，一俟調查完畢，即據其報告擬定對策。〔註49〕

梅樂和的緝私計劃以通商口岸的查緝、船舶的管理與強化貨價分估作業為主，故於各重要口岸成立驗估處以複審各關之貨物報關；並成立緝私科以主管一切緝私事宜，以福貝士充任該科稅務司〔註50〕。至此，海關不僅擁有專責海上緝私單位，貨價與稅則分類也更完備。

〔註46〕廈門市志編纂委員會，《近代廈門社會經濟概況》（廈門：鷺江出版社，1990年），頁 401。

〔註47〕Inspector General's Circulars No.3990（Shanghai ,24th October,1929）。

〔註48〕Inspector General's Circulars No.4084（Shanghai ,30th May,1930）。

〔註49〕Inspector General's Circulars No.4172（Shanghai ,4th February , 1931）。

〔註50〕同上註。

（二）緝私法源之確立

緝私科成立的同時（1931年），梅樂和積極策劃，一方面擬報「海關巡艇或巡艦在中國領海內檢查華洋船隻應守條例」，旋即獲通過並由外交部通知各國政府查照。該條例賦予海關三項主要權力：

1. 海上檢查權：距離海岸線 3 海浬內的輪船與民船之檢查權。同年（民國 20 年）6 月間，緝私水域擴大為 12 海浬〔註51〕。

2. 準武裝權力：該條例第三章第一款，「凡船隻為關輪追緝，如向關輪施放槍砲希圖逃逸，關輪得開槍還擊，至該船降服或沉沒為止。」

3. 準警察權力：該條例第三章第二款，「如遇用武力抵抗之船隻懸掛白旗，或用他項方法表示降服時，……得將該船全體水手或特別船員，於必要時嚴加禁錮，交付該管地方官廳懲辦」。〔註52〕

另一方面，梅樂和也積極建造海上緝私艦艇，至民國 23（1934）年底，艦艇建造工作大致完成。計有主力巡緝艦 26 艘，長度自 100 呎至 200 呎不等，分配沿海海岸，北自山海關、南迄東京灣，擔任深海巡緝工作；還有 100 呎以下巡緝艇 40 餘艘，分配各關區，輔翼主力緝私艦，擔任港灣緝私工作〔註53〕。至此，海關不僅擁有准經濟警察的查緝權，並擁有自己的港內與沿海武裝組織與裝備。雖然緝私成效頗佳，如民國 19（1930）年 3 月 8 日廈門關區所轄「開徵輪」在海軍司令部軍艦的配合下，於浯嶼破獲私設的倉棧，緝獲銅元、汽油、潤滑油、煤油、生油、苧麻、布匹等私貨約萬餘元，並同時緝獲日本走私船「光榮丸」〔註54〕。不過，走私貿易並未因此而稍減，隨著中日關係的惡化，華南與華北走私貿易日益猖獗。

海關緝私法令雖完備，中國海岸線漫長，各地方勢力與利益團體極為複雜，海關的緝私網能有效封鎖？答案顯然是否定的。如民國 21（1932）年底，浙江省象山縣石浦一帶有日本船舶「隆海」私運大宗糖貨千包重約一千八百擔，後雖為水上警察緝獲，由地方反日會與地方團體扣留，卻因反日會檢查員項佐庭得賄而將船舶與船主楊克昌私放。海關對於此走私案始終無法參

〔註51〕 Inspector General's Circulars No.4241（Shanghai ,5th June , 1931）。
〔註52〕 Inspector General's Circulars No.4139（Shanghai ,21st November , 1930）。
〔註53〕 陳詩啟，《中國近代海關史（民國部分）》，頁 347～348。
〔註54〕 廈門市志編纂委員會，《近代廈門社會經濟概況》，頁 481。

與，而地方單位則侵越海關職權〔註55〕。民國 21（1932）年廈門關區查獲走私白糖案件 63 起，緝獲白糖約 11,000 擔〔註56〕。民國 23（1934）年，廈門關區走私活動極為猖獗。是年二月份日本煤油走私進口，10 月份後，白銀、銀元、銀塊走私出口嚴重。此外，糖、火柴、水銀、化肥、布匹也是主要商品，大多集中在泉州一帶〔註57〕。

民國 24（1935）年 4 月 22 日，日本「鳳山丸」由台灣到廈門，私運金貨一批被廈門關查扣，價值約國幣 5 萬 7 千元；同年 9 月 24 日，海關「嶼光號」緝私艦在金門島附近緝獲走私鴉片的日本汽艇「定丸」，並將其拆毀。是年往台灣旅客攜帶的白銀走私出口案件大增，當事人多係女性，此現象延續至民國 25（1936）年 6 月。同年廈門關加強海上與陸上緝私力量，而年日本也在澎湖設立軍港，禁止商船進出，往來廈門與台灣之間的走私活動大量減少，廈門地區與台灣民船貿易也停止〔註58〕。

鑒於走私的猖獗，當時在財政部長宋子文的推動下，民國 23（1934）年 6 月 19 日國民政府頒佈「海關緝私條例」，也為海關緝私政策奠下完備的法律基礎，當時海關代理總稅務司羅福德（L.H.Lawford）轉達該法即說：

> 無論如何，先前仍缺乏緝私法規，而有迫切的需要。……這項法律整體提供中國的需要，也適應大英帝國、美國、加拿大、相似的法律。〔註59〕

「海關緝私條例」共 35 條約可分為「緝私權」、「船舶與航空器查緝」、「貨物與行李查緝」、「郵包查緝」、「違法報關之查緝」與「罰則」等，實乃將上述有關海關之緝私權、船舶管理與強化驗估的種種作為加以系統性的彙整成嚴謹的法律。「海關緝私條例」直至民國 62（1973）年間才重新修正。

除了華南海上走私貿易外，華北陸路在日本的支持下，華北走私情形相當嚴重。陸路走私不同於清末洋關所負責的港口與水運查緝，因而必須其他有關交通單位的協助。民國 25（1936）年間，國民政府鐵道部呈擬「路局協助海關緝私辦法」五項，後又擬「制止華北走私辦法」八項呈行政院。經行政院第 261 次會議，決議召集內政、外交、財政、軍政、交通、鐵道六部審

〔註55〕Inspector General's Circulars No.4597（Shanghai,1st,April,1933），Enclosure。
〔註56〕廈門市志編纂委員會，《近代廈門社會經濟概況》，頁 483。
〔註57〕同上註，頁 485。
〔註58〕廈門市志編纂委員會，《近代廈門社會經濟概況》，頁 485～487。
〔註59〕Inspector General's Circulars No.4913（Shanghai ,4th August , 1934）。

查後，同年 5 月爲防止私貨由鐵路輸入，制定「防止路運走私辦法」，辦法規
定：

> 海關由總稅務司設立海關訪止路運走私總稽查處；並得在各鐵路沿
> 線重要車站設立稽查處，關員得在各鐵路重要車站隨車查緝私貨，
> 必要時得在各處車站檢查旅客行李，鐵路沿線各軍警機關，應隨時
> 予以協助。〔註60〕

同時並制定「防止路運走私辦法施行細則」，規定洋貨須憑海關完稅憑證方許
托運，憑海關完稅憑證在起運車站及到達車站間予以檢查控管〔註61〕。同年 6
月，爲防止走私保護正當商業起見，對於運銷國內各處之進口貨物制定「稽
查進口貨物運銷暫行章程」，其中第二、三條規定：

> 商人將規定稽查之進口貨物裝載內河輪船、民船、汽車等；或將規
> 定稽查之進口貨物裝載火車轉運各處銷售者，應向海關繳驗納稅證
> 據請領運完稅路運憑證外，並加領運銷執照方得起運。〔註62〕

且規定所領運銷執照於貨物到達指運地點時，應由商人送交當地同業公會（如
無同業公會者送交當地商會）收存（第四條）。而所有同業公會、商會、商號、
工廠及轉運公司設備之簿冊，由海關或財政部指定之機關隨時派員稽查之（第
八條）〔註63〕。至此，海關的緝私網由港口擴大到陸路邊境與重要交通要道，
如圖 2-5 所示。

〔註60〕Inspector General's Circulars No.5282（Shanghai ,28th May 1936）。
〔註61〕同上註。
〔註62〕Inspector General's Circulars No.5295（Shanghai ,20th June 1936）。
〔註63〕同上註。

圖 2-5：民國 25（1936）年的海關緝私網

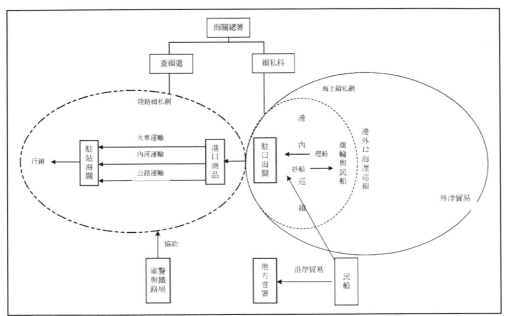

資料來源：依據 Inspector General's Circulars No.5295 所列法規自行繪製。

表 2-1：民國 25（1936）年應請領運銷執照之洋貨一覽表

應請領運銷執照之洋貨
人造絲、酒精、含有酒精之酒類及飲料（威士忌酒、白蘭地酒、香檳酒、杜松燒酒、日本清酒、各種甜酒）、安尼林染料、乾電池、橡皮製靴、罐裝食品、紙煙紙、干貝、脂粉及香水、電氣材料、針、煤油、柴油、各種定頭（Piece Goods of all kinds）、橡皮輪胎、橡皮製鞋、各種乾海產品、燒鹼、糖品

資料來源：Inspector General's Circulars No.5295（Shanghai ,20th June 1936）。

四、日治時期台灣之稅關體制與港口管理

　　台灣為日本統治後，稅關理應隸屬日本帝國大藏省，然明治 29（1896）年的「台灣總督府條例」第四條規定中，台灣民政局長對於民政事宜得做適當分課，而台灣總督得責成、認可各民政支部隸屬人員的配屬及事務的擔任，此明確揭示各行政官廳的分課定員法源〔註64〕。同年（1896 年）2 月 23 日開放台灣准用日本現行條約時，亦將「稅關法」第 43 條第二項有關進出口貨物

〔註64〕台灣總督府淡水稅關編纂，《台灣稅關十年史》，頁 53～54。

最終判決權授與台灣總督裁決〔註65〕。明治 32 年（1899 年）7 月 15 日所頒佈的「台灣稅關規則」第二條規定，亦將「稅關法」中大藏大臣的權責，由台灣總督執行之〔註66〕。準此條例，台灣總督得實質管理台灣的稅關，因此，總督府民政局的分課規定第五條中，將民政局財務部分爲租稅、關稅二課，其中關稅課負責有關海關稅的事務，設課長一人，乃爲實質的稅關長〔註67〕，首任關稅課長即野村才二（代理）〔註68〕。明治 29（1896）年 3 月頒佈「台灣總督府稅關官制」的第六條規定，稅關長承台灣總督府民政局長之命，掌理有關稅關事宜〔註69〕。明治 30（1897）年 10 月，台灣總督府組織調整，將財務部改爲財務局，關稅課與租稅課合併爲稅務課，以管理全台稅務事宜〔註70〕。同時，發佈敕令第 365 號，再度修改稅關官制第六條，明確規定稅關長承台灣總督之指揮，掌理稅關一切事務〔註71〕。至此，台灣各稅關直隸台灣總督指揮監督。不過，稅關僅負責通商口岸有關進出港船舶、航空器與貨物的檢查、以及關稅、噸稅、保稅業務之課徵與管理等。

　　至於港口的建設、管理與維護，以高雄港爲例，由港務單位負責。明治 41（1908）年高雄開始築港後，有關船舶進出、港內之管理，均由高雄築港出張所之碼頭事務所、船舶信號所，依據「高雄港內船舶出入及航行規程」與「高雄港內船舶出入規則」予以管理。昭和 2（1927）年，改置高雄海事出張所（直屬台灣總督府交通局），負責台南、台東及澎湖等地區之航政〔註72〕。昭和 9（1934）年高雄稅關成立，與基隆稅關分別負責南北關稅業務〔註73〕。總之，台灣航政與稅關組織架構，隨台灣港口的南北集中於基隆、高雄兩港後，總督府分別設置航政與稅關單位管理。至二次大戰期間，總督府爲提高港口船舶運用效率及提高港灣的效能，以因應作戰的需要，乃於昭和 18（1943）年 12 月 1 日廢止基隆、高雄二稅關，並同時新成立基隆、高雄二港務局，以統合之前的稅關、州港務部、通局海事出張所、築港出張所及港埠事務所等

〔註65〕日本大藏省編纂，《明治大正財政史》第 19 卷：外地財政（下），頁 520。
〔註66〕同上註，頁 521。
〔註67〕台灣總督府淡水稅關編纂，《台灣稅關十年史》，頁 53～54。
〔註68〕同上註，頁 54；台灣經世新報社編，《台灣大年表》，頁 16。
〔註69〕台灣總督府淡水稅關編纂，《台灣稅關十年史》，頁 55～56。
〔註70〕台灣總督府財務局編，《台灣の關稅》，昭和 10 年 10 月，頁 72。
〔註71〕台灣總督府淡水稅關編纂，《台灣稅關十年史》，頁 57。
〔註72〕高雄市文獻委員會編印，《高雄市志（港灣篇）》（高雄：高雄市文獻委員會，民國 47 年 10 月），頁 108。
〔註73〕李文環，《高雄海關史》，頁 116～117。

之港灣行政事務〔註74〕。以高雄港而言,其組織架構如圖2-6所示。總之,日治時期台灣航政與稅關單位同受台灣總督府之任命,分別隸屬總督府交通局與稅關兩單位。

　　國民政府執政以後,中華民國海關不僅提高緝私權,也因政府專劃分工的傾向,逐漸將清末海關龐大的業務如港口管理加以釋出,只是,礙於人力與財力,專業分工還不甚清楚,以致如港口的管理是歸屬交通部或是財政部,尚待釐清。相異於中國,日治台灣以總督府為核心已建立一套完整的關貿與港口管理體制。戰後,大中國的關貿、港口管理體制,如何適用在「小而完備」台灣原有的體制上,這是陳儀及其部屬所面臨的課題。

圖2-6:二次大戰期間高雄港務局組織架構圖

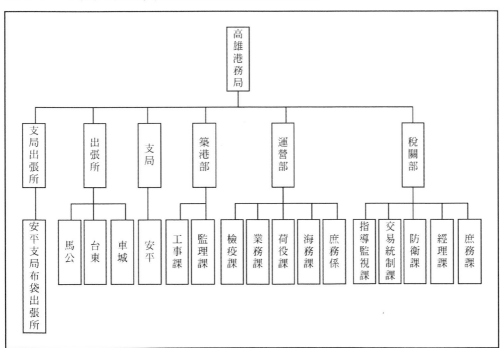

資料來源:〈台灣稅關の沿革〉,高雄港務局編,《引繼書——舊高雄稅關部分》(1945年11月)。

〔註74〕〈台灣稅關の沿革〉,高雄港務局編,《引繼書——舊高雄稅關部分》,1945年11月。

第二節　台灣行政長官公署與駐台海關的矛盾與衝突

張申福與夏廷耀抵達台北後，曾在下榻的「昭南閣」與財政部台灣區財政金融特派員游彌堅以及其他來台政府單位人員會晤，當時即透過游彌堅向省方轉達財政部指令，表示：「海關應接收燈塔，並負責港口的控管，以實質統合管理〔註75〕」。他們所依據的法令，就是同年（1945年）9月21日財政部部長俞鴻鈞呈報行政院的「接收收復區關務緊急實施辦法」中所提到：

> 各關所有房屋、地基、碼頭、船艇、燈塔標誌等一切關產，分由前往接收關務之稅務司及前往接收海務之海務副巡工司秉承財政特派員通知當地軍警機關協助，予以接收。

> 凡已接收一切關產即由海關使用，其暫不使用者應一律封存。〔註76〕

夏廷耀、張申福與游彌堅會晤後，即以財政部的「接收收復區關務緊急實施辦法」作為接收原則，於10月30日（1945年）電文陳儀表示：

> 關於接收收復光復各區海關業務，前奉財政部34年9月10日財關字第13108號代電頒發緊急實施辦法在案。其中第一款第六項規定，各區海關所有房屋地基、碼頭、船艇、燈塔標誌等一切關產應由接收關務之稅務司秉財政特派員通知當地軍警機關協助，予以接收；……茲已由部派定台灣區財政金融接收委員夏廷耀為台北關稅務司、張申福為台南關稅務司於本月中旬同來台北準備接收所有關於本區一切關務，以及由關兼管港務、燈塔及其他助航設備等事項，擬請查照，令知有關部門一俟接收程序決定，即行全部通知海關接收，以一事權而利推進，……〔註77〕

陳儀於11月5日（1945年）回電游彌堅表示：

> 本公署接收本省交通事業，凡有關港務管理、港埠工程，以及燈塔、標誌擬依照青島港務機構辦法，由交通處將舊交通局所屬海務部基隆、高雄兩港務局，及其所屬機構統一接收，積極從事港埠、燈塔

〔註75〕台南關稅務司 S/O Letter NO.1（at Taipeh 26th October 1945），「Lights services and harbour control」部分。

〔註76〕中國第二歷史檔案館編，《中華民國史檔案資料匯編（第五輯第三編財政經濟（一））》（南京：古籍出版社，2000年1月），頁580。

〔註77〕台南關稅務司公署呈文 Tainan No.2（15th December 1945），Appendix No.9。

之修復及撈船工作。至於各區海關原有房屋、地基、碼頭、船艇，
以囑交通處依照需要撥供應用，即逕與洽辦為盼。〔註78〕

從這兩份電文來看，雙方對港務管理、港埠工程，以及燈塔、標誌等業務
的歸屬即已存著不同的認知，這可說是台灣與大陸歷史差異性所產生的結
構性問題。總之戰後接收之前，台灣稅關、港務體制，即已存與國府中國
制度上的落差，復以國府財政部與交通部對於港口管理上的曖昧狀態，顯
而易見，陳儀來台接收與統治勢必將面臨此類中央與地方結構、制度上的
問題。理論上，國民政府頒定「台灣省行政長官公署組織條例」，賦予行政
長官公署便宜行事權力的用意，就是為了解決此類問題。然事實又是如何？
下面從接收、制度與政策等三方面來分析雙方的問題與回應。

一、稅關資產接收的問題

張申福來台後，曾在台北觀察各單位有關接收的看法，他總結各方看法
之後向海關總稅務司李度（L.K.Little）〔註79〕如此表示：

觀察不同單位有關接收官方財產的爭論後，我所下的結論是，優先
佔領乃是第一重要。因而我認為有必要儘早冒險前往南台灣，雖然
那裡的日本勢力尚未解除武裝。〔註80〕

於是11月5日（1945年），他與代理副稅務司古錫之（Ku His Chih）〔註81〕
搭乘軍機前往台南，後轉抵高雄，展開接收的工作。

高雄港為日治高雄稅關總部所在，昭和11（1936）年位於高雄港一號碼頭
的三層樓稅關官廳落成〔註82〕，至今仍為高雄關之象徵。不過，戰爭末期廢稅

〔註78〕 同上註，Appendix No.10。
〔註79〕 李度，美國籍。民國3年10月進入中國海關服務，民國32年8月16日代理
梅樂和為海關總稅務司，民國33年4月真除（《中華民國海關簡史》作民國
34年4月真除，錯誤）。民國39年初請假返回美國，民國43年以財政部顧問
名義自中華民國政府退休。海關總稅務司署人事科編，《海關職員題名錄》第
七十四期，頁1。財政部關稅總局編撰，《中華民國海關簡史》（台北：財政部
關稅總局，民國84年5月再版），頁191。
〔註80〕 台南關稅務司 S/O Letter NO.2（at Taipeh 13th November 1945），「Trip to Tainan
Aping and Takow」部分。
〔註81〕 古錫之，河北省人。民國19（1930）年6月進入海關服務，民國34年10月
隨同張申福接收台南關，民國37（1948）年4月奉調津海關，當時為代理副
稅務司。海關總稅務司署人事科編，《海關職員題名錄》第七十四期，頁7。
〔註82〕 台南關稅務司公署呈文 Tainan No.2（15th December 1945），「Properties」部
分。

關、置港務局，以致戰後接收上，海關與省方對於海關產權出現混淆的問題。

　　張申福抵達高雄港後，省方代表隨即向他提議省方接管港口的控制權。為確保海關財產，張申福乃立刻下令所有海關職員返回海關官廳，並下令：

> 升掛國旗，張貼「財政部台南關」字樣標示，以確立所有與佔領〔註83〕。

並派王保祚（Wang Benjamin Joe）〔註84〕、熊大維（Hsiung Ta Wei）〔註85〕兩位關員監視，且要求原稅關日籍與台籍職員必須全力維護海關所有財產與設備。但是，省署代表仍不斷表示要求接收所有官方財產之權利，並預測他們的交通處將會要求比照基隆港，將這裡的官方建築物歸高雄港務局管理〔註86〕。

　　相對地，夏廷耀接收原基隆稅關方面，位於基隆港的日治稅關官廳（按：今日基隆關稅局辦公大樓）及花蓮港關產產權問題，海關與港務局就發生嚴重的爭執〔註87〕。以日治原基隆稅關官廳與別館建築而言，海關與省方共同佔用的情況如表2-2所示。

　　為解決建築物所有權關係，省財政處、交通處共同商討制訂「基隆港務局與海關產權劃分原則」中第三點：

> 合同廳舍（按：原基隆稅關官廳與別館建築）資產應歸省有，由港務局接收。一部份稅關使用者，仍歸海關無條件使用。如查以前國有財產目錄，該項資產確係與稅關各半劃分者，應與海關合同接收，各機關仍可共同使用。每年維持費用，應按照使用之面積分別負擔。
>
> 〔註88〕

〔註83〕 台北關稅務司公署呈文，北字第91號（民國36年1月20日）；台南關稅務司 S/O Letter No.2（at Taipeh 13th November 1945），「Properties」部分。

〔註84〕 王保祚，福建省人。民國19（1930）年3月進入海關服務，民國34（1945）年10月來台參與接收台南關，當時為二等二級幫辦，民國36（1947）年4月晉陞為二等一級幫辦。民國37（1948）調派粵海關。總稅務司署人事科編，《海關職員題名錄》第七十四期，頁15。

〔註85〕 熊大維，江西省人。民國24（1935）年11月進入海關服務，民國34（1945）年10月來台參與接收台南關，當時為二等副驗貨員，民國36（1947）年10月晉升為一等副驗貨員。總稅務司署人事科編，《海關職員題名錄》第七十四期，頁126。

〔註86〕 台南關稅務司 S/O Letter No.2（at Taipeh 13th November 1945），「Properties」部分。

〔註87〕 台北關稅務司公署呈文 Taipeh No.79（1946年12月20日）；台北關稅務司公署呈文 Taipeh No.91（1947年1月20日）；李文環，《高雄海關史》，頁181～182。

〔註88〕 台北關稅務司公署呈文，Taipeh No.79（1946年12月20日）。

表 2-2：政府接收日治原基隆港稅關辦公官廳與別館使用概況

使用單位	
辦公官廳：	
一樓	財政部台北關基隆支關、基隆市警察局水上警察分局、基隆郵局
二樓	台灣航業公司基隆分公司、台灣省貿易局基隆辦事處、台灣省行政長官公署交處基隆港務局海港檢疫所、台灣省專賣局基隆分局、基隆市警察局水上警察分局
三樓	財政部台北關基隆支關
四樓	台灣省行政長官公署交處基隆港務局
五樓	台灣省行政長官公署交處基隆港務局
六樓	海關書庫（僅一間）
海關別館	
一樓	財政部台北關基隆支關、基隆郵局、台灣省行政長官公署農林處檢驗局基隆分局
二樓	台灣省行政長官公署農林處檢驗局基隆分局、台灣省糧食局台北事務所基隆分局
三樓	台灣省行政長官公署農林處檢驗局基隆分局

資料來源：台北關稅務司公署呈文，北字第 79 號（民國 35 年 12 月 20 日），附件。

　　省署以國有財產目錄作為界定財產歸屬的依據似乎頗為合理，然而自昭和 18（1943）年基隆稅關與港務單位合併為基隆港務局後，已成為港務局之附屬單位，原所有關產已轉移基隆港務局台帳；再者，日治時期台灣所有官產統屬台灣總督府所有，總督府即使將甲機關資產撥交乙機關使用，只是使用與管理權的轉換而已，關產產權並不屬於任何機關。所以「如查以前國有財產目錄，該項資產確係與稅關各半劃分者」此原則，對海關而言根本就無從查詢。就此而言，「基隆港務局與海關產權劃分原則」對海關相當不利。

　　對於日治資產的接收，顯然陳儀向游彌堅所表示的接收原則，亦即「各區海關原有房屋、地基、碼頭、船艇，已囑交通處依照需要撥供應用，即逕與洽辦為盼」的說法，放在實際的操作上，各接收單位因國民政府本身未能嚴守法制化，以及隔代所產生的制度上出入，因而產生頗大的摩擦與衝突。資產接收即已如此，更甭談更大層面的港口管理、港埠工程與貿易管制等制度與政策面的問題了。為此，總稅務司李度對於張申福所採取「佔領優先」的手法表示肯定：

你在高雄海關建物上，張貼字樣標示所有與佔領，是一種明智的行

動﹝註89﹞。

台南關也因爲張申福強勢作爲，並充分運用原日籍、台籍稅關人員的嚴加
看管，在海關關產的接收上，比台北關要來得順利﹝註90﹞。因此，雖然高
雄港務局局長陳竹梅（民國 34 年 11 月底抵達高雄）一再向張申福表達他
的意願，希望能比照基隆港的作法分享部分海關的建築物，均爲張申福所
拒絕﹝註91﹞。可見戰後接收上，從最基本的財產問題，海關與省方已產生
不小的歧見。

二、港口管理制度的落差

　　港口管理與燈塔維護的接收，乃是海關與省署在制度上最大的落差。前
述游彌堅致陳儀轉述財政部的電文已明確「派定夏廷耀、張申福接收所有關
於本區一切關務，以及由關兼管港務、燈塔及其他助航設備等事項」，而陳儀
的回電顯然對於港口、港埠工程與燈塔管理等權責劃分，已表示不同的看法。
台南關於 12 月 1 日成立時，張申福向總稅務司李度所呈遞的報告表示：

　　省署府人員表示，他們要接收港口控制權與燈塔管理，……爲避免

　　摩擦，目前並未採取任何行動，靜待未來的發展。﹝註92﹞

而在張申福私人寄給李度的密函裡，針對港口接收問題表示：「我已經控制自
己在接收這些職務時，避免摩擦﹝註93﹞」。顯見張申福對省署人員的不滿。海
關之所以忍氣吞聲，克制衝突，除避免官方衝突的難堪外，接收人手的不足
應也是主要原因，尤其接收人員中完全沒有海務人員﹝註94﹞。爲此，張申福、

﹝註89﹞ Inspectorate General of Customs，S/O Letter NO.7（at Chungking 19th December
　　　　1945）。

﹝註90﹞ 台南關計留用 28 名日籍、10 名台籍原高雄稅關人員，以及 20 名稅關雜役協
　　　　助關務運作。台南關稅務司公署呈文 Tainan No.2（15th December 1945），
　　　　「Staff」部分；李文環，《高雄海關史》，頁 189～191。

﹝註91﹞ 台南關稅務司 S/O Letter No.14（at Takow 9th Feb 1946），「Repairs to Staff
　　　　Quarters etc.」部分。

﹝註92﹞ 台南關稅務司公署呈文 Tainan No.2（15th December 1945），「Harbour control
　　　　and lights service」部分。

﹝註93﹞ 台南關稅務司 S/O Letter No.3（at Takow 1st December 1945），「Harbour control
　　　　and Lights service」部分。

﹝註94﹞ 戰後奉派至台南關與台北關的海關人數分別爲 21、14 人，但來台之關員大多
　　　　遲遲其行，甚至有民國 34 年 12 月間應調派來台的關員，遲至民國 35（1946）
　　　　年 11 月底方始抵台報到，甚或中途爲其他關區所截留者，終至撤銷調派。因

夏廷耀曾行文海務科巡工司〔註95〕，但是巡工司表示：

> 我們沒有職員也沒有船隻，得以讓我們擔任接收、維護台灣燈塔的任
> 務。如果需要，我將召回額外海務部關員，以擔任此項任務。〔註96〕

省署方面，交通處處長嚴家淦於民國34（1945）年12月間奉派交通部駐台灣區特派員，身兼中央與地方交通部門要職。他曾兩次告訴張申福相同答案，亦即：

> 他似乎可確定，有關本島燈塔管理，將為海關所接收，並將據此
> 向長官報告。……有關港口的控管，他說，這個問題已經引起他
> 的注意，但目前沒有任何明確的主張。……我向嚴先生強調，只
> 要港務局在基隆港與高雄港成立，他們不可以干涉海關一切職
> 權。〔註97〕

儘管省方對於港務與燈塔接收的強烈意願，海關仍然積極調查整理有關港口關務與港務之相關資料，包括日治稅關關產、基隆港與高雄港的測繪與現況，並進一步向上級反映問題所在。民國35（1946）年2月初，總稅務司李度再度以電文轉達財政部的意見說：

而34年11間實際來台之海關關員，台南關僅9人、台北關僅12員。以台南關為例，除稅務司與副稅務司外，僅吳讚先、王寶祚、江忠良、王鄭謹、汪廷芳、張啟輝、熊大維等七位接收關員。王寶祚擔任台南支關主任；張啟輝派往布袋支所；吳讚先、江忠良、汪廷芳、王鄭謹則分別擔任高雄總關的總務、分估、查驗與文書等工作；至於熊大維則負起居間聯絡與關產的維護。駐台南北海關因轄區遼闊，人力捉襟見肘，根本不敷分配執行業務，是以張申福、夏廷耀仿效省署，援照「中國境內日籍員工暫行徵用通則」，暫行徵用原日籍稅關人員協助兼辦各項事務，待由大陸調派來台關員陸續到達後，逐漸加以替代。迄民國35（1946）年3月底，才將日籍關員遣送回日本，而此時台北關才34人。整體而言，海關接收人力相當單薄。台南關稅務司公署呈文，Tainan No.2（15th December 1945），「Staff」部分；台南關稅務司公署，職字第3號令（民國34年12月1日）；台北關稅務司公署呈文，北字第91號（民國36年1月20日）；李文環，《高雄海關史》，頁188～189。

〔註95〕當時的海務科巡工司為Sabel,F.L.（美國籍），民國4（1915）年1月進入海關服務，民國29（1940）年10月晉陞為海務科巡工司；另有額外海務巡工司Everest,R.G.（英國籍），民國11年4月進入海關服務，民國34（1945）年9月晉陞為額外海務巡工司。海關總稅務司署人事科編，《海關職員題名錄》第七十四期，頁214。

〔註96〕台南關 S/O Letter No.3（at Takow 1st Dec 1945），附件「Deputy Inspector General's Comment」。

〔註97〕台南關稅務司 S/O Letter No.5（at Takow 31st Dec 1945），「Trip to taipeh」部分。

> 財政部已要求台灣長官交出基隆與高雄港務局及其附屬機構給海
> 關。你務必據此和你在台北的同僚（按：夏廷耀）協商，並持續報
> 告事情的發展。〔註98〕

有了李度的具體支持，台北關稅務司夏廷耀乃於2月4日、5日數次電話聯繫
交通處處長，但處長不在。為避免錯失時機，5日早上拜訪長官公署秘書處，
並轉達總稅務司的電文（第39號）給秘書處〔註99〕。不過，2月15日，長官
公署行文給台北關指出：

> 查本省基隆、高雄兩地關務部分業由海關接收辦理，所有關產亦
> 經分別移交，惟燈塔原屬交通產業，由交通部台灣區特派員辦公
> 處以子真電向交通部請示，並續電催請，俟得復准，當即移交至
> 本省交通處所屬。基隆、高雄兩港務局成立迄今已有三月過去，
> 原係台灣總督府交通局管轄，其所主管之港務包括海港地區，諸
> 如堤岸、碼頭、倉庫、水道之修建、保養，以及進出口船隻使用
> 該港設備之行政管理，均係地方事業，不在海關範圍以內；再者
> 本省築港五十年來，向由交通局管轄，始具目前之規模，無論就
> 人才、器材或行政上而言，均以仍屬交通方面管轄為宜。囑將港
> 務局移交一節，實難照辦。除電復財政部俞部長外，即希查照轉
> 呈為荷。〔註100〕

可見省署對於港口與燈塔的看法，乃立基於日治以來的體制，因而對於港口接
收底限，海關僅限於日治稅關的範疇。然事實上，海關對於日治前稅關關產的
接收，除台南關因「捷足先登」而較為順利外，台北關財產接收問題就相當多。
而且省署顯然對於燈塔的管理，也沒有履行嚴家淦其對張申福的口頭承諾。為
此，財政部於同年（1946）年3月間將台灣港口的接收問題呈請行政院核示，
行政院於3月22日以京字第67號代電飭知財政部轉關務署指出：

> 代電悉。台灣基隆、高雄兩港務局應由該部海關接管，以一事權。
> 除電飭台灣陳行政長官照辦外，仰即知照此令。〔註101〕

得到財政部的具體支持與行政院的裁示後，夏廷耀與張申福於 5 月間分別行

〔註98〕 Inspectorate General of Customs，S/O Letter NO.11（Shanghai 6th Feb 1946）。
〔註99〕 台北關稅務司 S/O Taipeh No.10（11th Feb 1946）。
〔註100〕 台北關稅務司公署呈文，Taipeh No.8（18th Feb 1946），附件「台灣省行政長
官公署代電，丑刪（35）署交字第1292號」。
〔註101〕 台北關稅務司公署代電，政字第130號（民國35年5月2日）。

文省署，要求接管基隆與高雄兩港務局及其所屬機構〔註102〕。對於行政院的裁示，台灣省交通處則以「當承囑，一俟新交通處長到任，即行移交〔註103〕」回覆。不過，新交通處長任顯群到任後一個月後，依然沒有動靜，顯有故意延宕之嫌。同年6、7月間，南北駐台海關再度行文長官公署，夏廷耀要求「迅將該基隆港務局及其所屬機構移交海關接管〔註104〕」；張申福則希望「早日訂定移交日期，以便逕向高雄港務局洽接具報〔註105〕」。至此，在中央的支持下，海關頓時略勝一籌。張申福後來（8月）向李度報告時還指出：

> 遵照您第 34/185524 號指令行事，前一陣子台灣的長官已兩度書面交涉將高雄港務局移交給台南關。同時，我也與台北關稅務司保持密切的聯繫〔註106〕。

正當海關熱切期待接收基隆、高雄港務局之時，國民政府於6月19日公布「商港條例」於7月1日正式施行。如前述，此條例國民政府於民國22（1933）年6月27日公布，但遲未正式實施。該條例：

> 第一條：本條例所稱商港，指在中國境內准許外國通商船舶出入之港而言。
>
> 第二條：商港區域及船舶停泊地點，由交通部指定之。〔註107〕

此二條文顯示，國民政府對於國際通商口岸的管理，早已試圖移轉至交通部管轄。至於何以延宕未能實施，目前尚不清楚。不過，任顯群即依此條例認定，台灣所有港口應歸交通部所屬航政局管轄，依此省方不必將港務及財產移轉海關〔註108〕。據此理由長官公署向海關行文表示，基隆、高雄兩港務局「應行移交貴關業務範圍，勢將變更。除逕代電財政部商洽外，特復〔註109〕」。

〔註102〕台北關稅務司公署代電，政字第 130 號（民國 35 年 5 月 2 日）；台南關稅務司公署代電，鈔字第 25 號（民國 35 年 5 月 7 日）。

〔註103〕台北關稅務司公署代電，政字第 192 號（民國 35 年 6 月 19 日）。

〔註104〕同上註。

〔註105〕台南關稅務司公署代電，鈔字第 36 號（民國 35 年 7 月 16 日）。

〔註106〕台南關稅務司 S/O Letter No.41（at Takow 7th Aug 1946），「Kaohsiung Harbour Affairs Bureau」部分。

〔註107〕台北關稅務司 S/O Taipeh No.38（31th July 1946），Appendix No.2。

〔註108〕台北關稅務司 S/O Taipeh No.38（31th July 1946）。

〔註109〕台北關稅務司公署呈文 No.32（5th Aug 1946），Appendix No.3「台灣省行政長官公署代電，致未更署交字第 11755 號（民國 35 年 8 月 1 日）」；台南關 S/O Letter No.41（at Takow 7th Aug 1946），「Appendix No.2，台灣省行政長官公署代電，致未更署交字第 11755 號（民國 35 年 8 月 1 日）」部分。

夏廷耀與張申福均認為：

> 台灣省行政長官署以一項或其他理由，正在玩弄時間、拖延交接港
> 口的控管權，最近施行的新商港條例，明顯已被他引以為拖延的藉
> 口。〔註110〕

此外，依據張申福私人的消息來源指出，在行政院的壓力下，長官公署現已
準備將港口控管權移交給海關，倘若海關不再堅持接管原基隆、高雄港務局
所有設備（亦即只接管那些海關運作上的必要設備）的話。因為，那些設備
現已出租給商人，以期充實省府的財政〔註111〕。就此而言，張申福向李度建
議：

> 如果長官公署同意將台灣的港口控制權移交給海關，並廢棄基隆、
> 高雄港務局，一方面將大大提升海關的威信，並促進其他港口控制
> 權的集中化。至於設備出租不論歸於國庫或省庫海關可不必過於關
> 心。〔註112〕

不過，任顯群不僅不打算移轉港務、燈塔與既已佔用之台北關海關關產，甚
至進一步籌劃管控港口的具體作為，乃於 7 月 8 日（1946 年）以省交通處為
主，聯合 18 個單位（包括海關）開會，試圖在基隆港、高雄港成立聯合檢查
進出口船舶的組織，並制定「基隆高雄兩港統一檢查進出口船隻辦法」，該辦
法規定：

一、區內（包括港界以內之水面及附近碼頭、倉庫區域，另以詳圖
　　說明）港務局長為該區行政主管，其他任何機關欲在該區域執
　　行任何職務，必須得到港務局長同意。

二、檢查進出港船舶範圍：港務局負責統一檢查，應指揮下列各部
　　門執行檢查職務。

　　1. 港務局檢查進出口許可證、船舶國籍證書、丈量證書暨各有
　　　關航海安全設施，並執行長官公署指定之任務。

　　2. 港務局指揮水上警察，根據旅客清單查驗放行進出口旅客。

　　3. 檢疫所檢查船員、旅客疫證。

〔註110〕台南關稅務司 S/O Letter No.41（at Takow 7th Aug 1946），「Kaohsiung Harbour
　　　　Affairs Bureau」部分。

〔註111〕同上註，「Kaohsiung Harbour Affairs Bureau」部分。

〔註112〕台南關稅務司 S/O Letter No.41（at Takow 7th Aug 1946），「Kaohsiung Harbour
　　　　Affairs Bureau」部分。

　　4. 海關查驗行李及貨物。

五、軍船艦進港，應由海軍辦事處與港務局聯絡，外國軍艦進港先與我國海軍辦事處聯絡，再通知港務局准予進港。

九、如有私逃及走私船隻，一經查出即由港務局視其情節輕重，分別處罰。其辦法另定之。

十、港務局奉令負責統一檢查進出港船舶，後在執行職務時，各該檢查人員應絕對服從港務局長之命令，不得違抗。……〔註113〕

綜觀此辦法，港區主管為港務局長，其握有指揮、監督與港口有關之檢查事宜，並要求「檢查人員應絕對服從港務局長之命令，不得違抗」。因此，海關可說淪為港務局下屬負責行李與貨物的檢查而已。甚至對於走私船隻，海關亦無過問之權〔註114〕。這對於長期控有中國港口管理與握有緝私權的海關而言，當然無法接受。於是開會當日，海關與會代表游學譚（Ieu Hok Tang）〔註115〕立即宣稱：

　　海關將不會加入如此類似去年已為中央政府明令取消的統一檢查條例之計畫。〔註116〕

基隆市政府嗣於同年（1946年）7月24日，召集基隆支關等機關開會，商討基隆港進出口船舶查驗實施辦法，會中提出四項原則：

一、「統一檢查」名稱修改為「聯合檢查」。

二、港口辦公室為檢查站的主管單位，是由警察與憲兵所構成的獨立組織。

三、海關受地方檢查單位邀請加入以協助檢查。

四、海關是獨立的組織以檢查旅客行李、貨物，不受憲兵與警察的干涉。〔註117〕

該原則雖美名「邀請」且是「獨立單位」，海關雖負責檢查行李、貨物課稅，然港口辦公室才是檢查站的主管單位，且由警察、憲兵所構成的獨立組織，

〔註113〕台北關稅務司 S/O Letter No.41（at Taipeh 14th Aug 1946），Appendix No.1。
〔註114〕台北關稅務司 S/O Letter No.41（at Taipeh 14th Aug 1946），Appendix No.1。
〔註115〕游學譚，福建省人。民國13（1924）年1月進入海關服務，民國34（1945）年10月來台參與接收台北關，當時為台北關代理監察長（本職一等監察長），民國36（1947）年10月調派江海關。海關總稅務司署人事科編，《海關職員題名錄》第七十四期，頁87。
〔註116〕台北關稅務司 S/O Letter No.41（at Taipeh 14th Aug 1946），Appendix No.1。
〔註117〕Keeling Station Liu Chuan Chang Report（at Keelung 25th July 1946）。

海關權責實已被架空。Liu Chuan Chang（劉傳昌）〔註118〕乃以「俟呈奉上級核准後，方能辦理」爲由，未表示贊同〔註119〕。爲此，8月1日，夏廷耀訓令基隆支關強烈表示：

> 海關不得加入地方政權的聯合檢查站。〔註120〕

不過，基隆市並未就此打消念頭，況且台灣貿易逐漸恢復，基隆港進出口船舶日益頻繁，港口的管理日趨重要。基隆市政府乃根據前述交通處開會討論，擬定「基隆港進出口船舶檢查實施辦法」，該辦法共計24條，重要條文如下：

> 第二條：凡基隆港進出船舶必須經過檢查給證後，始可放行。
>
> 第三條：爲便利檢查並求時效計，特於十八號碼頭倉庫設集中辦公室，由港務局、海關、檢疫所、水警、憲兵五單位，各派專人參加。除海關爲協助機關外，餘以港務局爲主體，負全部聯絡管理責任。
>
> 第五條：檢查對象以船、貨、人爲主體，不論進出口分別由各有關機關負責檢查。
>
> 甲、船：港務局檢查
>
> 乙、貨（包括行李）：海關檢查（水警抽查有嫌疑行李貨物）
>
> 丙、人（旅客）：水警檢查（憲兵僅檢查軍人）
>
> 第十三條：旅客暨行李集中第二、三號倉庫旅客集合所，由海關檢查行李、貨物，水警僅抽查有嫌疑行李貨物。〔註121〕

此辦法整體精神與前述「基隆高雄兩港統一檢查進出口船隻辦法」相同，亦即港口檢查權的主體爲港務局，海關只負責檢查行李、貨物以便查核課稅與走私。而且爲了緩和海關的反彈，此條例明顯將海關列爲「協助單位」，亦即海關於聯檢過程不受港務局長的指揮、監督，同樣不必承受相對的責

〔註118〕劉傳昌，福建省人。民國21（1932）年5月進入海關服務，後來台參與接收台北關，當時爲二等副監察長民國36（1947）年調派廈門關。海關總稅務司署人事科編，《海關職員題名錄》第七十四期，頁91。

〔註119〕同上註。

〔註120〕Taipeh Commissioner'memorandum to Keeling Station No.158（1st August 1946）。

〔註121〕Keeling Station Urgent memorandum No.180 to Taipeh Commissioner（at Keelung 1st August 1946）。

任〔註122〕。只是，夏廷耀仍以：

> 在沒有中央政府指令之前，海關不會參與聯合檢查站。海關將依據
> 政府規章獨立作業，且無法接受任何干預。〔註123〕

以此嚴詞反對基隆市的作法。基隆市長乃將「基隆港進出口船舶檢查實施辦法」呈遞長官公署後，經修改後核定，其重要條文如下：

第二條：聯合辦公室處，由左列機關各派專人參加組織之，以港務
　　　　局為主體，負責全部指揮、聯絡及管理之責。

　　　　一、基隆港務局

　　　　二、台北海關駐基隆辦事處

　　　　三、基隆檢疫分所

　　　　四、基隆水上警察局

　　　　五、駐基隆憲兵隊

第五條：進出口船舶之查驗依左列規定執行

　　　　甲、船由港務局查驗

　　　　乙、貨物及旅客行李由海關查驗。但軍用品及形跡可疑之
　　　　　　貨物、行李得由海關邀同水警或憲兵參加查驗。

　　　　丙、水警及憲兵負責在場維持秩序，不參加查驗。但經港
　　　　　　務局或海關人員請求參加查驗或依法搜查人犯時，不
　　　　　　在此限。

　　　　丁、外國人由水警查驗入境護照。〔註124〕

對照基隆市長與長官公署發佈的條文（第二條與第三條），基隆市長只是請求海關「協助」檢查，省署則明顯要將海關納入以港務局為主體的港口管理運作機制裡，以此實質控制港口的管理。但是就海關而言，不管是市長版或省署版，海關是直轄財政部的獨立單位，且第五條條文中水警與憲兵等軍方、警察單位嚴重介入海關的檢查權，而軍方、地方警察參與海關進行船舶、貨物檢查的經驗，乃是戰爭時期的特殊作法。就海關而言，戰時特殊檢查政策即已隨戰爭結束而明令廢除，何以台灣地方政權仍執意聯合軍、警參與港口

〔註122〕同上註。

〔註123〕Taipeh Commissioner'memorandum to Keeling Station No.159（1st August 1946）。

〔註124〕台北關稅務司 S/O Letter No.42（at Taipeh 16th Aug 1946），Appendix「台灣省行政長官公署交通處公函，致未寒署交字第15509號（民國35年8月○日）。

的檢查？更重要的是，夏廷耀與張申福均認為：

> 基於過去的經驗，聯合檢查只會增加不少的困難與摩擦。〔註125〕

這也是戰爭結束，中央政府明令廢除水陸聯合檢查的因素。不過，即使海關強烈反彈，省署依然決定於同年（1946年）8月10日開始執行港口聯合檢查船舶的政策〔註126〕。

南台灣方面，遲至同年（1946年）8月20日，高雄港務局比照交通處與基隆市長的作法，邀請港口相關單位召開會議，試圖比照8月10日已公布實施的「基隆港進出口船舶檢查實施辦法」制訂「高雄港進出口船舶查驗實施辦法」。事實上，「高雄港進出口船舶查驗實施辦法」與「基隆港進出口船舶檢查實施辦法」只將「基隆」改成「高雄」，條文內容可說完全一樣〔註127〕，並訂於10月25日於高雄港新濱第二號碼頭東岸倉庫成立「高雄港進出口船舶聯合查驗辦公室」〔註128〕。為了解決雙方的歧見，台北關稅務司夏廷耀與台南關稅務司張申福緊急向總稅務司李度報告。李度的回答是：

> 我收到你第41與42號密函後向關務署呈報，並獲得關務署第1519
> 號電文回覆。對於這事件，關務署已同意你所採取的立場。也就是，
> 對於海關的功能，地方政權不能有任何干涉。〔註129〕

海關雖然堅持對港口擁有獨立的管制權，不過現實上人力的不足與地方勢力對既有設備、組織的掌控，使得海關也只能向中央表達不滿的意見。只是實際上雙方在港口查驗船舶的狀況又是如何？

就筆者所能查閱的台南關檔案資料來看，雖然省署也告誡港務單位要求港口水警，必須遵守「基隆港進出口船舶查驗實施辦法」第五條：「憲兵水警僅負責在場維持秩序之責，如非被邀，不得參加查驗」〔註130〕。但是，當時馬公港的水警對於海關職權多所干涉。如民國35（1946）年11月12日馬公

〔註125〕台北關稅務司 S/O Letter No.42（at Taipeh 16th Aug 1946）；台南關稅務司 S/O Letter No.50（at Takow 25th Sept 1946）。

〔註126〕Keeling Station memorandum No.185 to Taipeh Commissioner（at Keelung 8st August 1946）。附件「台灣省基隆市政府公函，發文致未魚基市秘甲字第3653號」。

〔註127〕台南關稅務司 S/O Letter No.50（at Takow 25th Sept 1946），Appendix No.1～3。

〔註128〕台南關稅務司 S/O Letter No.54（at Takow 24th Oct 1946），Appendix No.1。

〔註129〕Inspectorate General of Customs S/O No.56（12th October 1946）；Inspectorate General of Customs S/O No.61（12th October 1946）；Inspectorate General of Customs S/O No.65（2nd November 1946）

〔註130〕台南關稅務司公署代電，馬字第56號（民國35年11月1日）。

支關主任譚蔭廣（*Tan Yin Kwang*）〔註131〕呈給台南關稅務司張申福的報告即指出：

> 馬公水警檢驗船舶、擅扣貨物情事，實罄竹難書，且態度傲慢、狂妄驕橫，藉端留難，致怨聲載道，商旅視此為畏途。復對手無寸鐵海關人員以勢相凌，或以惡語相加，或威脅牽制，無所不用其極。
> 〔註132〕

這就是海關最不願意看到的「聯合檢查只會增加不少的困難與摩擦」。從是年（1946 年）10 月間省署強勢要求台南關比照台北關成立船舶聯合查驗辦公室後，澎湖水警擅自檢查民船的案件，包括豐南號（35 年 10 月 20 日）、振興號（35 年 10 月 25 日）、建興號（35 年 11 月 8 日）、金協福（35 年 11 月 8 日）、海燕輪（35 年 11 月 10 日）等。同年（1946 年）12 月 14 日馬公支關主任譚蔭廣的報告再度強調：

> 近來水警越權行為有增無已，每有船隻經海關檢驗後，准予卸貨，但則為水警制止，船員迫於淫威，惟有吞聲忍氣而已。現水警更有查閱海關文件，或竟開拆關封情事。〔註133〕

因此駐台海關雖然堅持對港口擁有獨立的管制權，不過，現實上人力的不足與地方勢力的既有設備、組織的掌控，海關也只能向中央表達不滿的意見。

省署對於港口管理，自民國 35（1946）年 7 月以後化被動為主動，不僅試圖將海關納入港口管理的一環，令海關不僅無法如願接管港務局，並頓生「主客異位」之嘆。不僅如此，省署甚至對於船舶的管理也進一步強化。同年（1946 年）10 月 15 日省署以「策劃船舶航行安全及防止非法航行起見」，請電交通部分令大陸各地航政局處，對於來台船舶須按照下列規定：

1. 不足一百總噸之船舶嚴禁來台，並立即停止核發來台通行證。
2. 一百總噸以上船舶必須航台者，在通行證停泊埠頭欄內，需註明只准停泊基隆或高雄兩港，不得籠統僅填台灣字樣。
3. 不足一百總噸之船舶，准航行本省沿海各口岸，於核發通行證書時須指明航線，註明停泊埠頭，絕對不許駛往省外。

〔註131〕譚蔭廣，廣東省人。民國 24（1935）年 11 月進入海關服務，民國 34（1945）年 10 月來台參與接收台南關，當時為二等副監察員，民國 36（1947）年調派九龍關。海關總稅務司署人事科編，《海關職員題名錄》第七十四期，頁 98。
〔註132〕台南關馬公支關代電，馬字第 48 號（民國 35 年 11 月 16 日）。
〔註133〕台南關馬公支關代電，馬字第 48 號（民國 35 年 12 月 14 日）。

4. 一百總噸以上船舶申請出省者，僅限在基隆、高雄兩港啓航，不得在其他各口岸出發。

5. 欲變更船籍港之船舶，經呈准該交通處者，可准出省或來省加入本省航線。〔註134〕

嚴格限制大陸各口岸不足一百總噸之船舶嚴禁來台；台灣境內一百總噸以上船舶，僅限在基隆、高雄兩港啓航出省者，不得在其他各口岸出發。事實上，早在同年（1946）7月4日海關即已發佈「凡註冊噸位未滿一百噸之外國商船，不得前來本國沿海各岸經營貿易〔註135〕」的命令，只是海關所要管制的對象是「未滿一百噸之外國商船」，省署則是針對包括航行兩岸「不足一百噸之船舶」。顯然省署所管制的對象更爲廣泛，包括外國輪船與一切船舶。

省署不僅在基隆港、高雄港設立以港務局爲核心的聯檢處，並同時限制大陸一百噸以下小型船隻來台，或是必須取得省署的許可才能進出基隆港、高雄港。換言之，以聯檢處與管制小型船舶進出台灣的港口策略，省署欲達到充分掌控台灣海岸線的目的。

一百噸以下船舶多爲航行於兩岸間的小型汽艇或戎克船。很明顯，省署一方面限制此類航行於兩岸間的小型百噸以下船舶來台；二方面又管制台灣境內船舶只能由基隆港、高雄港出境；三方面，省署又在基隆港、高雄港設立以港務局爲核心的聯檢處；四方面，船舶船籍港之變更，須經省交通處核准。設若省署這四項措施能徹底執行，台灣港口管理不僅完全爲省署所掌控，甚至可說這種以軍警嚴格高度檢查的體制，已進入準戒嚴體制的狀態。

只是，對於此類船舶的管理，海關於民國20（1931）年11月間草擬獲頒「海關管理航海民船航運章程」。該章程包括要求載重在二百擔以上之民船，均應向海關註冊，並應請領航運憑單及往來掛號簿（第一、三條）；航運憑證、往來掛號簿應存放船內，船內所存貨物應詳列於艙口單（第七條）；民船於設有海關港口，進出口應向海關結關（第八條）；民船於未設海關港口進出口，應向該處地方官署或商會呈驗掛號簿（第九條）；往來外洋貿易之民船，不得駛往沿海未設海關之港口進行貿易（第十條）。〔註136〕民國23（1934）年7月國民政府頒佈「修正海關管理航海民船航運章程」，進而

〔註134〕台南關稅務司 S/O Letter No.55（at Takow 31th Oct 1946），Enclosure No.1「高雄港務局代電，高港航（35）字第532號（民國35年10月15日）」。

〔註135〕台北關稅務司公署佈告第37號（民國35年7月4日）。

〔註136〕Inspector General's Circulars No.4371（Shanghai ,19th December , 1931）。

要求民航貿易船不論其載重多寡，均應向海關註冊請領航運憑證與往來掛號簿；並限制載重未滿 120 公擔之民船，不得向海關註冊經營外洋貿易，只許國內貿易（第一條）〔註 137〕，並將民船走私之處罰，適用於方於同年 6 月頒佈的「海關緝私條例」辦理〔註 138〕。因此，海關對於民間小型船舶的管理與預防走私的法令與措施趨於完備。長官公署未向海關協商如何管理此類航行於兩岸的小型船舶，逕自呈報交通部著手辦理。夏廷耀對於省署這項船舶政策的反應是：

> 無論如何，在總稅務司轉達交通部命令之前，對於此類船舶將繼續
> 按一般手續放行。〔註 139〕

至此，我們不禁反問，省署結合港務、警、憲等單位，對於港口積極的強勢作為的政策，除了造成接管港口管制權的事實外，是否另有所圖呢？據台南關稅務司張申福的解讀：

> 如果憲兵或水警無法介入海關的運作，海關並沒有執行省方在進出
> 口貨物管制的立場。例如，省政府禁止米糧與工業材料輸出本省，
> 但是海關卻沒有指令去實行這項禁令。〔註 140〕

張申福的解讀認為，這是省方對於海關無法落實省管制禁令的一種自我補救的措施。總稅務司李度將省署限制船舶辦法轉呈關務署，關務署署長張福運於同年（1946 年）12 月表示：

> 在百噸以下船隻走私尚未成問題以前，海關對於台灣行政長官公署
> 商准交通部所定船舶往來台灣與大陸各口岸之限制辦法，暫可不必
> 有所主張。〔註 141〕

以張福運所代表的中央立場，對於省署的強勢作為，有著「靜觀其變」的意味。那麼，海關有沒有落實省署的管制禁令呢？

以台南關轄區為例，此階段航行支關小港口者多為小型船舶，如民國 35（1946）年 1 月至 36（1947）年 9 月向台南關登記有案的戎克船共計 76

〔註 137〕Inspector General's Circulars No.4969（Shanghai ,30th October , 1934），Enclosure No.1。

〔註 138〕同上註，Enclosure No.3。

〔註 139〕台南關稅務司 S/O Letter No.55（at Takow 31th Oct 1946），Enclosure No.2「Taipeh Commissioner Comments」

〔註 140〕台南關稅務司 S/O Letter No.50（at Takow 25th Sept 1946）。

〔註 141〕Inspectorate General of Customs S/O Letter No.79（6th Jan 1947），Appendix「財政部關務署代電，政字第 1424 號（民國 35 年 12 月 26 日）」。

艘，其中 54 艘為向布袋支關註冊，而且均為 100 噸以下之戎克船〔註 142〕。所以，省署嚴禁 100 噸以下船隻進出台灣，對於南台灣的安平港、布袋港，抑或北台灣的舊港、新高港而言，可說是間接封港。但是如表 2-3 所示，省署嚴禁百噸船舶進出後（35 年 10 月，亦即第四季），各支關進出船舶並沒有完全中斷，其中布袋港雖明顯減少，不過依據 Hau Chen Ning（台南關署監察長）於民國 35（1946）年 12 月 30 日抵達布袋港的觀察認為：

　　（布袋港）因季風的關係，最近貿易情況不甚繁榮。〔註 143〕

可見布袋港 35 年第四季進出港船隻的減少，是受到季風的影響而不是省署的禁令所致。因此，誠如夏廷耀向李度的報告所言，「在總稅務司轉達交通部命令之前，對於此類船舶將繼續按一般手續放行」，這句話意味著海關並未施行省署有關船舶管制的措施。只是，未待交通部的核定省署的船舶管制命令，二二八事件隨即爆發，各港口因而封港。待二二八事件平息後，是年（1947）4 月 5 日，省署才將百噸以下船舶禁航的規定，改為 50 噸以上之船舶（包括帆船）即可省際通航，並增開台中、花蓮、馬公為省際通航港〔註 144〕。

表 2-3：台南關各支關進出船舶概況表

	台南支關	布袋支關	馬公支關	資料來源
35 年第二季	449	633	348	1946 年 9 月 25 日，台南關稅務司公署呈文，台南字第 62 號。
35 年第三季	586	590	--	1946 年 12 月 4 日，台南關稅務司公署呈文，台南字第 85 號。
35 年第四季	546	215	400	1947 年 2 月 10 日，台南關稅務司公署呈文，台南字第 108 號；馬公支關依據 1947 年 4 月 30 日，台南關稅務司公署呈文，台南字第 132 號
36 年第一季	--	--	342	1947 年 4 月 30 日，台南關稅務司公署呈文，台南字第 132 號

〔註 142〕台南關總務課 1947 年元月至 9 月之船舶登記資料統計。
〔註 143〕台南關稅務司公署呈文，台南字第 108 號（民國 36 年 2 月 10 日），「Report on Inspection of Putai Station for Dec Quarter 1946」。
〔註 144〕1947 年 4 月 5 日，台灣省行政長官公署致台南關參卯微署交航字第 30271 號代電，1947 年 4 月 12 日台南關稅務司呈文，S/O　NO.79 之附件。

| 36 年第二季 | -- | 438 | 298 | 1947 年 7 月 31 日,台南關稅務司公署呈文,台南字第 161 號 |
| 36 年第三季 | 149 | 659 | 352 | 1947 年 10 月 27 日,台南關稅務司公署呈文,台南字第 194 號 |

註：1. 民國 35 年第三季布袋支關的視察報告並無詳實的進出口船舶統計資料,但視察員 Chen Ta Heng 於報告中指出：「進出布袋港的船舶平均約 4 艘,也有高達 10 艘的時候」,依此報告資料,約略估計爲 600 艘。

以布袋港爲例,布袋港縱然歷經二二八事件的衝擊,也曾受該事件影響而關閉至 4 月 11 日才又重新開港,然依據 Liu Min-Chang（劉蓂章）〔註 145〕的觀察指出：

> 我於 16 日（按：4 月）抵達,距離重新開港才短短六日,就有 18 艘戎克船進港、17 艘出港。雖然依據省署規定,布袋港不是所指定的五個省際貿易港之一,地方警察卻於 15 日起,允許戎克船進出大陸不同的港口,大多數船舶開往福建沿岸,只有少數從事省際貿易。
> 〔註 146〕

由劉蓂章的觀察來推測,不僅海關允許小型船舶進出布袋港,地方警察也並未貫徹省署的政策。這樣的港口管制政策,於魏道明擔任台灣省主席後才逐漸轉變。

總之,從制度層面來看,省署與海關各執己見,因而延伸雙方對於港口控管的角力,也直接影響台灣港口實質的管理,間接促進走私的猖獗,尤其對於小港口的管制能力,更是值得懷疑。制度如此,政策的執行是否也是有相同的問題呢？下面進一步分析雙方對於貿易管制政策是否有著相當的歧見。

三、貿易管制政策的分歧

民國 34 年（1945 年）10 月 25 日陳儀接受末代台灣總督安藤利吉的受降後,承繼台灣總督府所遺留的組織與制度架構。大體而言,陳儀並未大幅改變台灣總督府於戰時所實施的動員體系,而是在原來的基礎上再加上

〔註 145〕劉蓂章,四川省人。民國 18（1929）年 9 月進入海關服務,民國 35（1946）年 10 月調派台南關,當時爲一等二級幫辦。海關總稅務司署人事科編,《海關職員題名錄》第七十四期,頁 13。

〔註 146〕台南關稅務司公署呈文,台南字第 132 號（民國 36 年 4 月 30 日）,「Report on Inspection of Putai Station for the March Quarter,1947」。

自己及其班底傾向社會主義經濟思想的方式，展開其治台的經貿政策，以此汲取台灣主要經濟命脈。如設立貿易局，以專事統制貿易，雖然陳儀自稱其目的在於避免奸商操縱，再藉由貿易局獲取盈餘以投資到經濟建設上〔註147〕。問題是：這樣的統治方式與國府中央的政策得以相容嗎？

（一）米穀政策的矛盾現象

受降後的第六日亦即民國 34（1945）年 10 月 31 日，陳儀發布「台灣省行政長官公署管理糧食臨時辦法」，該辦法不僅維持原台灣總督府所規定米穀生產者及有米穀租收者，所應繳納之第一期作米穀；且要求其有應繳而未繳者，限在同年 11 月底以前，仍照原規定之派額辦法及價格繳齊（第一條），由新政府繼續收購；而且限制台灣的米穀暫禁輸出省境（第七條）；更規定當年（1945 年）第二期作米穀之生產者及有米穀租收者，應將其自用以外之餘穀賣交於政府，政府委託市街庄農業會辦理米穀收購業務〔註148〕。

這項「臨時辦法」後由「台灣省糧戶餘糧及合作社糧商存糧出售辦法」（35 年 5 月 1 日）、「台灣省田賦（地租）徵收實物實施辦法」（35 年 7 月 3 日）、「台灣省田賦徵實集體納糧實施辦法」（35 年 8 月 2 日）、「台灣省餘糧登記辦法」（35 年 11 月 25 日）等所替代。從這些有關規定來看，陳儀的糧食政策，一方面禁止米穀出省；二方面則藉由戰爭動員米穀徵收與餘糧收購的雙重體制，試圖完全掌控台灣境內的米穀，再將這些攏聚在糧食局的米穀，以合作社的方式加以分配，如有餘糧再統籌由貿易局出口，其流程圖如圖 2-7 所示。

〔註147〕戴國煇、葉芸芸，《愛憎二‧二八──神話與史實：解開歷史之謎》（台北：遠流，民國 81 年），頁 136。

〔註148〕「台灣光復後之經濟法規」，《台灣銀行季刊》創刊號，頁 363。

圖 2-7：陳儀治台對台灣米穀分配之流程圖

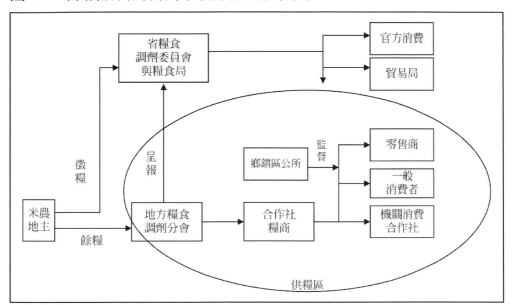

資料來源：依據「台灣省糧戶餘糧及合作社糧商存糧出售辦法」、「台灣省田賦（地租）
　　　　　徵收實物實施辦法」、「台灣省田賦徵實集體納糧實施辦法」、「台灣省餘糧
　　　　　登記辦法」等規定自行繪製。

　　然而早在陳儀來台接收台灣前，民國 34（1945）年 10 月 6 日國民政府
糧食部發佈：「糧食列為優先運輸物品，通過海關一概免驗免稅，以爭取時
效〔註 149〕」的命令。再者，終戰後國共分別各自接收佔領區並形成對峙的
情況，而中共對於佔領地區嚴禁糧食出境，以致國府佔領區糧食恐慌之際，
貧民逃往中共佔領區者甚多〔註 150〕。為因應人民走私糧食至中共封鎖佔領
區，行政院院長宋子文於同年（1945 年）11 月間下令各省市研擬對策，其
中上海市長錢大鈞即主張：

1. 鼓勵商人往其他產銷區運銷糧食。
2. 由有關軍警加強控制點線，切實保護協助糧食營運。
3. 通飭各軍警對於糧食營運概准自由運銷，無論軍糧民食，毋須證

〔註 149〕Inspectorate General of Customs Circular No.6744（24th October 1945），
　　　　　Appendix「糧食部裕配第 21567 號代電（民國 34 年 10 月 6 日）」。
〔註 150〕行政院訓令，平參 24533 號（國 34 年 11 月 3 日），收於中國第二歷史檔案館
　　　　　編，《中華民國史檔案資料匯編（第五輯第三編財政經濟（一））》（江蘇：古
　　　　　籍出版社，2000 年 1 月），頁 726。

明文件，一律不得扣阻，以暢糧源。〔註151〕

民國35（1946）年2月15日行政院頒佈「進出口貿易暫行辦法」（3月1日
正式實施）之附表丙，將米列爲「除經政府核准外，禁止出口」〔註152〕。因
此米糧作爲主要民生物資，除明令禁止出口外，國民政府希望能在中國統治
轄區內自由流通，以裕民需。台灣爲國民政府接收後，理應適用是項規定。
然前述陳儀有關米穀禁止出省的作法，顯然與中央的政策不符。況且同年
（1946）3月間，蔣介石親自召開籌購軍糧辦法，下令各省應依軍糧配額攤派，
軍糧之採購以「定價收購」、「大糧戶爲主要對象」爲原則〔註153〕。姑且不論
此階段台灣與中國的正式關係，對照國府中央與陳儀在台的糧食政策，陳儀
的「田賦徵實」、「低價收購〔註154〕」政策，其實與國府中央的「定價收購」、
「大糧戶爲主要對象」相當一致。其結果，不僅破壞了台灣糧食市場的正常
運作，而且這些爲官方所汲取的米糧，並未能解決戰爭後的糧食恐慌，甚至
成爲糧食恐慌的亂源。當時的蘇新即指出：

　　爲要解消省民對於糧食事情的不安的這個「臨時辦法」，反促進省民

〔註151〕上海市政府呈文，市秘機字第74號（民國34年11月20日），收於中國第二
　　　　歷史檔案館編，《中華民國史檔案資料匯編（第五輯第三編財政經濟（一））》，
　　　　頁726。

〔註152〕Inspectorate General of Customs Circular No.6821（25th April 1946）。

〔註153〕「蔣介石親訂各省收復區免賦期間籌購軍糧辦法」，收於中國第二歷史檔案館
　　　　編，《中華民國史檔案資料匯編（第五輯第三編財政經濟（一））》，頁732～
　　　　733。

〔註154〕「台灣省行政長官公署管理糧食臨時辦法」第二條規定，民國34年第二期稻
　　　　作，除自用以外之餘穀賣交政府，並按糙米每百公斤132.8元收購。這樣的
　　　　價格合理嗎？民國34年年10月，台北市黑市米價每百公斤已爲368元，11
　　　　月份爲480元，12月份爲880元。另顏清梅指出，一百公斤的糙米可碾成149
　　　　台斤的白米，因此官方所收購的價位爲每台斤白米0.89元，而民國34年12
　　　　月，台北市每台斤白米零售價平均爲56.8元，35年年1月又漲至65元，即
　　　　每百台斤89元～650元。此外，若依黃登忠對台北市主要商品零售價格的統
　　　　計資料顯示，35年1月，台北市蓬萊米白米價每台斤已爲6.67元（每百台斤
　　　　667元），2月爲12.94元，更遠高於顏清梅的統計，爲官方收購價位的八倍
　　　　多。可見，陳儀的收購政策極爲不合理。「台灣光復後之經濟法規」，《台灣銀
　　　　行季刊》創刊號，頁363；何鳳嬌編，《政府接收台灣史料彙編》（台北：國
　　　　史館，1990），頁448～449；顏清梅，《台灣光復初期米糧問題之研究》（東
　　　　海大學歷史所碩士論文，民國82年6月），頁51～52；黃登忠，《台灣省五
　　　　年來物價變動之統計分析》（台北：中國農村復興聯合委員會，民國41年9
　　　　月），附表一，蓬萊米部分；李文環〈戰後初期台灣對外貿易之政經分析（1945
　　　　～1949）〉（台南：成功大學歷史研究所碩士論文，民國88年6月），頁102。

的糧食不安，反趨省民到飢餓線上去了！〔註155〕

不僅如此，依據嚴演存的說法，陳儀主持台政的時期，中央政府曾多次欲向台灣徵米，由於陳儀的堅力反對才未實行〔註156〕。就這點而言，陳儀是值得肯定的，當時輿論對於陳儀「禁止米糧出省」也都持肯定的態度〔註157〕。只是，陳儀作為中國派駐台灣的接收大員，其違背中國中央政府通行的法令，自行禁止糧食輸往大陸作為，看似有助台灣內部人民的需求，然就整體糧食的分配的網絡而言，一方面對外管制糧食的流通；二方面卻大肆低價收購米糧；三方面又無法有效穩定糧價。以致民國 35（1946）年台灣陸續發生「糧荒」的原因。閩台監察使楊亮功於民國35（1946）年 1 月 21 日致監察院長于右任的電文中指出：

米糧統制配給致釀成米荒〔註158〕。

這可說是一針見血的看法。所以就米糧政策而言，陳儀的歷史形象，簡直與軍閥無異。其實，戰後中國類似陳儀管制轄區內糧食輸出，而坐視鄰省人民瀕臨飢荒的現象也不少〔註159〕。

〔註155〕蘇新，「再論糧食問題」，《政經報》第二卷第一期（台北：傳文化事業有限公司覆刻版），頁 1。

〔註156〕嚴演存，《早年之台灣》（台北：時報，1991 年 6 月再版），頁 36。

〔註157〕「糧食問題對策──政治經濟研究會第一次討論討論會紀錄」，《政經報》創刊號（台北：傳文化事業有限公司覆刻版），頁 18。

〔註158〕陳興唐編，南京第二歷史檔案館藏之《台灣二二八事件檔案史料》上卷（台北：人間出版社，1992 年 2 月初版），頁 47。

〔註159〕民國 36 年（19467 年）4 月間，北平、天津糧價亦大幅陡漲，糧荒甚為嚴重，冀境每月負擔 30 萬大包之米、麵、軍糧，一年以來接收之倉庫全空，而軍隊之戰爭有增無已，除各地人為阻礙外，春荒時期，中共區域對於城市全部控制，北平市存糧足可供二月之用，貧苦大眾每日排隊競購，到處是一片嘆息。平津糧價陡漲後，北平行轅主任李宗仁召集河北省主席、平津兩市市長開會，商討對策，決議由平津兩市派要員赴東北商請解除糧運禁令。東北在當時為國共內戰的首要戰區，何以平津第二戰線卻向第一戰區請求運糧呢？據大公報的報導：「東北大豆於 1946 年間輸出僅 33000 噸，尚不足全產量的 1％。1946 年度預計輸出量為 15 萬噸，僅為過去最低年產量的 1/20，最高年產量的 1/35。長春以大豆舉火，糧商購糧不能運出，多就地轉售」。可見，當時中國普遍糧荒的原因之一，為分配與運輸的問題，這一點曾於民國 34 年 9 月至 10 月間任職東北行轅的經濟學家蔣碩傑即指出：「（按：東北）對外貿易都受管制，進出口貿易也受管制，本來交通已經不好了，再加上管制，貿易更不流通。……東北當局……管制東北的煤鐵、大豆出口，出口的話要得批准抽出口稅，並有數量管制，常常需付運動費，才能得到批准。……貨物進出經過我的地盤，我就要抽一筆，都以為這是天經地義。東北行轅主任熊式

　　換言之，陳儀統制物資、破壞市場機制，才是戰後初期台灣經濟主要核心問題。值得注意的是，中央駐台執行貿易政策的海關，對於省署的貿易管制政策又是如何因應？

　　駐台海關於民國 34（1945）年 12 月 1 日正式運作，國民政府於隔年 2 月間發佈的「進出口貿易暫行辦法」，其中附表丙規定，米及其他糧食被列為「禁止出口」，而非「禁止出省」，因此駐台海關不可能配合省署執行米糧禁止出省的政策。後續有關省署所發布的貿易管制政策，海關均一一加以否定。民國 35（1946）年 4 月，省署要求駐台海關配合管制「暫行禁運出口材料」，如表 2-4 所示。

表 2-4：民國 35 年 4 月台灣省管制出口清單

鋼料	棒鋼、型鋼、板鋼、管鋼、工具鋼、特殊鋼、鋼索
鐵板	鍍鋅鐵板、鍍錫鐵板、鐵皮、鐵線
銅	銅管、銅條、銅板、銅皮
鋅	鋅塊、鋅片
鉛	鉛塊、鉛板
電線	裸線、被覆線、鉛包電纜、沙包電纜及其他絕緣電線
	鋁、水銀、生橡皮、電動機、發電機、變壓器、變壓器油、焊條、錫塊

資料來源：台北關 S/O No.21（12th April 1946），Appendix。

　　不過，台北關稅務司夏廷耀向李度的報告說：

　　　　在收到您轉達部令的指示期間，我不會採取任何行動。〔註 160〕

有趣的是，台南關稅務司張申福卻表示，並未收到省方有關暫行出口的材料清單〔註 161〕。這也略見當時台灣省方在行政作業上的混亂。

　　民國 35（1946）年初後，台灣各地陸續發生「糧荒」，同年 3 月 18 日

揮這裡是這樣做，管平津一帶的李宗仁也這麼做，再到張家口，傅作義他那邊也這樣做……。」由此可知，戰後在國民政府統治下的地區，禁止或限量糧食或其他產物出省的情形是相當普遍的現象，這種據地持糧，擁兵自重的現象，可說是軍閥的翻版。大公報，民國 36 年 5 月 1、2、5 日之 3 版；陳慈玉、莫奇屏訪問，陳南之、蔡淑瑄、潘淑芬紀錄，《蔣碩傑先生訪問記錄》（台北：中研院近史所，民國 81 年 12 月），頁 42。

〔註 160〕台北關稅務司 S/O No.21（12th April 1946）。
〔註 161〕台南關稅務司公署 Comments（29th April 1946）。

省署進而暫行禁止裝儲糧食之麻袋出口〔註162〕，5 月 25 日再度行文海關表示：

> 本省米穀及其他食糧暫禁輸出省境公告在案。乃近據報閩浙沿海一帶，目下糧荒嚴重，米價暴漲之際。茲本省早稻登場之時，深恐一般不肖之徒乘機採購廉價之米，轉售省外圖利，若不嚴加禁止，影響本省今後糧食至深且鉅。本署……通飭全省憲軍警查驗機關，切實查緝外，相應電請查照，飭屬一體協助辦理為荷。〔註163〕

對於糧荒的問題，海關也深受其害。因而南北駐台海關關員也聯名向李度請願，鑑於糧價與物價日益攀高，請求按照上海物價指數調高薪資〔註164〕。足見，海關已亦深感管制米糧出口的必要性，故而要求海關關員「暫行協助〔註165〕」。可是，同年（1946）6 月關務署下令駐台海關：

> 以限制糧食出口，事關全國民食，非經政府許可，海關無權執行。〔註166〕

同時亦將「所有裝儲糧食之麻袋報運出口，應予一併弛禁〔註167〕」。至此，對於台灣米糧的貿易政策，中央與地方的矛盾浮上台面。此後，駐台海關對於省方單行法規要求海關協助管制的政策，幾乎不予理會。同年 7 月 20 日省署行文海關表示：

> 本年黃麻收穫甚少，請明令禁運出口等情，應照准希飭屬查禁。〔註168〕

不過，夏廷耀與張申福向李度報告說：

> 在收到您的指令之前，不會採取任何行動。〔註169〕

可見，省署在米糧貿易政策方面是採取徹底的管制，從米穀輸出到裝運的麻袋與麻袋原料——黃麻等，均要求駐台來關配合管制出口、出省；駐台海關

〔註162〕台南關稅務司公署訓令，政字第 10 號（民國 35 年 3 月 26 日）。

〔註163〕台北關稅務司 S/O Letter No.27（at Taipeh 29th May 1946），Appendix「台灣省行政長官公署代電，辰有（35）署糧字第 05542 號（民國 35 年 5 月 25 日）。

〔註164〕台北關稅務司 S/O Letter No.30（at Taipeh 17th June 1946）

〔註165〕台南關稅務司公署訓令，政字第 32 號（民國 35 年 5 月 31 日）。

〔註166〕台南關稅務司公署訓令，政字第 41 號（民國 35 年 6 月 22 日）。

〔註167〕台南關稅務司公署訓令，政字第 44 號（民國 35 年 6 月 24 日）。

〔註168〕台北關稅務司 S/O No.37（24th July 1946），Appendix「台灣省行政長官公署代電致午加可署工字第 8270 號」。

〔註169〕台北關稅務司 S/O No.37（24th July 1946）；台南關稅務司公署 Comments（26th July 1946）。

原本鑑於切身的利害關係，有意「暫時協助」省署此項禁令，然中央政府卻要求駐台海關貫徹米糧「一條鞭」的統一政策，放棄「因地制宜」的彈性作法。這對省署在台政策的落實，確實有著極大的阻礙。因此，「台灣省行政長官公署組織條例」第三條第二項「台灣省行政長官，對於在台灣省之中央各機關有指揮監督之權」，賦予陳儀便宜行事的權力，若從貿易管制政策來看，陳儀實已爲中央架空。

海關與省署在進出口貿易政策上的落差，應可由民國 35（1946）年 9 月張申福向李度報告的一句話做爲註腳，他說：

> 現時所謂走私活動，大都係指裝運出口省方單行法令所禁運之米糧、工業器材等項而言。自海關立場論，上項物品報運沿海各省，並不構成走私行爲〔註170〕。

進入民國 36（1947）年，台灣社會因物價飛漲、物資缺乏而越來越不穩定。爲了穩定物價、金融，掌控物資，二二八前夕陳儀進行更嚴屬的政策。是年 2 月 12 日禁止台灣境內黃金（包括含金五成以上之金飾品）以及外國貨幣之買賣，而由台灣銀行掛牌收購、兌換；2 月 14 日省署密電海關要求對於物資、進出口貿易之管制政策，實行緊急措施如下：

物資方面：

1. 公營事業機關所有成品儘量出售。

2. 自 2 月 15 日起至 3 月 31 日止，全省公營事業一律不准加價。

3. 火車運費自 2 月 15 日起減價百分之十。

進出口方面：

1. 限制進口，除本省所需而由貿易局進口之貨物外，其餘進口貨物起卸後，均暫存倉庫，其已存庫貨物非經政府核准，不得擅行提出發售。

2. 限制出口，除本省非生活、生產必需之貨物可由貿易局出口外，其餘未經台航公司承運，必台灣銀行結匯之貨物，一律不得出口。

3. 除基隆、高雄、台中、馬公、花蓮五港口，一律不准停泊船隻，以杜走私。〔註171〕

〔註170〕台南關稅務司公署呈文，台南字第 62 號（民國 35 年 9 月 25 日）。

〔註171〕台南關稅務司 S/O No.72（25th Feb 1947），附件「台灣省行政長官公署 36 年 2 月 12 日（36）丑文署財秘電文」、「台灣省行政長官 36 年 2 月 14 日電文」。

並逕行制訂進出台灣貨物的管制表，如表 2-5 所示，包括「普通核准出省貨物」、「需特別許可方准入省貨物」，若再加上之前的有關「管制出省」與「禁止出省」，以及表 2-6 中央「管制進口」、「禁止出口」等四類，加諸於台灣進出口的貿易已相當嚴厲，亦可說開啟後來台灣進入戒嚴時期以後「高管制時代」的濫觴。陳儀對於當時的金融與物價非常關心，因而採取公營事業降價並主動釋出物資、貿易局控制進出口物資、嚴格管制進出口貿易與船舶出入港口等措施，試圖改善對台灣貿易商品之控管。只是不久，二二八事件爆發了。

表 2-5：二二八事件前夕省署管制進出口貨物一覽表

普通核准出省貨物	需特別許可方准入省貨物
第六類：魚介海產品（稅則 274～298）、葷食日用雜貨品（蛋、油、肉除外）、罐頭食品（波羅除外）、果品、乾果香料及蔬菜品（360、367～371、377、381、382、384）、糖品（396～402）、飲水品（419）及藥材。 第十類：書籍品。 第十一類：生、熟獸畜產品及其製品（生皮、熟皮、皮貨及其製品（562～568）除外）。 第十二類：竹籐、草及其製品類。 第十六類：琥珀、珊瑚、古玩、漆器、帽、首飾、樂器、珍珠、鋼筆、鉛筆、化妝品、花卉、寶石、玩具、美術作品等。 附註：機器類，如係本省工廠所製者，可准予出口。	第六類：魚介、海產品、果品、酒類及肉蛋油以外之葷食日用品、雜貨品。 第七類：煙草類。 第十類：捲煙紙。 第十一類：羽毛、介殼。 第十二類：竹及其製品、棕及其製品。 第十六類：琥珀、珊瑚、古玩、漆器、帽、首飾、樂器、珍珠、鋼筆、鉛筆、化妝品、花卉、寶石、玩具、美術作品等。

管制出口	
鋼料	棒鋼、型鋼、板鋼、管鋼、工具鋼、特殊鋼、鋼索
鐵板	鍍鋅鐵板、鍍錫鐵板、鐵皮、鐵線
銅	銅管、銅條、銅板、銅皮
鋅	鋅塊、鋅片
鉛	鉛塊、鉛板
電線	裸線、被覆線、鉛包電纜、沙包電纜及其他絕緣電線
	鋁、水銀、生橡皮、電動機、發電機、變壓器、變壓器油、焊條、錫塊

禁止出省：米穀、麻袋、黃麻

表 2-6：中央「進出口貿易暫行辦法」之附表

甲表

1. 向海關申請許可後得輸入之物品： 　客車及其車台（禁止進口者不在內）、煤油、糖、方糖、塊糖、冰糖、菸葉、 　已洗電影片。
2. 照現行稅率加徵稅率 50%奢侈附加稅之物品（此項勿需申請手續）： 　錶、酒類、汽水、泉水、紙菸、雪茄、鼻煙、嚼煙、煙絲、未列名首飾及裝飾 　品、真假珍珠、真假寶石。

乙表：禁止輸入之奢侈品

1. 棉質假金銀線；花邊、衣飾、繡貨、其他裝飾品及全部用上列各物製成之貨品（含 　棉製、麻製、毛製、絲製）。
2. 純毛或雜毛地毯及其他地衣類。
3. 純絲或雜絲假金銀線；純絲或雜絲綢緞；純絲或雜絲之剪絨、回絨；未列名純絲 　或雜絲綢緞
4. 未列名絲製衣服或衣著零件；未列名純絲或雜絲貨品。
5. 容七座以下汽車，其對於推銷商之出廠價格超過美金 1200 元者及該項車之車台。
6. 麝香；象牙製品；古玩；鑲金屬器、塞蘇瑪瓷器、漆器。
7. 修指甲用全副器具及零件、粉撲、粉盒、梳妝盒；香水、脂粉。
8. 玩具及遊戲品。
9. 傘柄全部或一部為貴重金屬、象牙、雲母、玳瑁、瑪瑙等製成或飾有寶石者，及 　他類柄之綢傘、絲夾雜質綢傘。

丙表：除經政府核准外禁止出口物品

1. 政府管制之礦品（易貨償債之主要物資，如鎢、銻、錫、汞之礦砂及其廢製品）。
2. 銀幣、生銀、生金、純鎳、輔幣、合金幣及制錢銅元與由制錢銅元鎔化之銅塊。
3. 鹽。
4. 米、穀、麥、麵粉及其製成品。
5. 棉紗及布。
6. 各類活野禽獸及帶毛之獸皮。
7. 古物、國父遺墨及中國古籍與官署檔案。

台北關稅務司公署佈告，第 21 號（民國 35 年 3 月 27 日）

（二）砂糖管制與糖稅的問題

　　繼民國 34（1945）年 10 月 31 日省署禁止米糧出省後，11 月 30 日亦禁止食糖私運出省〔註172〕，隔年 1 月 14 日省署公布「台灣省查禁私運食糖出省

〔註172〕「台灣光復後之經濟日誌」民國 34 年 11 月 30 日條，《台灣銀行季刊》創刊
　　　　號，頁 230。

辦法」其中：

> 二、凡在本省境內運輸食糖出省在五公斤以上者，應向本署請領出
> 　　省許可證，經發給後，方准起運。
>
> 四、食糖查緝及禁運事宜，由海關會同當地憲警機關負責辦理之
> 　　〔註173〕。

2月，省署進一步將食糖製品也一律禁止私運出省〔註174〕，以達到對台灣砂糖統產、統銷的管制政策。台南關稅務司張申福在向總稅務司的報告中指出：

> 省署從1945年11月30日宣布禁止砂糖出省……在向您報告的同
> 時，我仍然依據現行規章，對課徵統稅後的砂糖放行〔註175〕。

後來關務署以「為統籌運銷調劑供需起見」，同意禁止台灣商民私運出省〔註176〕，台南關於同年12月28日開始配合執行〔註177〕。值得注意的是，關務署是禁止商民「私運」出省，相反的，並沒有禁止官方統籌將糖輸出。這是為何？隔年3月所實施的「進出口貿易暫行辦法」中，砂糖被列為「向海關申請許可後得輸入之物品〔註178〕」，亦即砂糖乃是「管制進口」的商品，而非如米糧被列為「管制出口」，由此看來，中央與省署對於台灣砂糖貿易政策是一致的。況且，戰後台灣的製糖廠已被接收改編為行政院資源委員會與台灣省行政長官公署合營（6：4）的機構（國省合營單位），大陸中央與台灣省署在砂糖的利益是一致的，這應該就是雙方在砂糖貿易政策得以妥協的主因。不過，雙方對於以砂糖為標的所課徵的稅收，可就有著不一樣的立場。

以砂糖為標的的稅課，日治以來就有「砂糖消費稅」；大陸國民政府也有「統稅」。「砂糖消費稅」始於明治34（1901）年，這筆為數不少的消費稅於明治43（1910）年間，約占台灣總督府歲入的21.9%，這項稅收對於台灣總督府統治台灣有莫大的助益。直至大正4（1915）年起，日本始將全部砂糖消費稅列入「一般會計」之收入，也就是當作日本國內的一般歲入使用〔註179〕。

〔註173〕「台灣光復後之經濟法規」，《台灣銀行季刊》創刊號，頁360。
〔註174〕台南關稅務司署訓令，政字第3號（民國35年2月7日）。
〔註175〕台南關稅務司 S/O NO.5（31st Dec. 1945），「Provincial Government Embargo on Sugar」部分。
〔註176〕海關總稅務司署訓令，渝字第13/9941號（民國34年12月21日）。
〔註177〕同上註。
〔註178〕台北關稅務司公署佈告，第21號（民國35年3月27日）。
〔註179〕砂糖消費稅於1901年開徵，1901年初辦時僅收入37萬元，至1910年，已增至1200萬餘元，佔總歲入的五分之一。此期間，總督府因有如此鉅額收入，

統稅的徵收始於民國 15（1926）年 12 月所開徵的捲煙統稅，民國 20（1931）年 1 月確立統稅課徵範疇，包括捲菸、麥粉、棉紗、火柴、水泥等，不管是國產或是自外國進口者，均課徵不等的統稅，一稅通行全國，以取代釐金〔註180〕。二次大戰以前，關稅、鹽稅、統稅乃國民政府極為重要的收入，如民國 26（1937）年，此三項稅收占中央收入總額的 77.3%，占稅收總額的 92.1%〔註181〕。政府接收台灣後，並未全盤權衡兩地稅收制度，馬上將統稅適用台灣，由海關代為徵收。只是，省署也對於日治以來的砂糖消費稅深感興趣，以致發生統稅與砂糖消費稅重複課徵的問題。

　　統稅本為稅務署統稅局的業務，然戰後遲遲未設立統稅局。民國 34（1945）年 12 月稅務署以：

> 台灣為產糖要區，歷年內銷數量甚鉅，現值收復伊始，在該省未
> 實施統稅以前，所有由台內銷之糖類，擬請海關於進口地點依照
> 代徵辦法暫按海關估價照率（百分之二十五）徵收統稅。〔註182〕

基於組織與人員配置問題，台灣僅課徵砂糖統稅。

　　砂糖乃日治以來極為重要的出口商品，戰後初期台灣產業復甦緩慢，能夠對外輸出的商品，仍以砂糖為大宗。其出口金額，民國 35（1946）年占總出口額的 85.37%（50,917.2 公噸）；民國 36（1947）年下降為 64.52%（143,229.4 公噸）；民國 37（1948）年再降為 26.76%（255,534 公噸）。雖然砂糖占出口總額比例逐年下降，但其出口總數量乃逐年增加；其次，砂糖主要輸出地即為大陸〔註183〕，亦即這些大量輸往大陸的砂糖皆必須課徵統稅，因此衍生的稅課利益〔註184〕歸屬，也就成為海關與省署衝突的焦點；再者，沿自日治的

故能舉辦各種事業，而無須發行事業公債。台灣砂糖最大消費區為日本，而此砂糖消費稅在 1911 年以前卻統歸台灣收得，於是日本人認為此無異是一種變相的補助金。因此，1911 年起，移轉一部份消費稅，1915 年起，乃將砂糖消費稅全部移轉為日本「一般會計」之收入。當然，在台灣境內所消費之砂糖，其稅收仍歸台灣。見黃通、張宗漢、李昌槿合編『日據時代台灣之財政』，台版：聯經，1987 年 1 月初版，頁30。

〔註180〕近代中國出版社印行，《中華民國經濟發展史》第一冊（台北：民國 72 年 12 月初版），頁389。

〔註181〕周伯棣，「民元來我國之中央財政」，收於銀行學會編《民國經濟史》（台北：學海出版社，1970 年 10 月出版），頁168。

〔註182〕海關總稅務司署通令，渝字 1008 號（民國 34 年 12 月 22 日）。

〔註183〕李文環，〈戰後初期台灣對外貿易之政經分析（1945～1949）〉（台南：成功大學歷史研究碩士論文，民國 88 年 6 月），頁81～83。

〔註184〕如民國 34 年 12 月間，台南關的稅收中，進口稅額只有台幣 33,277 元，但對

稅制，砂糖出口也必須課徵砂糖消費稅，省署當然極力爭取是項權力。那麼，加諸在砂糖上的貨物稅就有「統稅」與「砂糖消費稅」兩項，前者由海關代徵後，直接撥入中央政府的國庫帳號，後者由省財政處負責。為解決重複課稅的問題，民國35（1946）年2月間，省財政處長張延哲正式簽准，對於運往大陸各地之砂糖，自民國35（1946）年2月21日起，無論是否換取物資，均應照省內消費糖稅率，在台灣境內課稅後，始准出運。並函文海關中指出：

> 其已經完稅者，准予免徵統稅，以免一物兩稅，籍輕擔負〔註185〕。

對於省署課徵砂糖消費稅的作法，台南關稅務司張申福向總稅務司李度明確報告：「在您未下達命令前，將繼續對輸往省外的砂糖課徵統稅〔註186〕」，並向省方表示：

> 對於已完省稅者免徵統稅，似與中央政令未符，應請省方電咨財政
> 部洽定辦法，由部飭知海關遵照〔註187〕。

台北關的作法也與台南關一致，使得當時負責統銷台灣砂糖的台灣省貿易局，對於統稅的課徵深感壓力，因而簽請省署向台北關反映說：

> 本省貿易局簽呈略稱：「本省海關代徵統稅，上月起對於食糖一項之
> 估價，已由每台斤1.2元增至2.4元」等情。查本省食糖業經明令禁
> 止私運出口，目前出口之食糖均由貿易局經辦，向省外交換糧食、
> 肥料、布足等重要物資。如稅額突然倍增，則易進物資之成本勢必
> 增加，影響民生甚大，應請貴稅務司仍維持上月故價以利物資交換，
> 而裕民生〔註188〕。

台北關稅務司夏廷耀則以「格於功令，欠難照辦〔註189〕」予以拒絕。為了解決台灣與中央各項稅制的問題，繼張延哲為省財政處長的嚴家淦兩度行文財

出口糖所課徵之統稅就有舊台幣508,417.5元；民國35年台北關代徵統稅共計1,090萬元，其中砂糖統稅佔800萬元、煤炭200萬元。可見砂糖統稅對駐台海關稅收的重要性。台南關稅務司S/O NO.5（31st Dec 1945），「Duty and Tax Collection」部分；台北關稅務司公署呈文，北字第91號（民國36年1月20日），「丑、代徵貨物稅」部分。

〔註185〕台南關稅務司 S/O NO.19（1st March 1946），Appendix No.2。

〔註186〕台南關稅務司 S/O NO.19（1st March 1946）。

〔註187〕台南關稅務司 S/O NO.19（1st March 1946），Appendix No.1。

〔註188〕台北關稅務司 S/O NO.12（20th Feb 1946），Appendix No.1「台灣省行政長官公署代電，丑養（35）署貿字第01562號（民國35年2月22日）」。

〔註189〕台北關稅務司 S/O NO.12（20th Feb 1946），Appendix No.2「台北關稅務司公署代電，政字第61號（民國35年2月26日）」。

政部，草擬台灣財政整理方案。財政部以「台灣光復後，所有各項稅制應依中央法令逐漸改善，期與各省歸於一致。在為劃一徵收前，為便利貨運起見，應兼顧地方情形，於不悖逐漸改進原則下，酌定徵收辦法以資過渡」。經與省財政處切實磋商，依照「逐漸改進原則」，五月間擬定「台灣省徵收國稅暫行辦法」共十項，重點約可歸納為下列五點：

1. 直接稅暫時由台灣省依現行法規徵收。
2. 台灣專賣制度，在政府未修定辦法之前，暫時維持，亦即由省署經營；凡由大陸移入台灣之專賣品，則由台灣專賣局收購之。
3. 台灣省產之製品，報運大陸時，應由大陸進口海關按中央規定代徵統稅；由大陸向台灣移入需課徵統稅之貨品，則由台灣省機關憑驗完稅照放行，不再重徵。
4. 台灣產之食鹽運入大陸，應照中央稅率補徵鹽稅；進出口關稅，由海關徵收。
5. 除關、鹽兩機關外，其他在台灣之稅收及專賣機關，暫由財政部委託長官公署監督、指揮〔註190〕。

暫行辦法中，財政部清楚將直接稅（如所得稅）與專賣利益劃歸省署管理；至於關稅、鹽稅與統稅則由中央駐台單位徵收，而且這些駐台稅收機關不受省署監督、指揮。

這項暫行辦法共有三個意義。首先，關稅、鹽稅與統稅劃入中央財政，以其於戰前所佔中央財政的重要性，一點也不意外，可說是財政部將國民政府財政結構向台灣延伸；其次，我們再一次印證，陳儀做為台灣最高行政長官，對於在台灣省之中央各機關，並沒有充分的指揮監督之權；三者，統稅的徵收不僅由中央徵收，而且將徵收的權力單位由駐台海關轉移至大陸進口地海關〔註191〕，即使台灣由大陸進口必須繳納統稅的貨物，統稅也一律在大陸海關繳納，駐台海關只需驗憑繳納證明放行。這樣的作法隱含確保中央財政的意涵。同年 6 月底，海關總稅務司要求駐台海關對於外貨、土貨，均無庸代徵統稅，而由進口地海關代徵〔註192〕。

〔註190〕台南關稅務司 S/O NO.29（31st May 1946），Appendix No.2「財政部代電，京稅三字第 1041 號（民國 35 年 5 月 3 日）」。
〔註191〕早在民國 35 年 4 月初，財政部關務署已訓令駐台海關無庸代徵砂糖統稅，而由進口地海關代徵統稅。台南關稅務司公署訓令，第 19 號（民國 35 年 4 月 17 日）。
〔註192〕海關總稅務司署通令，第 6858 號（民國 35 年 6 月 29 日）。

為進一步劃一各地統稅的徵收，民國 35（1946）年 8 月 16 日廢止「貨物統稅條例」，並另頒「貨物稅條例」於 10 月 1 日開徵。「貨物稅條例」共計 16 條，重點約有：

1. 針對特定貨物，不論國產或自外國進口，除另有規定外，依此條例徵收貨物稅。

2. 自國外進口貨物稅商品，由海關代徵貨物稅，但是，台灣及東北九省則由進口地海關代徵；國產之貨物稅商品，由各省徵收。運經海關時，僅驗憑完納貨物稅稅單即可。

3. 課徵貨物稅之商品與稅率包括捲菸（100％）、燻菸葉（30％）、洋酒啤酒（100％）、火柴（20％）、糖類（25％）、棉紗（5％）、麥粉（2.5％）、茶葉（10％）、皮毛（15％）、錫箔及迷信用紙（60％）、飲料品（20％）、化妝品（45％）等 13 項〔註193〕。

對中央與地方而言，貨物稅有助稅收的重分配。上述第二點顯示，國貨所課徵的貨物稅是由省方徵收；進口貨才由海關代徵納入中央。但是同法第（八）條卻規定：「由台灣及東北九省運往其他各省之未完貨物稅貨品，不論外貨土貨，應援照台糖內銷辦法，由進口地海關一律代徵貨物稅〔註194〕」。因此，國民政府對於台灣所課徵的貨物稅，依然是以大陸為主體思考的政策。同法第二條更明文規定：

> 貨物稅為國家稅，由財政部稅務署所屬貨物稅機關徵收之。〔註195〕

換言之，不管國貨或洋貨所課徵的貨物稅均為國稅，由中央所屬機關徵收之。至此，陳儀所要爭取的砂糖消費稅終至落空。

第三節　省府與海關協調機制的形成

戰後海關最早協助台灣省方進行進出口物資監管政策者，乃是民國 35（1946）年 11 月起協助省農林處檢驗局檢驗進出口農產品〔註196〕。不過對於進出口商品的管制禁令與稅捐課徵，終陳儀時期，海關以中央政策為執行標竿，以致省署時期（1945～1947）台灣的貿易政策與貨物稅出現中央與地方

〔註193〕台南關稅務司公署訓令，政字第 71 號（民國 35 年 10 月 1 日）；台南關稅務司公署訓令，政字第 115 號（民國 36 年 1 月 29 日），附件一。
〔註194〕同上註。
〔註195〕台南關稅務司公署訓令，政字第 115 號（民國 36 年 1 月 29 日），附件一。
〔註196〕台南關稅務司公署呈文，台南字第 74 號（民國 35 年 11 月 8 日）。

的嚴重落差。

　　二二八事件後，是年（1947年）5月陳儀下台，魏道明代之為台灣省省
主席。7月2日，魏道明首度正式約見台北關稅務司夏廷耀與台南關稅務司
張申福，在 20 分鐘的會談中，魏道明對於海關在台灣地區緝私工作似乎感
到由衷的關心，成為會談的主題。魏道明提議由改善沒入私貨之處理與緝私
獎金的發放，促進省方與海關的合作關係；並建議所有走私客應起訴為「罪
犯」〔註197〕。雖然夏廷耀與張申福均認為魏道明的建議難以執行〔註198〕，
懲治走私條例也於民國38（1949）年3月11日才公布實施〔註199〕。不過，
會談中魏道明同情海關執行省方管制出口政策的立場，並承諾：

> 任何新的規定，在知會台北關與台南關之前，將先呈報財政部。
> 〔註200〕

魏道明的善意在取得雙方諒解下，原本不甚和諧兩單位，開啟得以合作的協
調機制。

　　雖然魏道明承諾體諒駐台海關執行省方管制出口政策的立場，為避免駐
台海關執行省貿易管制政策的難處，他曾向夏廷耀與張申福承諾新的貿易管
制政策必須取得財政部的同意。然實際上，如表2-7所羅列，省府對於發布貿
易管制禁令，依然承襲陳儀時期的作法逕行發布要求海關配合，顯然沒有如
魏道明對海關得承諾，事先取得財政部的諒解等作法，因而海關依然秉持其
一貫行政體系，以「未獲總署指令前，不採取任何行動」處理。可見，省與
海關的落差仍然頗大。那麼，此二單位之間的癥結何在？

表2-7：民國36年7月至12月省方貿易管制禁令概況

日　　期	省方要求管制事項	海關回應	資料來源
36、8、30	度量衡器禁止出省（出口）	未獲總署指令前，不採取任何行動	台南關稅務司 S/O Letter No.113（3rd Sept 1947）
36、9、15	鑄鐵管、白鐵管禁運外銷	在收到總署指令前，不接受這項禁令	台南關稅務司 S/O Letter No.116（19th Sept 1947）

〔註197〕台北關稅務司 S/O Letter No.100（4th July 1947）；台南關稅務司 S/O Letter No.105（22nd July 1947）。

〔註198〕台南關稅務司 S/O Letter No.105（22nd July 1947）。

〔註199〕海關總稅務司署通令第29號（民國39年6月8日）

〔註200〕台北關稅務司 S/O Letter No.100（4th July 1947）

| 36、11、15 | 盛酒或其他飲料用空瓶一律禁運出口 | 未獲總署指令前，不採取任何行動 | 台南關稅務司 S/O Letter No.121（18th Nov 1947） |

　　本章第二節曾探討省署與海關爲爭取接管港口的問題，中央政府乃是支持海關，直至民國 35（1946）年 6 月任顯群擔任省交通處長後，以「商港條例」於 7 月 1 日正式施行，省署逕行認定港口的接管勢必有變而不理會海關的要求，甚至同年 8 月起至 36 年 2 月間，省署於港口成立聯檢處，並逕行船舶的管制政策。省署如此的強勢的作爲，對海關而言，乃是嚴重侵犯海關的權責。不過，海關也很清楚，這也是省署爲彌補中央貿易政策與省貿易管制禁令的漏洞，所導致的物資的控管問題。因此，對海關而言，港口聯合檢查機構破壞駐台海關的職權，而此聯檢機構卻是因海關不配合省署管制貿易出口禁令而來。糾其癥結仍在於駐台海關是否願意配合省方執行貿易管制的禁令。爲此，海關總稅務司署於民國 36（1947）年 12 月 3 日電令駐台海關與省方進行洽商〔註201〕。至此，海關與省方的協調機制才出現契機。

　　民國 36（1947）年 12 月 11 日，省方先向海關表示「以行政院令，貨運檢查統由海關負責」，並擬定於是月 16 日在台北召開「本省單行法令查驗執行辦法」的會議，希望海關派員參加〔註202〕。台南關稅務司張申福獲悉，即與省方政軍首長分別晤談，表示：

> 各港聯合檢查機構應即撤銷，幸獲諒解。但省方唯一顧慮，即爲聯合檢查機構撤銷以後，關於本省限制進出省物資單行法令，如何執行查驗之問題？切望海關協助。〔註203〕

對於海關執行省貿易管制之單行法規問題，張申福以同年（1947）11 月 28 日，「台灣省府修訂港口及船隻通航限制辦法」中包括對台灣省民生及生產所屬物資，需經主管機關核准始得出省，由海關協助執行，海關總稅司署同意暫時協助執行爲由，張申福向省府軍政首長表示，海關願意向上轉達配合的意願，亦希望省方同時呈請中央政府。於是，雙方對於撤銷各港聯合檢查機構的問題與貿易管制出口禁令達成原則上的共識〔註204〕。

　　同年（1947 年）12 月 16 日協商會議正式召開，列席機關達 15 個單位，會議中即根據前述已定原則商定，主要結論有二：

〔註201〕台北、台南關稅務司公署會呈文（稿）（民國 37 年 2 月 2 日）。
〔註202〕台北、台南關稅務司公署會呈文（稿）（民國 37 年 2 月 2 日）。
〔註203〕台北、台南關稅務司公署會呈文（稿）（民國 37 年 2 月 2 日）。
〔註204〕台北、台南關稅務司公署會呈文（稿）（民國 37 年 2 月 2 日）。

　　1. 省方撤銷各港聯合檢查機構。

　　2. 海關協助執行省方限制進出省物資之單行法令。〔註205〕

民國 37（1948）年 1 月 17 日，行政院正式飭令台灣省政府於同月 21 日起撤銷台灣各港口進出口船舶查驗聯合辦公處，各港貨運暨旅客行李之檢查，悉由海關單獨負責執行，軍警只負責治安。同時凡屬省方限制進出口物資之單行法令，亦應自同日起暫由台北、台南二關協助執行〔註206〕。至此，台灣貿易管制政策與執行的體制終於形成。換言之，以海關為執行單位，同時貫徹中央（財政部）與台灣省政府對於貿易、物資管制的法令的執行。駐台海關與台灣省府對於進出口貿易政策的協調機制才建構起來，開啟往後台灣關貿政策的「二元體制」。

小　結

　　制度與習俗有其延續性與經常性，往往不是一紙命令或法規而能朝夕變革之。以此觀點，筆者借重海關的檔案資料，從海關關產接收、港口與港務組織接管，以及重要進出口貿易管制政策等三個層面，重新檢視戰後初期陳儀及其省署組織治台期間，地方與中央在實質統治台灣的政策面，有何落差與歧見。

　　在海關資產接收方面，因易代所出現的制度上的落差，而衍生現實利益的摩擦與衝突。其中又以基隆港的日治稅關官廳（按：今日基隆關稅局辦公大樓）及花蓮支關的產權問題，海關與港務局就發生嚴重的爭執，甚至延續頗長一段時間。所以，在官方資產的接收上，也出現「佔領優先」的蠻橫模式。因此，國民政府接收台灣所呈現的歷史圖像，不只是接收官員貪瀆的問題而已〔註207〕，可能更是亂無章法的混亂局面。

　　至於更大層面的港口管理、港埠工程業務，從民國 35（1946）年初至 6 月間，無論財政部或是行政院均支持海關統籌接管台灣港口的管理，省署也只能以拖延策略，換取實質的控管。直至 6 月 27 日國民政府公布「商港條例」於 7 月 1 日正式施行，讓省署藉口「港口管理，勢將變遷」為由，再度拒絕

〔註205〕台北、台南關稅務司公署會呈文（稿）（民國 37 年 2 月 2 日）。

〔註206〕台北關稅務司公署佈告，第 113 號（民國 37 年 1 月 24 日）；台南關稅務司公署訓令，政第 353 號（民國 36 年 12 月 29 日）。

〔註207〕有關接收官員貪污的研究或記載頗多，可參閱賴澤涵、馬若孟、魏萼著，羅珞珈譯《悲劇性的開端——台灣二二八事變》（台北：時報，民國 82 年），頁 125～130。

移轉港口管理組織予海關。甚至主動出擊，於 8 月間以港務局爲首，結合警察、憲兵，並試圖以單行法規將駐台海關納入港口管理體制，以控制日益嚴重的走私貿易問題。同年 10 月間，進而以省署命令管制一百噸以下船舶進出台灣港口。至此，省署港務局單位可說承繼大戰末期港務組織，成爲管理台灣港口的實質單位。只是，在未能取得駐台海關的認同之下，海關對於小型船舶的管理依然比照中央規定辦理，仍然得以航行兩岸，而此類船舶實爲此階段從事走私貿易的主角。因此，省署港務局對於港口管理的能力是值得懷疑的。這樣的現象，可說是延續國民政府回收航權的續曲，復以日治台灣稅關體制的特殊制度，兩者交相衝突所產生的問題。

省署與海關最大的衝突莫過於對貿易管制政策的分歧。從民國 35 年初開始，雙方對於米糧、砂糖、米糖製品、麻袋、黃麻、工業材料等戰後復甦重要物資有著不同管制措施。姑且不論陳儀及其政府的貪污與官方走私的問題，省署認爲這些物資對於台灣有穩定民生的重要功能，因而向駐台海關要求協助管制。若以「台灣省行政長官公署組織條例」賦予陳儀的權力，陳儀的要求是沒有問題的。只是海關制度的運作，自清末洋人運作以來自成一套制度，往往非其他單位所能置喙。因此，事實上陳儀的貿易政策並無法直接命令駐台海關配合實施，管制的成效當然大打折扣。

不僅如此，中央對於台灣稅收也極爲重視，尤是對於台灣著名的砂糖。對於以砂糖爲標的所課徵的稅捐，國民政府早已課徵砂糖統稅，此稅與日治時期台灣的砂糖消費稅，均爲以砂糖爲標的的間接消費稅。戰後，海關代徵統稅，省署也承繼台灣總督府徵收砂糖消費稅，因而加諸蔗農身上就有這二樣稅捐。爲此，省署曾行文海關不要一物二稅，卻爲中央所反駁。民國 35（1946）年 10 月，國民政府廢除統稅、通過「貨物稅條例」，對砂糖課徵 25% 的貨物稅，並將此稅收定爲國稅，由中央稅務署所屬貨物稅機關徵收，台灣方面則由進口地海關代徵。因此財政稅收方面，中央對省署也絲毫不遑多讓。

綜合上述的分析，陳儀治台期間，至少在港口管理、貿易管制與砂糖消費稅等三層面，其政策的推行是受到海關與中央政府嚴厲的制肘，並未能落實如「台灣省行政長官公署組織條例」所賦予指揮、監督中央駐台機構的實質權力。所以我們對於陳儀治台所能展現的權力，應該進一步修正。至於，海關與省署在貿易管制乃至統稅課徵上的分歧，落實到實際的經貿問題上，有著怎樣的影響呢？這是下面三、四章所要進一步探討的前提。

第三章　高關稅與高管制關貿政策之形成

第二章分析海關與省署之間，在接收事務與港口管理、進出口貿易政策上，出現頗為嚴重的落差與歧見。這種現象後來在繼任省主席的魏道明出面斡旋下，民國 37（1948）年 1 月雙方達成協調互助的機制，才告一段落。這樣的結果有助於我們釐清戰後初期中央與地方政府對於台灣經貿政策，在事務面與政策面的問題糾隔與歷史實況。以此為基礎，本章進一步分析國民政府的關貿政策，與省府有關貿易管制的政策，以重建民國 34～38（1945～1949）年間，台灣整體關貿體制的實況。

關貿政策不外對進出口貿易課以不等的關稅及附加稅，以達到財政、經濟上的目的，或對進出口貿易在數量和品目上加以限制，以達到管制的目的。其衍生的政策手段，包括關稅稅率政策與非關稅措施，前者不外提高稅率，嚴重則形成關稅壁壘；後者若以民國 64 年（1975 年）2 月的東京回合談判來看，計有「輸入數量限制及輸入許可手續」、「產品規格」、「關稅估價」、「補助金與平衡關稅」、「政府採購」等五大策略性的手段〔註 1〕。

當時影響台灣進出口貿易的稅課項目，不外關稅及統稅，而在貿易結構明顯以大陸為主要貿易地的情形下，關稅反而沒有統稅來得重要，但是作為歷史的觀察，此階段的關稅政策無疑是政府遷台後關稅政策的基石。至於貿易管制則是更為激烈的經濟手段，往往直接衝擊貿易市場與結構，影響台灣

〔註 1〕 嵩信彥，《東京回合談判》（台北：財政部財稅人員訓練所，民國 78 年 1 月），頁 26。

甚爲深遠，此即非關稅措施中，以「輸入數量限制及輸入許可手續」與「關稅估價」的問題。本章將以稅率結構、貿易限制與關稅估價的方式，來分析此階段台灣被併入中國政經體系後，其關貿政策的構成及其對台灣所可能產生的影響。

第一節　高關稅政策的形成

「關稅」二字，廣義而言涉及稅捐的課徵及通關手續的辦理，其徵收的形式分爲從價稅、從量稅（註2）、複合稅（註3）三種。從量稅係以商品的重量、數量等爲核算納稅額的標準，其優點爲「僞報易防」、「徵收簡便」，只是精緻與粗糙、高低價不一卻同額課徵，造成負擔不公，數量眾多或細緻者難以適用。更重要的是，關稅收入係以商品的數量、重量爲稅基，若面臨通貨膨脹或貶值，從量稅稅基無法發揮靈活調整的功能。從價稅則以商品價格爲基礎課稅，納稅額隨商品價格而增減，負擔較爲公平，國庫收入亦隨物價變動而較爲彈性。雖然商品價格調查困難，且亦爲不肖之徒以僞造發票申報而偷漏稅賦，甚難取得所謂公正價格。不過，從價稅兼具公平賦稅與穩定國庫收入的雙重功能，後來成爲世界各國關稅課徵的方式。

從價稅者，依貨物之價格爲基礎。稅額則取決於該貨物關稅稅率與物價，其中物價即經海關依法定程序核估所得之完稅價格，納稅額取決於稅率與完稅價格，其計算公式爲：

關稅 ＝ 完稅價格 × 稅率

稅率涉及商品的稅則分類與稅率結構的訂定，這是關稅政策產業保護與提高財政收入的第一支槓桿。

清末以降中國關稅課徵以從量稅爲主、從價稅爲輔，北京政府時期大體維持。國民政府建立後，民國23（1934）年6月30日修訂進口稅則（註4），依然維持以從量稅爲主的估價方式。由從量稅而從價稅的轉變契機乃是爲因應大戰期間的「減稅」需求。

〔註2〕從量稅係按貨品之數量（或重量）計徵的關稅。如棉布每平方公尺課徵新台幣100元，若進口100平方公尺，進口完稅額爲10,000元。

〔註3〕同一貨品既從價又從量課稅者，稱之爲複合稅。例如某一商品進口數量如在100公斤以內者，從量按每10公斤課稅100元，進口數量超過100公斤時，改按從價稅率10%課稅。

〔註4〕Inspector General's Circulars No.4896（Shanghai ,2nd July,1934）。

民國 31（1942）年 4 月 1 日起，為因應戰爭對物資的迫切需求，政府將所有調降進口關稅，從量徵稅貨物減按六分之一稅率徵收，從價徵稅貨物照三分之一稅率徵收〔註5〕。民國 32（1943）年 1 月 16 日起，為避免戰爭物資短缺所形成的通貨膨脹，導致從量徵稅貨物的「高估」，乃再度減稅，亦即將從量稅部分，改行從價稅制，並依照減稅貨物從價部分納稅辦法，一律按三分之一減徵〔註6〕。其目的在於促進物資流入我方，以及藉由物價機制穩定關稅的財政功能。

戰爭期間全面調整從量稅為從價稅，表面上「減稅」為半價課徵，實際上物價因戰爭大幅攀升絕對遠超過減稅稅率，反倒是稅基調整為從價稅後可發揮靈活調整關稅收入的功能，而得以提高關稅收入。以「從價稅基」提高關稅收入的方式，乃成為政府財政收入的第二支槓桿。其關鍵在於「完稅價格」所採用的核估方式的差異，其中涉及海關對於商品價格的估價方式。

無論是稅率政策或完稅價格估價方式均影響從價課徵的納稅額，此乃二次大戰後 GATT〔註7〕致力於貿易自由化，所必須解決的關稅障礙與非關稅措施障礙的問題所在。下面將從完稅價格與稅率結構來分析政府在關稅政策上的兩支槓桿。

一、完稅價格的估算

從價課稅的第一個問題，即物價因時因地而有高低之不同，課稅價格的標準，遂有「出口地價格主義」、「起岸價格主義」、「進口地價格主義」、「官定價格主義」等四種〔註8〕。

出口地價格主義即採離岸價格者，係以發售地、出產地或運出地之市場價格為課稅標準，即所謂的 F.O.B.者。採用此方式之目的，在使外國貨與本國貨之成本易於比較，如外國貨成本低於本國貨時，則加重其進口稅，否則則減輕之，如此對於本國貨物得有徹底之保護。

起岸價格主義，係依貨物在發售地或生產地輸出之市場價格加計搬運

〔註5〕海關總稅務司署通令渝字第 134 號（民國 31 年 5 月 13 日）。

〔註6〕海關總稅務司署通令渝字第 399 號（民國 32 年 1 月 11 日），本文及附表。

〔註7〕全名 General Agreement on Tariffs and Trade 亦即「關稅暨貿易總協定」。

〔註8〕張鴻春，《關稅概論》（台北：世界書局，民國 65 年 3 月），頁 23～25。下面有關「出口地價格主義」、「起岸價格主義」、「進口地價格主義」、「官定價格主義」的說明亦同。

費、運送費、保險費，以及其他到達輸入港之諸費用爲課稅之標準，亦即所謂 C.I.F.者。起岸價格爲貨物起岸時之成本，其價格較出口地市價爲高，較進口地市價爲低，用此價格以與本國貨物售價比較，則外國貨之能否賤賣，甚爲明瞭，即可收保護政策之效。不過，無論起岸價格或離岸價格涉及貨物在生產地的實地價格，甚爲困難。

　　進口地價格主義，係以貨物到達輸入港時之內地市場價格爲課稅標準。就調查市場價格而論，當較離岸價格或起岸價格容易，且比較迅速而正確，惟以內地市場價格爲課稅標準，對輸入者有所不利，因貨物到達時，國內市場價格可能有漲落，以致所課徵的關稅不能精確計算，遂有雙重損失之危險。

　　官定價格主義，即以政府所核定之價格，作爲課稅之標準。採行此制之國家，於稅則中載明貨物之價格，並由行政機關徵得立法機關之同意而變更。官定價格與市價不發生關係，故僅從價之名，而實爲從量。

　　關稅估價方式後來之所以成爲 GATT 爭論的問題，原因在於縱使關稅稅率相同，各國對於該同一課稅品之估價制度，如上述卻有不同的估價稅基。因此以人爲的運作，對實際上所支付的稅額就會有所出入。譬如日本及 EC（歐洲共同市場）等世界上大部分國家，都根據「起岸價格」或「離岸價格」來計徵關稅。但是，美國則以「ASPOB 制度」，或引用美國關稅法第 402 條的規定〔註9〕來核估完稅價〔註10〕，無論「起岸價格」、「離岸價格」或是「ASPOB 制度」，皆導致計算關稅完稅額的稅基有失公平，此即被批評爲「非關稅障礙措施」的原因。哪麼戰後政府對於完稅價格核估制度又是採行怎樣的方式？

　　近代中國海關對於進口商品完稅價格的估價基準，乃建立於光緒 28（1902）年 7 月總稅務司赫德所訂定的「通商進口稅則善後章程」，其中第一款規定：

> 所估之貨應按該處市價爲本，至市價銀兩則按該處平色爲準，照此平色足關平若干。惟此數係有值百抽五之稅銀並洋行經手各色七兩之使費在內。自應在估價一百十二兩之數，扣除十二兩，方爲貨物起岸之實價，按每值百兩抽稅五兩。〔註11〕

〔註 9〕即以輸出國的國內價格與出口價格相較，取較高者做爲核估基礎。

〔註 10〕嶌信彥，《東京回合談判》，頁 27～28。

〔註 11〕劉科，《關稅估價論──從眞正起岸價格到交易價格估價制度》（台北：中華徵信所，民國 77 年 7 月），頁 283。

亦即完稅價格是以進口口岸的「市價」再扣減關稅與若干費用後的價格，作為估價依據。「市價」即為國內市場價格，扣除「值百抽五」的關稅稅金，以及洋行的使用費（利潤或手續費）七兩，才是進口商品的「真正物價」，這樣的物價應該接近進口商將貨物運抵港口的起岸價格。其計算公式為：

　　完稅價格=市價×100/100+5+7

　　就此估價規定而言，清末完稅價格之核定，與前述「起岸價格」相近。所以該章程第一款對於海關「市價」取得方式的說明如下：

1. 如進口貨物在報關前已出售於華商者，照真正買賣合同所載總價作為市價。

2. 如貨物申報離岸價格（FOB），可加海、陸運費及保險費等構成起岸價格（CIF），再以起岸價格作為市價。〔註12〕

這兩種估價方式都是以「起岸價格」作為估價的基準。該章程雖然簡陋，但是對於日後中國關稅估價制度的建立，卻有相當的影響性。只是海關以國內市價折算完稅價格時，不論貨物種類均以7%作為費用及佣金之扣減水準，作業雖可簡化，然課稅上卻會發生不公的情事〔註13〕。

　　民國18（1929）年7月18日，國民政府廢止「通商進口稅則善後章程」，另訂「進口稅則暫行章程」〔註14〕。民國35（1946）年6月為配合廢止關金券政策，修改該暫行章程中，有關關稅計價的單位，亦即廢除關金券與法幣的兌換機制，直接採用通用貨幣。依據該章程第一款第一節規定：

凡應從價納稅之進口貨，其完稅價格應以輸入口岸之躉發市價作為計算根據此項躉發市價以當地通用貨幣為準，惟於計算時，應視為超過完稅價格，其超過數目為（甲）該貨物稅率之數（乙）該貨完稅價格百分之七。

（附註）核定完稅價格之公式如下：躉發市價×100/100+稅率+7＝完稅價格。〔註15〕

完稅價格的核算改以進口地的「躉發市價」作為估價方式為根據。折算完稅價格時，則包括關稅稅率與7%的費用、佣金之扣減。躉發市價即：「輸入口

〔註12〕劉科，《關稅估價論──從真正起岸價格到交易價格估價制度》，頁286。
〔註13〕劉科，《關稅估價論──從真正起岸價格到交易價格估價制度》，頁158。
〔註14〕Inspector General's Circulars No.3944（Shanghai ,26th July, 1929）。
〔註15〕同上註。

岸之公開市場，以普通躉發數量照普通貿易情形自由銷售，或可以銷售之平均市價。〔註16〕」按此一定義，與 BDV（布魯塞爾估價協定）有關「正常價格」的定義甚爲接近，兩者均係以在公開市場，按通常貿易情形、自由銷售的價格作爲估價依據，同屬抽象價格概念。所不同者，前者係以國內銷售價格爲基準，後者則以起岸價格爲基準；另在數量上，前者係以躉發數量作爲估價基準，後者則以交易本身的數量爲基準〔註17〕。這樣的估價修訂，其實與赫德所訂定的「通商進口稅則善後章程」相近。只是，若進口口岸無「躉發市價」時，海關則以下列規定核估完稅價格：

1. 輸入口岸無躉發市價可考者，得以國內其他主要市場之躉發市價
   作爲計算完稅價格之根據。
2. 無躉發市價可考者，以眞正起岸價格爲準，另加經手費及利息。
   此項經手費及利息依照普通情形應爲該起岸價百分之五。
3. 無躉發市價又無眞正起岸價格（CIF）可以依據者，其完稅價格
   得由海關斟酌規定之。〔註18〕

除了修改「市價」爲「躉發市價」作爲估價的基準外，第二款的估價方式，乃以起岸價格外加「手續費與利息」來作爲「躉發市價」，此與「通商進口稅則善後章程」逕以起岸價格作爲市價，多了「手續費與利息」的加成，以致海關的估價稅基無疑隨之提高，這樣的估價方式接近進口地價格，只是進口地價格會隨市場的供需而漲跌，然這樣的估價方式只漲不跌，又與進口地價格相異。因此，若以起岸價格來觀察，海關之估價方式，係以起岸價格再加上經手費及利息（5%）的總和，比起 BDV 估價基準顯有高估的傾向，這可說是政府以起岸價格爲基礎再自行變相加成的增稅方式。歷史事實告訴我們，自民國 40（1951）年後，海關即以起岸價格作爲估算完稅價格的方式，並調高起岸價格核估的加成數作爲完稅價格，無異於變相提高關稅。如民國 40（1951）年 5 月，財政部以配合情勢起見，將躉發市價解釋條文第三項修改爲：

> 凡貨物在國內市場無躉發市價可考者，在普通情形之下應以眞正起

〔註16〕 Inspector General's Circulars No.4041（Shanghai ,10th March , 1930），Enclosure No1。

〔註17〕 劉科，《關稅估價論——從眞正起岸價格到交易價格估價制度》，頁 160。

〔註18〕 Inspector General's Circulars No.4041（Shanghai ,10th March , 1930），Enclosure No1。

岸價格外加百分之十作爲完稅價格。〔註19〕

不僅如此，民國56（1967）年8月8日所公布施行的「關稅法」第十二條規定：

> 課徵關稅之進口貨物，其完稅價格，以輸入口岸之實際價格，作爲計算根據。
>
> 前項實際價值分爲左列二種：
>
> 一、輸入口岸之蔥發市價。
>
> 二、照眞正起岸價格外加百分之二十。〔註20〕

調高起岸價格外加的成數，無異於變相調高完稅價格，實則全面加稅，其影響的層面不下於提高稅率。

　　整體而言，清末至二次大戰後中華民國關稅貨物估價方式，由「通商進口稅則善後章程」建立以近似起岸價格的估價方式，後來轉變爲以起岸價格爲基礎，再自行以「合理」的進口商的「手續費與利息」加成，作爲關稅的稅基。這樣的貨物估價方式，乃成爲戰後政府提高關稅收入的第二支槓桿，其影響乃是全面性，也往往爲論者所忽略。

二、稅則與稅率結構

　　關稅主要包含進口稅及出口稅。民國34（1945）年12月1日，駐台海關在基隆、高雄分別成立，同時宣布按照中央現行法令徵收進出口關稅。

　　課徵出口稅的目的在於稅收與避免國內物資的流出。然近代國家多已朝向鼓勵國貨出口以賺取外匯，各國紛紛取消出口稅。日治時期台灣於明治44年（1911年）取消出口稅及出港稅。不過，戰後政府仍沿用民國20（1931）年的出口稅率表課徵出口稅，該出口稅則分爲六大類，共270條稅則，計359項商品，稅率分爲免稅、5%與7.5%三種〔註21〕。但此項影響國貨出口的稅制於民國35（1946）年9月7日停徵〔註22〕，因對戰後台灣的影響較爲小，故不個別討論。

〔註19〕海關總稅務司署通令第52號（民國40年5月5日）。

〔註20〕林辰彥、梁開天、鄭炎生主編，《關稅法（第一冊）》（台北：大追蹤出版社，1998年），頁828。

〔註21〕海關總稅務司署統計科，《中華民國海關出口稅稅則》（上海：總稅務司署統計科，民國34年9月）；海關總稅務司署通令，渝字第918號（民國34年6月7日）。

〔註22〕1946年9月7日，台南關稅務司公署訓令，政字第63號。

（一）進口稅則表

稅則（Tariff）是將國際貿易的商品予以分類，並訂以稅率或單位完稅額，俾海關憑以對通關貨物課稅或免稅的法律依據〔註23〕。以戰後國際間最有名的「關稅合作理事會稅則分類」（CCCN）或「商品名稱及編號調和制度」（HS）為例，商品分類約有三項主要原則：

1. **根據貨品之屬性分類：**

   所謂「屬性」，泛指貨品之實質內涵、特徵、性質、機能、用途等。即按最後完成生產程序做為商品銷售之產品特性為分類標準，而不管其物質來源是否相同或相似。

2. **根據貨品之物質來源分類：**

   即將相同物質或材料相同實質所生產或衍生之貨品合為一分類品目。

3. **根據加工程度分類：**

   按貨品之間加工層次或生產階段之關聯分類。〔註24〕

後來為多國接受的「布魯塞爾關稅稅則」，分為 21 類 99 章 1,097 稅則號別。為使分類明確，關稅合作理事會聘請專家編訂「布魯塞爾關稅稅則註解」，該書共有二百餘萬字〔註25〕。該稅則分類即以上述三原則為分類依據。

戰後我國的進口稅則表共分為十六類，總計 672 條稅則號別，多項稅則下列分項子目，共計分類 783 項商品〔註26〕；民國 37（1948）年 8 月，戰後首次修改進口稅則，一樣維持十六類、672 條稅則號別，稅則分項子目大幅增加，共計分類 1,048 項商品〔註27〕，其中第一、二、三、四、五、七等六類之商品分類，是以產業加工程度來分類，其中又以紡織品的分類最為細緻。其餘各類商品分類原則以商品的物理性質作為分類的原則，與 CCCN 或 HS 的分類方式不同，商品分類稅則與也較為簡單。各分類稅則與商品項數如表 3-1

〔註23〕 葉雅極編著，《稅則分類精義》（台北：財政部才稅人員訓練所，民國 84 年 1 月），頁 3。

〔註24〕 同上註，頁 13。

〔註25〕 財政部稅制委員會編譯，《布魯塞爾關稅稅則註解》（台北：正中書局，民國 63 年 6 月），「布魯塞爾關稅稅則註解」簡介。

〔註26〕 海關總稅務司署統計科，《中華民國海關進口稅稅則》（上海：總稅務司署統計科，民國 34 年 9 月）統計所得；Inspector General's Circulars No.6727，附表「海關進口稅全稅稅率簡明表」。

〔註27〕 總稅務司署統計科，《中華民國海關進口稅則（中華民國 37 年）》（上海：海關總稅務司署，民國 37 年 8 月）統計所得。

所示，其分類架構如圖 3-1 所示。

表 3-1：民國 37（1948）年 8 月進口稅則表各類商品與項數

類　別	稅則分類	項　數	類　別	稅則分類	項　數
第一類棉製品	1～94	108	第二類麻製品	95～111	20
第三類毛製品	112～128	27	第四類絲製品	129～145	29
第五類金屬及其製品	146～273	199	第六類食品、飲料、草藥類	274～419	192
第七類菸草類	420～425	7	第八類化學與染料類	426～518	135
第九類燭、皂、油、脂、蠟、膠、松香類	519～541	41	第十類書籍、地圖、紙與紙漿類	542～561	37
第十一類生、熟獸畜產品及其製品類	562～579	42	第十二類木材、木、竹、藤、草及其製品類	580～601	66
第十三類煤、燃料、瀝青、煤膏類	602～607	8	第十四類磁器、搪磁器、玻璃等類	608～617	20
第十五類石料、泥土及其製品類	618～626	19	第十六類雜貨類	627～672	98
總計：672 條稅則、1048 項商品					

資料來源：依據海關總稅務司統計科編，《中華民國海關進口稅稅則（中華民國 37 年）》統計所得。

圖 3-1：民國 37（1948）年 8 月進口商品稅則分類結構圖

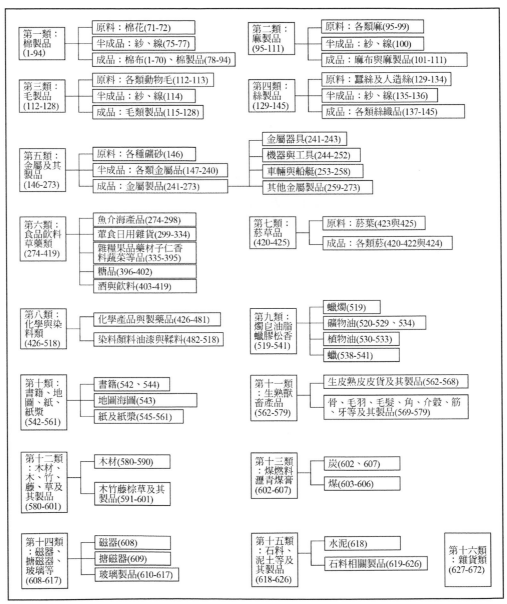

資料來源：依據海關總稅務司統計科編，《中華民國海關進口稅稅則（民國 37 年 8 月）》
統計所得。

（二）進口稅稅率結構

進口稅稅率結構方面，國民政府於民國 23（1934）年 6 月 30 日修訂公布進口稅則〔註 28〕，往後政府的進口稅則稅率大體維持此次修改的結構。民國 31（1942）年至 32（1943）年間，爲因應戰爭的需求，不僅全面改爲從價稅，其稅率也調降爲一半。二次大戰結束後，政府於民國 34（1945）年 9 月 24 日宣布自 9 月 16 日起恢復戰前的全額徵收〔註 29〕。換言之，民國 34（1945）年 9 月駐台海關所實施的進口稅，乃沿用民國 23（1934）年 6 月 30 日所訂定的稅率表〔註 30〕，直至民國 37（1948）年 8 月，政府才全面修改。

進口關稅除了進口稅率表上的「正稅」之外，還有額外進口「附加稅」。此階段的進口附加稅包括「海關附加稅」、「救災附加稅」、「臨時附加稅」等。

「海關附加稅」稅率爲進口稅的 5%。國民政府成立後，以行政命令執行徵收，歷年 6 月以「有照案延展之必要，由部提案行政院轉請中央政治委員會交由立法院審議通過」，而加以展延徵收期限，每次展延以一年爲期，直至民國 37（1948）年 8 月因修正海關進口稅則，才將此「海關附加稅」廢除〔註 31〕。

「救災附加稅」始於民國 20（1931）年 11 月國民政府通過「國民政府救災附加稅徵收條例」，該條例第二條規定：「救災附加稅稅率自民國 20 年 12 月 1 日起，至 21 年 7 月底止，按照關稅稅率徵收百分之十，專爲救災賑款之用；自 21 年 8 月 1 日起，按照關稅稅率徵收百分之五，專爲償還美麥價款本息之用，至償清之日爲止」。〔註 32〕直至民國 34（1945）年，海關所徵救災附加稅，徵起數已達國幣一億九千餘萬元，足敷抵償國庫墊付美棉、麥借款差額一億六千萬餘元有餘，民國 35（1946）年 5 月政府下令各海關對於救災附

〔註 28〕Inspector General's Circulars No.4896（Shanghai ,2nd July,1934）

〔註 29〕海關總稅務司署通令，第 6727 號（民國 34 年 9 月 24 日）。

〔註 30〕1945 年 9 月 10 日 Inspectorate General of Customs ，Commrs NO.9240，Customs duties,etc 部分。

〔註 31〕Inspector General's Circulars No.4696（Shanghai ,22nd August 1933）。Inspector General's Circulars No.5106（Shanghai ,15th June 1935）。Inspector General's Circulars No.5299（Shanghai ,25th June 1936）。海關總稅務司署通令，第 7373 號（民國 37 年 9 月 9 日）。

〔註 32〕Inspector General's Circulars No.4360（Shanghai ,30st November 1931）。

加稅一項，自應遵照「國民政府救災附加稅徵收條例」第二條之規定即行停止徵收〔註33〕。

民國 37（1948）年 1 月 1 日起，開徵「臨時附加稅」，按進口貨原稅率徵收 45％，亦即「海關附加稅」與「臨時附加稅」兩種附加稅總和為進口稅率之 50％。不過，棉花、米、麥、麵粉、煤及煤焦、汽油、煤油、柴油除外。暫訂徵收期間為六個月〔註34〕，後又延展徵收期限 1 個月〔註35〕。如表 3-2 所示，整體進口關稅應為正稅加上附加稅後的總和，使得關稅稅率約提高 5～50％不等。

表 3-2：戰後初期的關稅與附加稅

期　　間	關稅正稅與附加稅	比正稅增加額度
34、12～35、4	關稅＋海關附加稅+救災附加稅	10％
35、5～36、12	關稅＋海關附加稅	5％
37、1～37、7	關稅＋海關附加稅+臨時附加稅	50％

資料來源：李文環整理

就進口稅正稅的稅率結構而言，民國 34（1945）年的稅率表的稅率級數分為 15 級，計有免稅、5％、7.5％、10％、12.5％、15％、20％、25％、30％、35％、40％、50％、60％、70％、80％等。如圖 3～2 所示，主要稅率集中在 15％～25％，共 437 項佔 55.8％，最高稅率（80％）有 25 項，酒類有 16 項、絲織品 8 項、煙類製品 1 項，免稅商品計 9 項，分別是金銀條、幣（稅則：215）、鉑（稅則：226）、米穀（稅則：384）、汽油（稅則：520）、柴油與原油（稅則：529）、書籍與抄本（稅則：542）、海圖與地圖（稅則：543）、雜誌（稅則：544 乙）、動物肥料（稅則：575）等〔註36〕。

〔註33〕 海關總稅務司署通令，第 6826 號（民國 35 年 5 月 10 日）。台南關稅務司公署訓令，政字第 23 號（民國 35 年 5 月 1 日）。

〔註34〕 海關總稅務司署通令，第 7373 號（民國 37 年 9 月 9 日）。台南關稅務司公署訓令，政字第 356 號（民國 37 年 1 月 3 日）。

〔註35〕 海關總稅務司署通令，第 7373 號（民國 37 年 9 月 9 日）。

〔註36〕 總稅務司署統計科，《中華民國海關進口稅稅則（民國 34 年 9 月）》。

圖 3-2：民國 34（1945）年 9 月進口稅稅率結構示意圖

稅率	一	二	三	四	五	六	七	八	九	十	十一	十二	十三	十四	十五	十六	合計
80%				8		16	1										25
70%						1											1
60%				6													6
50%	1	1	3			7	3							1			16
40%	2	1	8	2	1						1					2	17
35%						17		6				1			1	3	28
30%	11	1	3		8	27			2	10	4					14	80
25%	71	1			15	15		4	2	3	6	18		2	1	14	152
20%	1		1		31	45		8	3	1	3	23		7	3	11	138
15%		7	1	1	39	28		41	8	2	4	5	2		1	7	147
12.5%	4				19			12	3		1	8				1	48
10%	3		1		15	5	1	20	4	1	11	3	3		3	13	83
7.5%		6			7			1			2	1	1				18
5%	1		1		4			5			2				2		15
0%					2	1					2	3	1				9
合計	94	17	18	17	141	161	6	98	24	24	32	59	6	10	11	65	783

説明：方格內顏色之深淺代表該類稅率商品之多寡。

資料來源：依據總稅務司署統計科，《中華民國海關進口稅稅則（民國 34 年 9 月）》統計所得繪製。Inspector General's Circulars No.6727，附表「海關進口稅全稅稅率簡明表」對照。

　　由圖 3-2 所示，我們可輕易看出，此階段較高進口稅（35% 以上）之商品，明顯集中在第一、二、三、四、六、七、八、十六類商品。第一至四類商品為棉、麻、毛、絲等紡織商品，第六、七類為日常食用商品。第八類為化學產品及染料類，高稅率商品包括酒精（434 甲、乙）、人造染料（482）、人造靛（498）、天然乾靛（499）、天然水靛（500）、硫化元（510），除酒精外，其餘五種商品與紡織業之印染業有密切關係，乃紡織業相關原料之一。至於第十六類則有鑲金屬磁器漆器（634）、安全及他種火柴（651）、人造松香（664甲、乙）、玩具遊戲品（668）等。可見，政府對於食與衣等民生用品的進口稅課予較重的稅率。

再者，此階段各類平均稅率如表 3-3 所示，以第四類絲製品的稅率最高，其次爲第七類的菸草商品，再者分別爲第六類的食品、飲料與草藥商品，第三類的毛類製品、第一類的棉製品。相反地，低關稅的商品則爲能源物資、金屬製品與化學藥品，其中第十三類的煤、燃料、瀝青、煤膏等能源類商品的平均稅率最低，次低稅率則分別爲第九類燭皂脂蠟膠松香類、第八類化學產品及染料類、第五類金屬及其製品。

表 3-3：民國 34 年至 37 年 7 月進口稅及附加稅平均稅率之演變
單位：%

	34、9～35、4		35、5～36、12	37、1～37、7
	正稅	加附加稅	加附加稅	加附加稅
第一類棉製品	24.89	27.38	26.13	37.34
第二類麻製品	17.94	19.73	18.84	26.91
第三類毛製品	35.79	39.37	37.58	53.69
第四類絲製品	64.41	70.85	67.63	96.62
第五類金屬及其製品	16.45	18.10	17.27	24.68
第六類食品飲料草藥類	29.61	32.57	31.09	44.42
第七類烟草類	42.5	46.75	44.63	63.75
第八類化學產品及染料類	15.92	17.51	16.72	23.88
第九類燭皂脂蠟膠松香類	15.31	16.84	16.08	22.97
第十類書籍地圖紙紙漿類	19.21	21.13	20.17	28.82
第十一類生熟獸畜產品及其製品類	17.5	19.25	18.38	26.25
第十二類木材木竹籐草及其製品	19.42	21.36	20.39	29.13
第十三類煤燃料瀝青煤膏類	13.33	14.66	14.0	20.0
第十四類磁器搪磁器玻璃等類	24.44	26.88	25.66	36.66
第十五類石料泥土及其製品類	16.82	18.50	17.66	25.23
第十六類雜貨類	22.07	24.28	23.17	33.11

資料來源：依據總稅務司署統計科，《中華民國海關進口稅稅則（民國 34 年 9 月）》統計所得。

因此，從平均稅率來看，高稅率商品也是集中在食、衣兩大類商品，如表 3-4 所示，反而能源物資、工業產品與生產財則屬於低關稅商品。這意味著，

政府傾向壓抑農產與輕工業進口商品的輸入，以保護國內此二類產業。相反地，對於能源物資、工業產品與生產財則低關稅輸入。

表 3-4：民國 34（1945）年 9 月進口稅率較高之商品

80%	酒類（各類外國酒）16 項、絲織品（絲質成品）8 項，共 24 項。
70%	毛質花邊飾物 1 項、酒精 2 項，共 3 項。
60%	絲原料 4 項、絲線 2 項，共 6 項。
50%	棉質花邊飾物 1 項、麻質花邊飾物 1 項、毛質成品 3 項、糖食 1 項、各類砂糖 6 項、菸 3 項、磁器 1 項，共 16 項。
40%	棉貨 2 項、麻質衣物 1 項、毛質成品 8 項、廢絲原料 2 項、金屬槍械 1 項、皮貨製品 1 項、水泥 1 項、火柴 1 項、磁器漆器 1 項，共 18 項。
35%	日用雜貨 17 項、變性酒精 1 項、染料 4 項、草製品 1 項、雜貨 3 項（香水脂粉 1 項、人造松香 1 項、玩具 1 項），共 26 項。
30%	棉製品 11 項、麻製品 1 項、毛製品 3 項、金屬品 3 項、金屬器 1 項、車輛 2 項、金屬製品 2 項、魚介海鮮 8 項、日用雜貨 14 項、雜糧藥材香料 4 項、燭皂油脂蠟膠 2 項、紙類 10 項、皮貨 1 項、羽毛製品 1 項、角類製品 2 項、雜貨 13 項，共 78 項。

資料來源：依據總稅務司署統計科，《中華民國海關進口稅稅則（民國 34 年 9 月）》統計所得。

至民國 37（1948）年 1 月，加上附加稅，進口稅已提高 50%，關稅作為國民政府主要財政稅收的來源依然不變，藉由附加稅調高關稅收入即為註腳。甚至民國 36（1947）年 10 月 1 日，政府第八次國務會議決議，本為免稅進口的汽油、柴油與稅率 30% 的煤油，即日起進口稅稅率調高為 50%〔註37〕。從大幅調高燃料進口稅率開始，政府其實已著手下一波的關稅稅率的調整。

三、高關稅政策之確立

戰後關稅稅率首度大幅提高，乃於民國 37（1948）年 8 月 2 日總統明令公布「修正海關進口稅則」，此項稅則稅率的修訂，除了增添 301 項子目商品、擴大稅率的級數（26 級），更大幅提高正稅稅率約 1.5 至 4 倍。如此財政政策的大轉變，當然與大陸國共內戰的局勢有著密切的關係。

〔註37〕柴油於民國 37 年 1 月 1 日調降為 18%。台北關稅務司公署佈告，第 90 號（民國 36 年 10 月 1 日）。台北關稅務司公署佈告，第 11 號（民國 37 年 1 月 6 日）。Inspector General's Circulars No.6727，附表「海關進口稅全稅稅率簡明表」。

　　大陸國共內戰，至民國 36（1947）年下半年，國府軍的戰局已日形危迫，終於在同年 7 月 18 日公布「動員戡亂完成憲政實施綱領」，並進行全面的動員戰爭。隨之陸續頒佈「糧食流通管理辦法」、「全國花紗布管理辦法」、「加強金融業務管理辦法」、「勵行消費節約辦法綱要」、「動員戡亂完成憲政國防軍事實施辦法」戰時統制措施，並於同年 11 月通令各級民意機關議長主持省的戡亂動員委員會，以持續地、最大限度地聚集人力、物力、財力〔註38〕。軍事方面，同年 8 月，蔣總統為挽救東北的局勢，特派參謀總長陳誠擔任東北行轅主任，但陳誠亦未能克復，民國 37（1948）年初鎩羽而歸。民國 37（1948）年 3 月，東北僅存長春、瀋陽、錦州三個孤城，局勢岌岌可危，而同時間的華北、華中亦被共軍隔離〔註39〕。整體而言，進入民國 37（1948）年，國民政府在大陸的局勢已大幅惡化。鑑於局勢的惡化，政府先於民國 37（1948 年）年 1 月加徵「臨時附加稅」，藉以增加財政收入。同年 8 月 2 日總統明令公布「修正海關進口稅則」，　為中華民國關稅政策劃下新的里程。

　　政府公布「修正海關進口稅則」的同時，停徵「海關附加稅」與「關稅臨時附加稅」。不過，總統依動員戡亂時期臨時條款之規定，經行政院會議之決議，對於進口應稅貨品，除受關稅暨貿易總協定第八號關稅減讓表拘束之貨品外，加徵進口正稅百分之四十之「戡亂時期附加稅」〔註40〕，亦即按照民國 37（1948）年 8 月份實施之修正進口稅則所訂稅率加徵 40%戡亂時期附加稅〔註41〕。如棉花進口稅為 10%〔註42〕，加徵「戡亂時期附加稅」後，必須繳納 14%的進口稅。此外，總統並以財政經濟緊急處分令，發布「金圓券發行辦法」、「人民所有金銀外幣處理辦法」、「中華民國人存放國外外匯資產登記管理辦法」、「整理財政及加強管制經濟辦法」等〔註43〕，展開戰時財政、金融與貨物管制的大轉向。

　　此次修訂的進口稅率表，其整體稅率結構如圖 3-3 示意圖，80%以上超高稅率商品暨 164 項佔 15.65%，35%～70%稅率商品計 416 項佔 39.69%，30

〔註38〕　丁永隆、孫宅巍合著，《南京政府崩潰始末》（台北：巴比倫出版社，1992），頁 177～180。
〔註39〕　同上註，頁 177～202。
〔註40〕　海關總稅務司署通令，第 7374 號（民國 37 年 9 月 9 日）。台北關稅務司公署佈告，第 139 號（民國 37 年 8 月 31 日）。
〔註41〕　海關總稅務司署通令，第 7374 號（民國 37 年 9 月 9 日）。
〔註42〕　海關總稅務司署統計科，《中華民國海關進口稅則（民國 37 年 8 月）》，頁 6。
〔註43〕　海關總稅務司署通令，第 7380 號（民國 37 年 9 月 21 日），及附件。

％以下稅率共 468 項佔 44.66％。其中超高稅率者，除了第九（燭皂油脂蠟膠松香類）、十二（木竹籐草及其製品類）、十三（煤燃料瀝青煤膏類）、十五（石料泥土及其製品類）等四類外，各類商品均有不一的超高稅率商品；至於 35％～70％的高稅率商品，除第十三（煤燃料瀝青煤膏類）外，各類均有不少此稅率的商品。

圖 3-3：民國 37（1948）年 8 月進口稅稅率結構示意圖

稅率	一	二	三	四	五	六	七	八	九	十	十一	十二	十三	十四	十五	十六	合計
200%						20	4										24
150%			17	1													18
120%				2	12											7	21
100%	1	1	3	9		25								1		7	47
90%											1						1
80%	2	2	10	1	5	14		3		2	4			3		7	53
70%	16		1		2	13						3			1		36
65%	70																70
60%		1			10	32		1	1		2	2		4	2	4	59
50%	5		1	1	8	14		14	5	6	5	5			2	13	79
45%		2	1		9	1			1	7		5		1		6	33
40%	3				15	15		5	7	6	11			11	1	14	89
35%					5	7		15				17			1		50
30%	2	1			25	7	3	13	12	2	1	11	1		1	4	83
27.5%					2												2
25%	3	4	1	1	20	16		46	3	4	6	8	1		1	12	126
22.5%		1			17			2	4								24
20%	3	1			17	2		8	11	1	3	4	3		5	7	65
18%									1								1
17.5%					11			3			1					1	16
15%	1	6	7		13	11		23	1	1	9	1		1		7	81
12.5%					2				1			1		4			8
10%	2	1			19			2		3		1	3			2	33

7.5%					8	1		1							1		11
5%				3	5												8
0%					3	2			3	1						1	10
合計	108	20	27	29	199	192	7	135	41	37	42	66	8	20	19	98	1048

說明：方格內顏色之深淺代表該類稅率商品之多寡。

資料來源：依據總稅務司署統計科，《中華民國海關進口稅稅則（中華民國 37 年)》統計所得。

　　各類平均稅率如表 3-5 所示。最高平均稅率高達 174.03％（第四類絲製品）、最低平均稅率為 25.38％（第十三類煤、燃料、瀝青、煤膏類），產業間高低稅率的差異大體與前期相近，亦即農產品與輕工業高關稅，燃料與生產財工業產品低關稅，只是整體稅率大幅提高。整體而言，僅剩燃料物資（第十三類）維持較低的進口稅，其餘各類均大幅提高稅率。

表 3-5：民國 34～38 年間進口稅及附加稅平均稅率之演變　　單位：％

	34、9～35、4		37、1～37、7	37、8～38、12	
	正稅	加附加稅	加附加稅	正稅	加附加稅
第一類棉製品	24.89	27.38	37.34	60.46	84.64
第二類麻製品	17.94	19.73	26.91	34.1	47.74
第三類毛製品	35.79	39.37	53.69	52.22	73.11
第四類絲製品	64.41	70.85	96.62	124.3	174.03
第五類金屬及其製品	16.45	18.10	24.68	29.38	41.13
第六類食品飲料草藥類	29.61	32.57	44.42	74.42	104.19
第七類烟草類	42.5	46.75	63.75	127.14	180
第八類化學產品及染料類	15.92	17.51	23.88	28.796	40.31
第九類燭皂脂蠟膠松香類	15.31	16.84	22.97	28.79	40.31
第十類書籍地圖紙紙漿類	19.21	21.13	28.82	34.93	48.90
第十一類生熟獸畜產品及其製品類	17.5	19.25	26.25	38.63	54.08
第十二類木材木竹籐草及其製品	19.42	21.36	29.13	34.51	48.31
第十三類煤燃料瀝青煤膏類	13.33	14.66	20.0	18.13	25.38

第十四類磁器搪磁器玻璃等類	24.44	26.88	36.66	53.25	74.55
第十五類石料泥土及其製品類	16.82	18.50	25.23	30.79	43.11
第十六類雜貨類	22.07	24.28	33.11	48.01	67.21

資料來源：

1. 民國 34 年 9 月：依據總稅務司署統計科，《中華民國海關進口稅稅則（民國 34 年 9 月）》統計所得。
2. 民國 37 年 8 月：依據總稅務司署統計科，《中華民國海關進口稅則（民國 37 年 8 月）》（上海：海關總稅務司署，1948）計算所得。

　　進一步分析分類的稅率結構可發現，雖然平均稅率大幅提高，但是分類商品的稅率級數差異頗大，如第三類毛織品最高稅率（100％）與最低稅率（5％），相差 90％，而第六類食品飲料與草藥類，最高稅率為 200％，最低稅率竟為免稅。此種擴大分類稅率級數，加重特定商品稅率的結構傾向，是否如陶玉其所說的，是為了「保護急圖發展之國內產業及增加財政收入，故其稅率較前普遍加高，以達成雙重目的。〔註 44〕」若是如此，政府對於進口稅率的訂定已趨於成熟，第四章會進一步分析。

第二節　戰時高管制貿易政策之再現

　　戰前中華民國乃是一個入超的國家，不少物品仰賴國外輸入。戰時因海口被日本封鎖，沿海地區又相繼淪陷，軍需民用不得不另謀補給，物資管制乃戰時經濟之重要課題。因此，二次大戰後期之財政政策，對於軍用物資一途尤為注重，物品管制甚繁，如花紗布之管制、食鹽之專賣、麥粉與砂糖統稅物品之徵實，以及桐油、豬鬃、羊毛、茶葉、生絲等統購統銷〔註 45〕。戰爭結束後物資來源逐漸舒暢，軍需亦不如先前迫切，戰時的管制措施自然沒有繼續存在之必要。因此，政府於大戰結束後陸續修改或廢止戰時的貿易管制政策，民國 35（1946）年 2 月 25 日行政院發布「進出口貿易暫行辦法」，試圖以此為基點建立正常的進出口貿易管理組織與政策。只是隨著戰後經濟復甦緩慢、市場混亂、物價暴漲，以及國共內戰日益惡化的影響，政府對於國際貿易政策也就快速地回復高管制的作法。對於管制貿易政策的效應，依

〔註44〕陶玉其，《關務行政及措施論述》，頁 6。
〔註45〕中國第二歷史檔案館編，《中華民國史檔案資料匯編（第五輯第三編財政經濟（六））》，頁 337。

據關貿政策學者柳復起的看法認為：

> 進口管制加諸國內產業之保護程度，常遠超過關稅。管制進口類商品
>
> 在國內市場上之售價，亦常遠高於國際價格加進口稅捐之和。〔註46〕

事實上，進出口貿易管制政策乃是造成「貿易壁壘」的激烈手段，這也是民國 64（1975）年 2 月 GATT 東京回合談判，把「輸入數量限制及輸入許可手續」列為「非關稅措施」，視之為欲加以排除的國際貿易障礙之原因。本節將分析戰後政府在貿易政策上，如何走上高管制壁壘的途徑。

一、樂觀與開放階段（1945～1946）

民國 35（1946）年 2 月 25 日行政院發布「進出口貿易暫行辦法」（以下簡稱：暫行辦法），同時廢除「修正戰時管理進出口物品條例」，正式結束戰爭時期的進出口管理體制。依據該暫行辦法第七條規定，係由一跨部的臨時組織「輸入設計臨時委員會」負責。該委員會由最高經濟委員會委員長擔任主任委員，成員包括經濟部、財政部、交通部、軍政部、糧食部、善後救濟總署等單位主管（第六條），負責「衡量復員期內必需進口之重要物品」、「綜合國家財政經濟能力、「國際收支與需要的緩急」、「擬定進口物品計畫」、「審核各機關之進口需要，使其互相配合」、「指導進口物品之分配與銷售」等政策之決策。至於進出口貿易政策之執行，同法第三條、第四條、第五條、第九條、第十條規定，有關必須取得許可進口的商品，由海關設簽證處辦理簽發進口證〔註47〕。如圖 3-4 所示，戰後貿易政策的釐定與執行，「輸入設計臨時委員會」、「海關」、「中央銀行」扮演最重要的角色。

〔註46〕柳復起，《關稅論》，頁 112。

〔註47〕海關總稅務司署通令，第 6821 號（民國 35 年 4 月 25 日），附件二。

圖 3-4：民國 35（1946）年初貿易管制組織架構

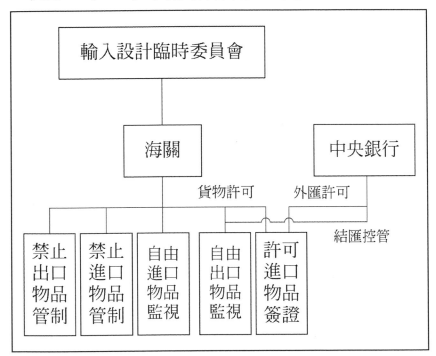

資料來源：依據海關總稅務司署通令，第 6821 號，附件二「進出口貿易
　　　　　暫行辦法」之相關規定自行繪製。

民國 35（1946）年 3 月 1 日「暫行辦法」施行後，政府修改或廢止戰時
管制體制的情形如下：

　1. 廢止物資進出封鎖線禁運及檢查之規定，使物資在國內運輸得以
　　　自由流通。

　2. 取消桐油、豬鬃、羊毛、茶葉、生絲等統購統銷辦法，俾主要外
　　　銷物資迅速恢復國外市場。

　3. 簡化管制物資之品目。進口方面，對於普通商品已全面弛禁，出
　　　口方面除礦產及若干種結匯物品與軍火、糧食、古物、錢幣等外，
　　　慨准自由運銷。戰時主管此項業務（按：貿易管制與統購）之貿
　　　易委員會，及其附屬之三公司，亦已先後裁撤〔註48〕

　整體而言，政府對於戰後貿易政策是樂觀而開放的。

〔註48〕中國第二歷史檔案館編，《中華民國史檔案資料匯編（第五輯第三編財政經濟
　　　　（六））》，頁 337～338。

（一）進口貿易政策

「暫行辦法」將進口物品分爲「自由進口」、「許可進口」、「禁止進口」等三類（第一條）〔註49〕，並以正面附表方式，制訂甲、乙兩附表，甲表爲許可進口類、乙表爲禁止進口類，乃政府對於非民生必需品或奢侈品所加以管制的商品。

1. 許可進口商品

甲表如表 3-6 所示，分爲「海關許可」與「奢侈附加稅」兩類。所謂「海關許可」類乃進口此類物品必須向海關簽證處提出申請，於海關簽發進口許可證後，始可進口（第三條）〔註50〕。這樣的用意在於節制因進口此類物品而耗費外匯，因此海關簽發進口許可證，應與中央銀行密切聯繫（第十條）。此類商品僅 8 項，商品種類包括砂糖、煤油、菸葉、電影片與車輛等。

表 3-6：進出口貿易暫行辦法之附表（甲表）

1. 向海關申請許可後得輸入之物品： 　　客車及其車台（禁止進口者不在內）、煤油、糖、方糖、塊糖、冰糖、菸葉、已沖洗電影片。
2. 照現行稅率加徵稅率 50%奢侈附加稅之物品（此項毋需申請手續）： 　　錶、酒類、汽水、泉水、紙菸、雪茄、鼻煙、嚼煙、煙絲、未列名首飾及裝飾品、眞假珍珠、眞假寶石。

資料來源：台北關稅務司公署佈告，第 21 號（民國 35 年 3 月 27 日）。

至於「奢侈附加稅」類商品，亦即課徵關稅與「奢侈附加稅」後即得以進口，此類商品共 12 項，均爲非民生必需品之奢侈品。此類商品於加徵 50％的關稅後即可進口。不過，由表 3-7 來看，此類所謂奢侈品除酒類（第六類）、煙類（第七類）外，即使加徵「奢侈附加稅」，其課徵的關稅稅率爲 28％～45％之間，比起民國 37（1948）年 8 月修訂關稅稅率還低很多，其管制效果頗值得懷疑。

〔註49〕海關總稅務司署通令，第 6821 號（民國 35 年 4 月 25 日），附件二。
〔註50〕同上註，附件二。

表 3-7：加徵 50%奢侈附加稅後之進口商品關稅　單位：%

品名（稅則）	原稅率	加稅後稅率	品名（稅則）	原稅率	加稅後稅率
酒類 （403～417）	80	120	嚼煙（422）、 煙絲（424）	50	75
汽水、泉水 （418）	25	37.5	未列名首飾 及裝飾品 （645）	30	45
紙菸（420）	80	120	眞假珍珠 （653）	30	45
雪茄（421）、 鼻煙（422）	50	75	眞假寶石 （658）	18.3（平均）	27.5

資料來源：「原稅率」參閱 Inspector General's Circulars No.6727，附表「海關進口稅全稅稅率簡明表」。

2. 禁止進口商品

　　至於附表乙如表 3-8 所示，爲禁止輸入之商品，總計 26 項（以海關稅則爲準），其中以高級紡織品（第一至四類）、化妝品、裝飾品（第十六類）最多。

表 3-8：進出口貿易暫行辦法之禁止輸入品

---

1. 棉質假金銀線；花邊、衣飾、繡貨、其他裝飾品及全部用上列各物製成之貨品（含棉製、麻製、毛製、絲製）。
2. 純毛或雜毛地毯及其他地衣類。
3. 純絲或雜絲假金銀線；純絲或雜絲綢緞；純絲或雜絲之剪絨、回絨；未列名純絲或雜絲綢緞
4. 未列名絲製衣服或衣著零件；未列名純絲或雜絲貨品。
5. 容七座以下汽車，其對於推銷商之出廠價格超過美金 1200 元者及該項車之車台。
6. 麝香；象牙製品；古玩；鑲金屬器、塞蘇瑪瓷器、漆器。
7. 修指甲用全副器具及零件、粉撲、粉盒、梳妝盒；香水、脂粉。
8. 玩具及遊戲品。
9. 傘柄全部或一部爲貴重金屬、象牙、雲母、玳瑁、瑪瑙等製成或飾有寶石者，及他類柄之綢傘、絲夾雜質綢傘。

資料來源：台北關稅務司公署佈告，第 21 號（民國 35 年 3 月 27 日）。

　　整體而言，民國 35（1946）年初，政府對於進口商品，僅羅列 20 項商品加以許可管制與加重課稅，以及 26 項商品加以禁止進口，此外凡不屬管制或

禁止者，均爲自由進口類（第二條）〔註51〕。總計管制與禁止進口類商品約佔全部進口商品稅則商品數 1,058 項之 5% 不到，而管制商品亦均集中在第一至四類紡織品、第六至七類酒、菸，以及第十六類的化妝品、玩具、奢侈品等，多爲進口稅率較高的商品，整體而言此階段的關貿政策相當寬鬆。只是隨著國共內戰白熱化，政府對於進出口貿易政策快速轉向，成爲戰時全面的高管制體制。

（二）出口貿易政策

在「進出口貿易暫行辦法」尚未頒佈之前，政府以行政命令陸續發佈出口管制商品。如民國 34（1946）年底行政院即下令：「棉紗及棉織品禁止運往國外〔註52〕」。民國 35（1946）年 3 月 1 日起台灣亦正式適用「進出口貿易暫行辦法」，其中第五條規定：

> 凡一切物品除附表丙所列者外，均得自由出口，但出口商應將指定
> 銀行結購出口外匯證明書，送呈海關驗訖方准報關出口，其價值等
> 於美金 25 元以內且無商業行爲者，不在此例。〔註53〕

所謂「附表丙」亦即禁止出口之商品如表 3-9 所示。其中鹽與鎢、銻、錫、汞等礦產戰時乃爲專賣事業，戰後蔣介石對於鎢、銻認爲仍應由政府組織國營進出口公司經營〔註54〕，至於錫、汞礦產自同年（1946 年）6 月 11 日起解除管制〔註55〕，而金、銀、鎳、銅等與金融密切關係，古物、國父遺墨及中國古籍與官署檔案乃屬文化保護政策，米、穀、麥、麵粉及其製成品乃民生必需品，較爲特殊者乃對棉紗、布與各類活野禽獸及帶毛獸皮之管制出口，而日後對經濟層面衝擊最大的就是對米、麥與棉紗、棉布的管制。整體而言，出口管制的內容也相當寬鬆。

表 3-9：禁止出口物品（附表丙）

1. 政府管制之礦品（易貨償債之主要物資，如鎢、銻、錫、汞之礦砂及其廢製品）。
2. 銀幣、生銀、生金、純鎳、輔幣、合金幣及制錢銅元與由制錢銅元鎔化之銅塊。

〔註51〕 海關總稅務司署，通令第 6821 號（民國 35 年 4 月 25 日），附件二。
〔註52〕 台北關稅務司公署佈告，第 6 號（民國 35 年 1 月 3 日）。
〔註53〕 台北關稅務司公署佈告，第 21 號（民國 35 年 3 月 27 日），附件「進出口貿易暫行辦法」第五條。
〔註54〕 中國第二歷史檔案館編，《中華民國史檔案資料匯編（第五輯第三編財政經濟（一））》，頁 9。
〔註55〕 台北關稅務司公署佈告第 34 號（民國 35 年 6 月 25 日）。

3. 鹽。
4. 米、穀、麥、麵粉及其製成品。
5. 棉紗及布。
6. 各類活野禽獸及帶毛之獸皮。
7. 古物、國父遺墨及中國古籍與官署檔案。

台北關稅務司公署佈告，第 21 號（民國 35 年 3 月 27 日）

二、高管制政策的形成

　　民國 35 年（1946 年）11 月 17 日，政府公布「修正進出口貿易暫時辦法及附表」，對於貿易政策的擬定、監管與執行有頗大的調整。其中將「輸入設計臨時委員會」改為「輸入臨時管理委員會」，構成成員除原「輸入設計臨時委員會」外，再加上中央銀行總裁、資源委員會委員長，其目的在於「為實施輸入許可制度及聯繫有關機構之工作」（修正辦法第四條），其辦公處所設於上海中央銀行內（修正辦法第九條），貿易政策的決策組織已調整如圖 3-5 所示。可見，政府的貿易管制政策已由單純的商品控管，擴大對於外匯、金融的監管。這樣的轉變意味著貿易政策日趨嚴厲，其背景則與國共內戰的擴大導致通貨膨脹、物資短缺有著密切的關係。

圖 3-5：民國 35（1946）年 11 月間貿易管制組織架構

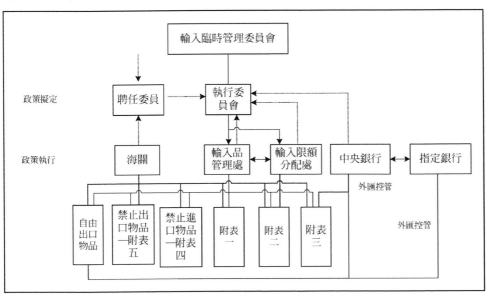

資料來源：依據海關總稅務司署，通令第 7095 號，附件一「修正進出口貿易暫時辦法及附表」自行繪製。

　　「輸入臨時管理委員會」內設「執行委員會」負責制訂貿易管制方策，成員包括中央銀行總裁、中央銀行外匯審核處處長、輸入限額分配處處長、輸入品管理處處長、執行委員會秘書處處長，以及由各政府單位所邀聘之「聘任委員」（修正辦法第七條）。至於進出口商品，進口分為附表一、二、三、四，附表四為禁止進口類，附表一、二、三則由「輸入臨時管理委員會」下設的兩處與中央銀行分別控管進口商品。出口方面，設附表五為禁止出口商品，除此之外均可出口，惟對於出口所得外匯已萌生管制的意味。

　　至於貿易管制政策的執行，「輸入臨時管理委員會」下設「輸入品管理處理處」與「輸入限額分配處」為兩單位。「輸入限額分配處」為辦理輸入限額事宜（修正辦法第五條），亦即對於進口商進口附表二商品之分配裁處（修正辦法第十二條乙款）。「輸入品管理處理處」則負責辦理簽發附表一、二商品之輸入許可證（修正辦法第六條甲款），至於附表三商品之輸入許可證則由中央銀行外匯審核處簽發（修正辦法第六條乙款）。而海關則負責實際進口貨物的檢查與驗核前述三單位所簽發的輸入許可證。

（一）進口高管制政策

　　民國35（1946）年11月間，關務署以戰後復原所需要之物資已有大量進口，特修正同年3月1日所施行之進出口貿易暫行辦法，將輸入許可制度推廣應用於一切進口物品〔註56〕。11月17日發布「修正進出口貿易暫時辦法」，進出口貿易政策明顯轉向「政府許可的高管制」。該修正辦法第十一條規：

> 進口商必須分別按其所經營業務種類向輸入臨時管理委員會申請登
> 記。〔註57〕

將進口商納入管理的對象。進口商品分為四類，以附表一、附表二、附表三、附表四等，分別羅列品名與進口的相關規定。修正辦法第二條規定：

> 自本修正進出口貿易暫行辦法實施之日起，一切貨品之輸入，除本
> 修正辦法附表（四）及第十四條所列者外，均應按照本修正辦法之
> 規定，請領輸入許可證，始准輸入。〔註58〕

所謂附表（四），即禁止進口的貨品，至於「第十四條」乃規定進口物品為「私人餽贈」、「無商業價值之樣品」、「價值不超過美金50元」、「不做商品出賣者」，

〔註56〕中國第二歷史檔案館編，《中華民國史檔案資料匯編（第五輯第三編財政經濟（一））》，頁583。

〔註57〕海關總稅務司署，通令第7095號（民國36年7月25日），附件一。

〔註58〕同上註。

不必申請輸入許可證〔註59〕。因此，對於進口商品的管制，除低於美金 50 元
而無商業價值之商品外，一律必須申請「輸入許可證」，亦即由政府指定單位
控管商品進口的核可與數量，況且即使政府各部會為公共需要或機關自身需
要輸入商品，亦應向行政院提出申請核准後，轉由「輸入品管理處」簽發輸
入許可證，始可進口（修正辦法：第十三條乙款）。民國 36（1947）年 10 月
1 日關務署更要求：「凡無證進口貨物，以走私論處予以沒收」〔註60〕，其管
制之嚴格，實與戰時管制政策無異。下面按「禁止進口商品」、「許可進口商
品」、「暫停進口商品」等三大類來分析。

　　1. 禁止進口商品

表 3-10：民國 35（1946）年 11 月禁止進口之商品

紡織品（第一類至第四類）：共 12 項	
1. 棉質假金銀線（稅則：77）	2. 純毛或雜毛地毯及其他地衣類（125）
3. 純絲或雜絲假金銀線（136）	4. 純絲或雜絲針織綢緞（138）
5. 純絲或雜絲剪絨、回絨（140）	5. 未列名純絲或雜絲綢緞（142）
7. 未列名絲製衣服及衣著零件（144）	6. 未列名純絲或雜絲貨品（145）
9. 棉、麻、毛、絲等花邊、飾物（稅則：80、102、115、137）	
第五類金屬製品類：共 1 項	
1. 容七座以下之汽車，價格超過美金 1200 元或等值貨幣者及其車台（256）	
第六類食品飲料草藥類：共 9 項	
1. 魚翅（296、297）　2. 鮑魚（275）　3. 蘆筍（299）　4. 海參（276）	
5. 燕窩（303）　6. 餅乾（304）　7. 魚子醬（306）　8. 糖食（312）　9.茶葉（333）	
第十六類　雜貨類：共 17 項	
1. 古玩（633）　2. 鑲金屬器、塞蘇瑪瓷器、漆器（634）	
3. 未列名裝飾用材料及製品（634）　4. 未列名首飾及裝飾品（645）	
5. 修指甲用全副器具及零件、粉撲、粉盒、梳妝盒（650）6. 眞假珍珠（653）	
7. 香水、脂粉（655-1）　8.「玻璃」雨衣（664-甲）　9.「玻璃」提包及袋（669-1）	
10. 眞假珠寶、鑽石（658）　11. 保溫器（665-1）　12. 玩具及遊戲品（668）	
13. 化妝品之器具（667）　14. 傘、禦日傘（670-甲、670-丙）	
15. 皮貨及未列名全部或大部分皮貨製品（567-甲、567-乙、568）	

〔註59〕同上註。
〔註60〕台北關稅務司公署佈告，第 114 號（民國 37 年 2 月 6 日）。

16. 獸牙製品（579-丙）　17. 麝香（576）

註：1.（ ）內為稅則

2. 自民國 37 年 1 月 1 日起，凡私人汽車無論價值多寡，一律禁止進口。〔註61〕

資料來源：

1. 海關總稅務司署，通令第 7095 號（民國 36 年 7 月 25 日），附件一。

2. 台北關稅務司公署佈告第 115 號（民國 37 年 2 月 19 日）。

　　禁止進口的商品共 39 項商品，較之前階段的規定計增加 13 項，增加部分以第六類海鮮食品類最多（5 項），其次為國內自產商品如茶葉、糖食，再者為非民生用品與奢侈品如：餅乾、「玻璃」雨衣、「玻璃」提包及袋、真假珠寶、鑽石、保溫器、皮貨製品等，如表 3-10 所列。整體而言，禁止類商品仍以紡織品最為多，其次為食品類的海鮮商品，再者為奢侈品。

表 3-11：民國 36（1947）年 2 月台灣省署管制進口貨物一覽表

需特別許可方准入省貨物
第六類：魚介、海產品、果品、酒類及肉蛋油以外之葷食日用品、雜貨品。
第七類：煙草類。
第十類：捲煙紙。
第十一類：羽毛、介殼。
第十二類：竹及其製品、棕及其製品。
第十六類：琥珀、珊瑚、古玩、漆器、帽、首飾、樂器、珍珠、鋼筆、鉛筆、化妝品、花卉、寶石、玩具、美術作品等。

資料來源：台南關稅務司 S/O No.72（25th Feb 1947），附件「台灣省行政長官公署 36 年 2 月 12 日（36）丑文署財秘電文」、「台灣省行政長官 36 年 2 月 14 日電文」。

　　不過對台灣而言，進入民國 36（1947 年）年，台灣社會因物價飛漲、物資缺乏而越來越不穩定。更為了穩定物價、金融，掌控物資，二二八事件前夕陳儀進行嚴屬管制政策。民國 36 年（1947 年）2 月 12 日禁止台灣境內黃金（包括含金五成以上之金飾品），以及外國貨幣之買賣，而由台灣銀行掛牌收購、兌換；2 月 14 日省署密電海關要求對於物資、進出口貿易之管制政策，其中進口管制方面共計六大類約一百多項，即所謂「特別許可」商品，此類商品常是官方單位才被允許進口，一般商人絕無僅有，況且是要求「入省特

〔註61〕台北關稅務司公署佈告，第 115 號（民國 37 年 2 月 19 日）。

別許可」，當然也就不可能允許由外國進口。因此此類商品可視爲禁止進入台灣的商品，其中也以第六類日用雜貨最多，如表 3-11 所示。

省署管制入省的物品中，值得注意的是有關第六類的限制，其整體商品分爲「魚介、海產品」、「葷食、日用雜貨品」、「雜糧、果品、藥材、子仁、香料、蔬菜品」、「糖品」、「酒、啤酒、燒酒、飲水等品」，如圖 3-6 所示。其中「魚介、海產品」共 32 項稅則商品；「葷食、日用雜貨品」共 51 項稅則商品；「糖品」共 9 項稅則商品；「雜糧、果品、藥材、子仁、香料、蔬菜品」共 80 項稅則商品；「酒、啤酒、燒酒、飲水等品」共 21 項稅則商品。扣除前述中央管制部分，省署在第六類所管制的商品共 84 項商品。因此對台灣而言，第六類商品幾乎是全面禁止進口。再者，第七類（六項）、第十類捲煙紙等七項有關香菸商品的管制，省署已完全承繼日治台灣總督府的菸酒專賣，阻絕這兩類商品的洋貨進口。

圖 3-6：第六類商品構成圖

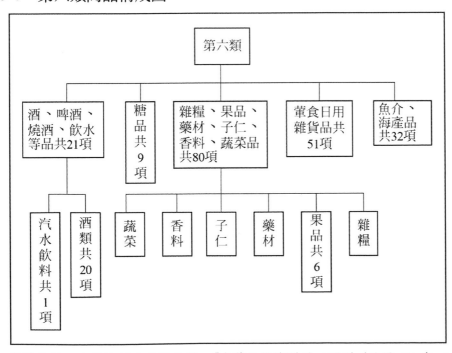

資料來源：海關總稅務司統計科，《中華民國海關進口稅則（民國 37 年 8月）》，頁 21～26。

扣除與中央一致性的管制品，總計省署單方面管制入省的商品共 103 項，

若再加上中央禁止進口的 39 項商品，共 142 項商品（約佔全部商品之 13.4%）禁止進入台灣，主要管制商品為食衣兩大類與裝飾品等。亦可見，中央與地方政府加諸於台灣進口貿易管制之嚴厲。

2. 許可進口商品

至於許可進口商品分成三類，第一類為生產器材（附表一），第二類為限額管制品（附表二），第三類為外匯管制品（附表三）。

（1）生產器材管制

第一類（附表一）為生產器材計 15 項（稅則），均為機械生產財，如表 3-12 所示。進口此類商品，其價值超過美金 2,000 元或等值貨幣者，一般進口商須向「輸入臨時管理委員會」提出申請，許可後才可進口（修正辦法：第十二條甲款），而輸入許可證之簽發則由輸入品管理處負責（修正辦法：第六條甲款）。〔註62〕

表 3-12：修正進出口貿易暫時辦法附表一

1. 農業機器及其配件（244）
2. 發電或傳電之電氣機器（245-甲、乙）
3. 製造機械工具及其配件（246、247）
4. 未列名機器及其配件（152）
5. 汽船及其配件與材料（255-1）
6. 發動機及其配件（248）
7. 鐵道或電車道應用品（181、188、257、588）
8. 蒸汽鍋爐、省熱器、機械燃煤機及其他鍋爐用之他種機械，及其配件（249）
9. 輸送油類卡車（256 甲-1）
10. 飛機及其配件（253）　　　共 15 項

註：( ) 內為稅則

資料來源：海關總稅務司署，通令第 7095 號（民國 36 年 7 月 25 日），附件一。

（2）限額管制品

第二類為限額管制品（附表二），其管制商品共計 209 項。此類商品除必須取得「輸入品管理處」所簽發的輸入許可證之外（修正辦法：第六條甲款），其進口有限額制度之限制，而其限額由「輸入臨時管理委員會」訂定，交由「輸入限額分配處」分配之。分配方法由分配處將限額通知各行

─────────────

〔註62〕海關總稅務司署，通令第 7095 號（民國 36 年 7 月 25 日），附件一。

業，由其自行將此項限額分配各該行業之進口商（經輸入臨時管理委員會核准登記者），惟此項分配數額，必須得到分配處之核准（修正辦法：第十二條乙款）〔註63〕。此類管制商品以第五類金屬製品 89 項最多，其次第八類化學、染料品 56 項，再者爲第十類書籍地圖紙及紙漿等 15 項，如附表 3-13 所示。

表 3-13：民國 35（1946）年 11 月限額管制進口之商品（附表二）

商品類別	管制數量	商品類別	管制數量
第一類棉製品	1	第二類麻製品	3
第三類毛製品	4	第四類絲製品	1
第五類金屬及其製品	89	第六類食品、飲料、草藥	8
第七類菸草類	無	第八類化學與染料品	56
第九類燭皂油脂蠟膠松香	11	第十類書籍地圖紙及紙漿	15
第十一類生熟獸畜產品	2	第十二類木竹藤草製品	10
第十三類煤燃料瀝青煤膏	3	第十四類磁器搪磁器玻璃	無
第十五類石料泥土製品	1	第十六類雜貨類	5
合　計		209 項	

資料來源：海關總稅務司署，通令第 7095 號（民國 36 年 7 月 25 日），附件一。

（3）外匯管制商品

至於附表三分爲甲表與乙表。甲表共 149 項，進口商進口此類商品，必須在向外訂購時向中央銀行外匯審核處，申請輸入許可證（修正辦法：第十二條丙款）〔註64〕，商品數量如表 3-14 所示，顯然以第五類及第八類居多。

表 3-14：民國 35（1946）年 11 月外匯管制進口之商品（附表三甲）

商品類別	管制數量	商品類別	管制數量
第一類棉製品	3	第二類麻製品	4
第三類毛製品	5	第四類絲製品	1
第五類金屬及其製品	29	第六類食品、飲料、草藥	18

〔註63〕海關總稅務司署，通令第 7095 號（民國 36 年 7 月 25 日），附件一。
〔註64〕海關總稅務司署，通令第 7095 號（民國 36 年 7 月 25 日），附件一。

第七類菸草類	0	第八類化學與染料品	31
第九類燭皂油脂蠟膠松香	15	第十類書籍地圖紙及紙漿	5
第十一類生熟獸畜產品	4	第十二類木竹藤草製品	12
第十三類煤燃料瀝青煤膏	2	第十四類磁器搪磁器玻璃	2
第十五類石料泥土製品	2	第十六類雜貨類	16
合　計		149 項	

資料來源：海關總稅務司署，通令第 7095 號（民國 36 年 7 月 25 日），附件一。

3. 暫停進口商品

進口稅則共 1,048 項商品，附表（一）、（二）、（三）甲、（四）共羅列 402 項商品，而未被列入附表（一）、（二）、（三）甲、（四）等附表共 646 項之商品，即為附表（三）乙所管制之「暫停進口商品」。

4. 進口商品管制之綜合分析

如表 3-15 所示，禁止進口商品（包含省管制入省商品）39 項、暫停進口商品 646 項、許可進口商品 373 項；若再考量台灣省單型貿易法規的規定，加上禁止入省的商品，則禁止進口的商品將高達 142 項。

表 3-15：民國 36（1947）年間進口貿易管制數量表

禁止進口	許可進口			暫停進口
	生產器材管制	限額管制品	外匯管制品	
39	15	209	139	646

資料來源：李文環整理。

表 3-16：民國 36（1947）年間各類商品進口管制數量

	禁止進口	暫停進口	省署管制	生產器材	限額進口	外匯管制
紡織品 （一至四類：共 184）	12	150	0	0	9	13
第五類（共 199 項）	1	65	0	15	89	29
第六類（共 192 項）	9	157	84	0	8	18
第七類（共 7 項）	0	7	6	0	0	0
第八類（共 135 項）	0	48	0	0	56	31
第九類（共 41 項）	0	15	0	0	11	15

第十類（共 37 項）	0	17	1	0	15	5
第十一類(共 42 項)	0	36	2	0	2	4
第十二類(共 66 項)	0	44	2	0	10	12
第十三類（共 8 項）	0	3	0	0	3	2
第十四類(共 20 項)	0	18	0	0	0	2
第十五類(共 19 項)	0	16	0	0	1	2
第十六類（98 項）	17	70	14	0	5	6
合計	39	646	103	15	209	139

說明：暫停進口＝分類總項數－禁止進口－生產器材－限額進口－外匯管制
資料來源：李文環彙整。

　　至於各分類商品管制的情形，「禁止進口」、「暫停進口」、「省署管制」
等三類，爲中央與台灣省署規定不得進口的商品。整體而言，紡織品（一
至四類）、日用飲料食品（第六類）、菸草製品（第七類）與第十六類雜貨
等的比率最高，第七類菸草與菸草製品則已完全禁止進口。因此，從進口
商品的管制內容來看，還是以食、衣等民生用品的管制最爲嚴厲，如表 3-16
所示。

　　政府以各類管制證明書來控管進出口商品的企圖更爲明朗，只是這樣的
做法不僅大大降低進口商品的通關效率，也打亂了商品的市場機能，而往往
這樣的手法在於控制國內市場的物價，以致激化走私的流弊。

（二）出口高管制政策

　　民國 35（1946 年）年 11 月 17 日的「修正進出口貿易暫行辦法」第一條
規定：

> 凡一切貨品，除附表（五）所列者外，均得自由出口，但出口商應
> 將指定銀行簽證之結購出口外匯證明書（須中央銀行規定之格式）
> 送呈海關驗訖，方准報關出口。其價值低於美金二十五元或其他相
> 等幣值，且非作商業上之用者，得免驗上項證明書。〔註65〕

所謂附表（五），其實就是先前「進出口貿易暫行辦法」的附表丙（禁止出口
物品），內容完全一樣、沒有修改。不過，隨著內戰局勢的惡化，政府對於民
生用品的管制更爲嚴厲。民國 36（1947）年 4 月 15 日行政院會爲平衡供求、
穩定油價起見，對於大豆、花生、芝麻子，以及其榨油輸出國外時，採取定

〔註65〕海關總稅務司署通令，第 7095 號（民國 36 年 7 月 25 日），附件一。

量許可制度〔註66〕。民國 37（1948）年 9 月 1 日起，所有菜油、豆油、花生油、麻油及其原料，一律暫停出口三個月；同年 9 月 6 日，要求所有紗、布未經「輸出入管理委員會許可不得出口」〔註67〕。民國 38（1949）年 1 月則對於所有菜油、豆油、花生油、麻油及其原料，於輸出國外時應驗憑輸管會公函與出口結匯證明書〔註68〕。對於維生的糧食更由民國 34（1945）年 11 月的「自由運銷」、「收復區免賦」，於民國 37（1948）年轉爲「隨賦徵、借糧食（實物）」的政策〔註69〕。

　　至於台灣貿易出口管制方面，前章第二節曾分析陳儀政府與國府中央在貿易政策有著嚴重的落差，雙方對於米穀與其他糧食是否可以「出省」，以及鋼料、鐵板、銅、鋅、鉛、電線、鋁、水銀、生橡皮、電動機、發電機、變壓器、變壓器油、焊條、錫塊、麻袋、黃麻等是否可以「出口」有其不同的主張。無論海關是否願意配合省署執行省單行法規，在省署強力執行省單行貿易法規下，加諸台灣進出口貿易的限制，乃是雙重的。這樣的雙重管制至民國 37（1948）年 1 月 17 日，行政院正式飭令駐台海關配合執行台灣省方限制進出口物資之單行法令後，台灣貿易管制體制更爲嚴厲。

　　民國 37（1948）年 1 月，台灣省政府正式發布「限制進出口物資一覽表」，其內容包括陳儀時期禁止出省的食糧、金屬品、麻袋，再加上木材、肥料、樟腦、煤、木炭、度量衡、菸草、製菸相關製品、酒類與酒容器等，如表 3-17 所示。其管制出口之嚴厲，相較於大陸，只有過之而無不及。

表 3-17：民國 37（1948）年 1 月台灣省限制進出口物資一覽表

附表甲：台灣省限制進出省物資一覽表

品　名	內　容	進省限制	出省限制
1. 食糧	包括雜糧及一切糧食加工品	無	有糧食局出口許可證者爲限

〔註66〕 海關總稅務司署通令，第 7328 號（民國 37 年 6 月 26 日）；台北關稅務司公署佈告第 72 號（民國 36 年 4 月 24 日）。

〔註67〕 海關總稅務司署通令，第 7387 號（民國 37 年 10 月 1 日）；台北關稅務司公署佈告第 142 號（民國 37 年 9 月 3 日）。

〔註68〕 台南關稅務司公署訓令，第 601 號（民國 38 年 1 月 24 日）。

〔註69〕 中國第二歷史檔案館編，《中華民國史檔案資料匯編（第五輯第三編財政經濟（一））》，頁 726、732、753。

2. 金屬品 （甲）	各項金屬品計 29 種，不論整、廢，其項目見附表乙	無	有建設廳出口許可證者為限
3. 金屬品 （乙）	廢銅及水道用鑄鐵管、白鐵管	無	同上
3. 木材	包括原材、製材、已製成品、半製成品	無	有物資調節委員會出口許可證者為限
4. 肥料		無	同上
5. 樟腦	包括粗製樟腦及樟腦油	無	有建設廳出口許可證者為限
6. 煤及木炭	包括焦炭	無	有石炭調整委員會出口許可證者為限
7. 度量衡品	包括砝碼，見附表丙	無	有建設廳度量衡檢定所出口許可證者為限
8. 煙草	包括製成品及未製之菸葉	有菸酒公賣局許可證者為限	有菸酒公賣局許可證者為限
9. 製菸器械及捲煙紙		有菸酒公賣局許可證者為限	同上
10. 酒精	僅指已變性之燃料酒精	有菸酒公賣局許可證者為限	同上
11. 酒類	包括未變性之酒精或含有酒精成份未滿 90 度之飲料	有菸酒公賣局許可證者為限	同上
12. 酒瓶	容積 0.6、0.63、0.7、0.72、0.8、1.8 公升之空瓶	無	同上
13. 麻袋	印著糧食局字樣之麻袋	無	有糧食局許可證者為限

附表乙：台灣省限制出省金屬品（甲）細目

黃銅條、竿（稅則：153）	黃銅板、皮（稅則：159）
黃銅管（稅則：161）	紫銅條、竿（稅則：164）
紫銅板、皮（稅則：169）	紫銅管（稅則：171）
紫銅線（稅則：172）	鋼條：圓、扁、方及六角形者 T 形鋼、槽形鋼、角形鋼、I 形鋼（稅則：183）
鋼管（稅則：186）	鋼軌（稅則：188）
鋼板（稅則：191）	鋼皮（稅則：192）
花馬口鐵（稅則：195）	素馬口鐵（稅則：196）
鋼絲（稅則：199）	鍍鋅鋼管（稅則：203）
鍍鋅鐵皮（稅則：204）	鍍鋅鐵絲（稅則：205）

鋼索鍍鋅鋼管（稅則：209）	竹節鋼（稅則：211）
工具鋼及特殊鋼（稅則：213）	鉛（板、錠）　（稅則：218）
鉛皮（稅則：220）	水銀（稅則：227）
鋅（粉，錠）（稅則：236）	鋅皮（稅則：237）
電動機，發電機，變壓器（稅則：245）	絕緣電線及電纜（稅則：263）
安培計，伏脫計，瓦特計（稅則：268）	

資料來源：台南關稅務司公署訓令，政字第 353 號（民國 36 年 12 月 29 日），附件。

　　民國 38（1949）年陳誠主政以後，擴大限制貿易與物物交換的機制。是年（1949）1 月 20 日，省政府公布「台灣省赤糖廠商申請赤糖出口交換物資辦法」，其中第三條規定：

　　　　交換物資之種類，除赤糖包裝所用之雷州蓆外，以棉紗、布匹、植
　　　　物油類、肥料、豆餅、生產器材、五金材料及藥品為限。〔註70〕

將出口的砂糖以物物交換的方式，換回指定的商品。2 月份，限制郵寄與旅客攜帶砂糖及其製品出省的數量在 3 公斤以下〔註71〕，同時以瓊麻為航運、漁業所需網索不可缺少之重要原料且供不應求為由，禁止出口〔註72〕，4 月亦將糖蜜列為禁運出省之列〔註73〕。同年（1949）6 月 20 日，省府發布「台灣省進出口貿易及匯兌金銀管理辦法」，第一條規定：「台灣省進出口貨品，由台灣省政府按照准許進口類（分為無限額與限額兩類）、暫停進口類、禁止進口類、禁止出口類分類編列公布」〔註74〕。整體而言，至民國 37（1948）年間，國府中央與台灣省府在進出口貿易政策上是雙重的管制。國府中央著重食、衣兩大類商品的進口管制，省府進一步強化。出口貿易方面，國府中央重視糧食、紡織品、食用油之管制；省府則擴大到金屬品、菸酒、肥料、煤、木炭、樟腦等台灣專賣或特別需求的物品。

　　上面有關稅政策的分析顯示，前、後期進口稅政策明顯對於食、衣兩大類商品，如一至四項的棉、麻、毛、絲等紡織品，以及第六類的食品飲料草藥類、第七類的烟草類等均課予重稅，反而對於能源燃料（第十三類）與金屬機械（第五類）的稅率較低，第五類商品稅率等級明顯擴大的現象。至於

〔註70〕台南關稅務司公署訓令，政字第 606 號（民國 38 年 2 月 5 日）。
〔註71〕台南關稅務司公署訓令，政字第 612 號（民國 38 年 2 月 21 日）。
〔註72〕台南關稅務司公署訓令，政字第 614 號（民國 38 年 2 月 26 日）。
〔註73〕台南關稅務司公署訓令，政字第 632 號（民國 38 年 4 月 22 日）。
〔註74〕台南關稅務司公署訓令，政字第 640 號（民國 38 年 6 月 22 日），附件。

進出口貿易管制方面，國府中央著重食、衣兩大類商品的進口管制，省府也進一步擴大與強化；出口貿易方面，中央重視糧食、紡織品、食用油之管制，省府則擴大到金屬品、菸酒、肥料、煤、木炭、樟腦等台灣專賣或特別需求的物品。無論中央或省府，雙方均著重於民生產業的課稅與管制。在此政策前提之下，戰後台灣以「進口替代」產業發展政策，也就有其必然性。只是如此嚴厲的關貿體制，勢必要有一套嚴密的監視組織，否則反動勢力的反撲，將使這套體制流於空殼。而此嚴密的監控組織，乃隨著國府中央播遷來台前後的緊張局勢，兩岸成為敵對關係而快速形成，台灣沿海港口成為軍事戰略的國防要地，同時也是國際貿易監控的邊界地帶。國防與國貿邊境再度重合，軍事與經貿組織同時成為監管台灣港口的重要機制。

第三節　軍事與貿易的雙重管制

　　民國 38（1949）年為台灣再度脫離中國大陸政經體制關鍵的一年。民國37（1948）年 12 月 10 日，蔣介石總統下令全國戒嚴（新疆、西康、青海、台灣、西藏除外）〔註75〕，並於 12 月 29 日任命於民國 37（1948）年 10 月來台的陳誠為台灣省主席〔註76〕。隔年（1949）1 月 7 日陳誠向蔣中正總統報告中指出：

> 台灣近因中央軍政機關遷台單位激增，美援物資到達，而上海商人
> 及貨物，更坌湧沓來，以致基隆高雄兩港均行壅塞。就中基隆港情
> 勢尤較嚴重。該港原有碼頭十八座，現在港船隻 41 艘，內商輪 24
> 艘、軍用 17 艘，因無統一管理機構，卸載困難萬分……五金材料之
> 採購，尤屬迫不及待。〔註77〕

港口湧爆遷台避難的船隻，可見面對大陸岌岌可危的局勢，蔣中正總統已展開在台灣新的佈局。新移民匯集台灣，問題當然接踵而至，陳誠向蔣中正總統報告指出

〔註75〕 薛化元主編、李永熾監修，《台灣歷史年表（終戰篇：1945～1965）》（台北：財團法人張榮發基金會，1993 年 5 月），頁 70。

〔註76〕 陳誠，〈民國 39 年 12 月 27 日函呈總統蔣請准辭行政院長及中央改造委員等職〉收於《石叟叢書（文電：文電甲類）》，頁 383。

〔註77〕 陳誠，〈民國 38 年 1 月 7 日電呈總統蔣報告台省港灣交通情形請示應急措施〉收於《石叟叢書（文電：文電甲類）》，頁 360。

> 高級人員之家屬，以及立監委與國民代表，分集台島為數甚多，即
> 住行兩事已感棘手，其餘更可概見。〔註78〕

食衣住行成為過渡期最為棘手的問題。民國38（1949）年5月25日，上海失陷，大陸與台灣之間的貿易嚴重受挫，台灣先後失去日本與大陸市場，因此面臨必須重建獨立的經濟體。這也就是由上述二節分析所顯示的，中央與省府在關稅與經貿政策上已大幅轉向嚴厲的管制措施，只是政策若是無法落實，多如牛毛的法規也流於形式。台灣乃一島嶼地形且為淺碟型經濟，仰賴對外貿易的比重頗重，若以經濟的地理形勢來看，台灣沿岸各港口船舶皆可進出，若是無法控制港口船舶的進出，勢必衝擊正常的貿易。因此如何有效監控港口的貿易與船舶，乃成為重要課題。

再者，高關稅與高管制政策除了財政、產業的考量外，物資的統制與金融的穩定更是重點，如何透過港口、物流與金融統制達到財政與軍事安全的控制，這是國府中央遷台前後最重要的課題。下面將探討港口戒嚴體制的形成，以及政府如何將關稅、貿易與金融的管制措施加以結合，成為三合一的管制模式。

一、港口戒嚴體制之形成

第二章曾探討陳儀省署與海關對於港口管制權爭執的問題，除了不同歷史經驗所形成制度上的落差外，省署對於駐台海關未能配合落實進出口貿易管制政策的不滿，強化了惟有省署單位得以自行監管港口人員與貨物出入境的認知，這才是省署執意介入台灣港口管制權的主要動機。因此，省署與海關對於港口監視權爭執的問題，背後即為國家邊境之商品、人員流通監管的利害所在，海關未能執行省署的政策，對省署而言無疑是邊境管理上的漏洞。

台灣港口邊境的安全問題，早在民國35（1946）年1月26日，省署為防止奸宄混跡入境，以及人犯潛逃出境起見，即已制定「台灣省沿海進出口檢查辦法」加以管制，其中第三條規定：

> 本省沿海各口岸進出口檢查事宜，由當地警察機關就該口岸衝要
> 地點，設置進出口檢查處，派員會同憲兵、海關隨時驗放，不得
> 留滯〔註79〕。

〔註78〕 陳誠，〈民國38年1月8日電復總統蔣報告子魚府機電遵辦情形〉收於《石叟叢書（文電：文電甲類）》，頁363。

〔註79〕 台南關稅務司 S/O Letter NO.18（28th Feb 1946），附件「台灣省行政長官公署令，子感（35）署法字第00729號（民國35年1月26日）」。

省署以地方警察為主，聯合憲兵、海關稽查進出台灣沿海的入出境旅客。以地方警察為主體，省署試圖建立戰後台灣沿海各港口的監控組織。對海關而言，台灣漫長的海岸線以及接收人員的薄弱，使得海關只能選定重點港口駐紮，這也意味著台灣眾多的口岸中，勢必有諸多港口是海關力猶未逮之處。台南關稅務司對於這樣的檢查辦法，即已清楚指出：「海關檢查旅客的權力是沒有被認知的」，不過，他也體認「這些地方規定是為了維持和平與紀律，警察與憲兵必須負起他們的責任」〔註80〕。海關總稅司李度也認為張申福的體認與解釋是正確的〔註81〕。換言之，鑑於戰後的重建與和平，海關對於地方有違海關檢查權限的規定，初步是可容忍的。只是隨著省署與海關對於港口管制權歸屬、部分貿易管制政策的摩擦，以及日益嚴重的走私貿易，省署乃主動採取更為嚴厲的港口管理辦法。

　　民國35（1946）年6月以前，省署對於台灣港口的管理是消極而被動的，主要在於行政院曾明令將台灣港口轉歸海關管轄，直至同年7月1日「商港條例」正式實行，全國港口理應歸交通部統籌管理，省交通處長任顯群以此條例，主動於7月8日（1946年）以省交通處為主，聯合18個單位（包括海關）開會，試圖在基隆港、高雄港成立聯合檢查進出口船舶的組織，並制定「基隆港進出口船舶檢查實施辦法」、「高雄港進出口船舶查驗實施辦法」，並以策劃船舶航行安全及防止非法航行為由，限制一百噸以下船舶航行兩岸，只准省內沿海通航。總之，從民國35（1946）年8月至10月，省署試圖藉由發布省單行法規要求駐台海關配合，於基隆港、高雄港成立聯合檢查進出口船舶的組織，建立以港務局局長為首，軍、警、海關為輔的港口管制組織。對海關而言，海關可說淪為港務局下屬負責行李與貨物的檢查次級單位，尚不如二次大戰末期台灣總督府整編稅關納入港務局的作法。其次，省署進一步限制「一百總噸之船舶嚴禁來台」、「一百總噸以上船舶申請出省者，僅限在基隆、高雄兩港啟航，不得在其他各口岸出發」，並將航行省際船舶之船籍變更權限劃歸省交通處。緣此，陳儀的目的一如其經濟思想與政策，以高度統制為標的，試圖將台灣的港口完全掌控在省署的約束之下。如此以軍警大量介入港口檢查、船舶控管的方式，後隨陳儀下台後鬆懈。局勢動盪之際，戰爭的因素致使港口控管不再只是防範走私的問題而已，進而被提升為國家

〔註80〕台南關稅務司 S/O Letter NO.18（28th Feb 1946）。
〔註81〕Inspectorate General of Customs，S/O Letter NO.26（28th March 1946）。

邊境安全的問題了。

　　民國 36（1947）年的二二八事件後，陳儀放寬管制一百噸以下船隻進出台灣港口的規定，改爲五十總噸以上船舶（包括帆船）即可省際通航，除開放基隆港、高雄港外，並增闢台中、花蓮、馬公三港爲省際通航口岸〔註82〕。民國37（1948）年1月21日，台灣省政府正式撤銷「各港進出口船舶查驗聯合辦事處」，海關也同日起暫時協助省府有關進出省之物資管制〔註83〕。此時，全國各港埠往來船隻，除海關及檢疫人員外，軍警一概不得上船檢查〔註84〕。此階段海關獨立的檢查權尚可維持。

　　隨著國府中央在大陸的局勢趨於敗潰，對台灣的經營明顯積極而嚴厲，軍方對於台灣港口管理的介入更爲強烈，國防部發布「戡亂時期船舶檢查簡化實施細則」，第二條規定商船檢查方式爲：

> 綏靖區由當地服務憲兵、警察、海關、檢疫所及航政局（處）聯合在同一地點實施行檢查，並由當地負責治安之最高軍事機關統一指揮及編組實施；匪諜活動地區、重要交通據點或檢查機構特多地點及其他必要地區，除檢疫及海關檢查外，由當地服務憲兵、警察及航政局（處）聯合同一地點、同時實施行檢查。〔註85〕

亦即方於民國 37（1948）年 1 月才取消港口聯合檢查機制，隨著邊境安全問題再度成爲港口管理的體制。又該細則第三條規定商船檢查應由軍方（或憲兵）、警察、海關、檢疫所共同進行，其中第三款亦規定：

> 貨物（包括旅客行李）檢查由海關主持辦理，其未設置海關地區，由當地負責治安之最高軍事機構或憲警負責辦理。〔註86〕

這樣的規定將未編制海關之處，全數交給軍警負責檢查，大大相異於日治時期的稅關體制。如第二章所述，日治稅關於台灣大大小小港口設置稅關、稅關支署與稅關監視署等三級單位，一般國內或島內貿易貨物即由監視署監控，最多曾設有 27 所監視署。但是，戰後海關的接收人員本已窘迫，根本無法維持日治時期的規模。因此，將未設置海關地區，由當地負責治安之最高軍事機構或憲警負責進出口貨物的檢查，實乃港口軍事化。該細則也對軍人、

〔註82〕台南關稅務司訓令，政第 335 號（民國 36 年 12 月 6 日）。
〔註83〕台南關稅務司訓令，政第 368 號（民國 37 年 1 月 19 日）。
〔註84〕海關總稅務司署指令，北字第 598 號（民國 37 年 6 月 12 日）。
〔註85〕海關總稅務司署訓令，南字第 490 號（民國 38 年 1 月 24 日）。
〔註86〕海關總稅務司署訓令，南字第 490 號（民國 38 年 1 月 24 日）。

旅客、防疫、船舶安全等，規定由憲兵、警察、檢疫所、行政等單位聯合辦理〔註87〕。軍警人員可以對軍人、旅客、船舶安全以防疫等爲由，登輪檢查，實與海關的船舶與貨物檢查權極爲密切。爲此，當時的海關總稅務司李度爲防止軍警侵犯海關職權，曾要求台北、台南關，密切察酌環境應付〔註88〕。只是，戰爭的陰影籠罩，在以國防安全爲由的前提下，軍方主導的權力也就更爲強勢。

民國38（1949）年5月17日，台灣省警備總司令部以戒嚴令第三條第六項頒佈「戒嚴期間台灣省港口船舶管理辦法」，自同年6月10日起實施共計二十條，其主要規定有下列九項：

1. 戒嚴期間管理全省港口船舶最高執行機關爲台灣省警備總司令部。（第二條）

2. 開放港口與類別（第三條）：
   （1）國際港：基隆港、高雄港。
   （2）省際港：基隆港（兼）、高雄港（兼）、馬公港。
   （3）省內港：基隆港（兼）、高雄港（兼）、馬公港（兼）、花蓮港、台東港、蘇澳港、火燒島、蘭嶼。
   （4）遠洋及近海漁業港：基隆港（兼）、高雄港（兼）、馬公港（兼）、花蓮港（兼）、蘇澳港（兼）、淡水港、南寮、鹿港、東石、安平、東港、新港、龜山島。
   （5）沿岸漁業港：蘇澳港（兼）、羅冬、頭城、貢寮鄉澳底、萬里鄉、金山鄉、石門鄉……等60鄉鎮港口。
   （6）鹽業港：布袋港。

3. 國際港船舶管理：進出國際港之船艦，應於進出港前由代理行書面報告港務局轉請聯合檢查處核備，始得向海關辦理進港登輪檢查或出口結關事宜。（第四條乙、丙款）

4. 省際港船舶管理：進出省際港之船舶，應先填具報表，由港務局轉呈台灣省警備總司令部核准。船舶（二百噸以上）船隻進出港口、停泊與查驗手續，同國際港船舶之管理。二百噸以下船隻進出港口或停泊，應先於指定地點接受聯合檢查處之查驗。（第五條乙、丙、丁、戊款）

〔註87〕同上註。
〔註88〕海關總稅務司署指令，北字第838號（民國38年2月2日）。

5. 省內港船舶管理：航行省內港船隻，應由台灣省警務處會同交通處及各縣市政府，依其所在港籍，編配水上保甲辦理聯保手續，發給船籍牌證，並在船頭油漆顯明標記，以資查驗。其進出港口、停泊之申報、查驗同省際港作法（第六條）。

6. 遠洋及近海漁業港船舶管理：此類船舶須經台灣省農林處及各縣市政府登記為漁業執照之動力漁船，並由上述單位依其所在港籍編配水上保甲辦理聯保手續，發給船籍牌證，並在船頭油漆顯明標記，以資查驗。此類漁船，除澎湖縣內各暫准搭客外，其他各港概不准搭載客貨，違則以違反戒嚴令交軍法懲辦，其進出港口亦應於指定地點接受聯合檢查處之查驗（第七條）。

7. 沿岸漁業港船舶管理：指登記有案持有漁業執照之 15 石以下舢舨、竹筏漁船其查驗、管理比照遠洋及近海漁船（第八條）。

8. 鹽業港船舶管理：限經財政部、台灣鹽務局登記，持有運鹽執照之鹽斤運輸船舶或軍用船隻、海軍艦艇及海關勤務船隻。此類船舶應由警務處會同鹽務局，依照省內港船舶管理方式，辦理水上保甲及聯保，其查驗方式則比照省際港船舶作法（第九條）。

9. 台灣省警備總司令部於戒嚴時間得應情況之需要，以命令短期開放或封閉本省每一港口（第十六條）。〔註89〕

這樣的規定乃以台灣警備總司令部為制高點，結合台灣省警務處及各縣市政府等軍、警與地方政府，將全台港口分級納入控管，並且將航行省際以下之國內船舶，整編成水上保甲的聯保體系，從空間、人事與交通工具上達到全面性的監控，相較於日治末期的港口戰爭動員體系，有過之而無不及，而原本在港口管理上擁有相當實權的海關，也就必須重新調整其新的定位。同年（1949）8 月 12 日，台灣省警備總司令部召開軍公人員及旅客入境檢討會，海關方面由台北關一等副監察長梁棟材（*Liang Tung Tsai*）〔註90〕出席。會中主席台灣省警備總司令部副總司令彭孟緝竟嚴詞批評海關說：

老實不客氣的話，海關向來不合作。聽說海關與港警常有不協調事情發生，不要因為海關是中央機關，現在情形不同，我要怎樣不容

〔註89〕 台南關稅務司公署訓令，政字第 639 號（民國 38 年 6 月 15 日）。

〔註90〕 梁棟材，河北人。民國 13（1924）年 1 月進入海關，二次大戰結束後，調任台北關，民國 35（1946）年 10 月升任二等副監察長。海關總稅務司署人事科編，《海關職員題名錄》，頁 90。

你不照辦〔註91〕。

軍方高焰的氣勢可見一斑。彭孟緝並要求依照「戒嚴時期加強控制航運旅客入境及檢討辦法」內（乙）嚴密執行入境檢查第五項：「檢查旅客行李由憲警負責，檢驗貨物由海關負責」辦理。梁棟材對於台灣省警備總司令部要求檢查旅客行李乙節，強調自民國37（1948）年1月取消聯合檢查處後，海關奉中央命令負有檢查旅客行李及貨物等全權，故是項規定與海關職權有所抵觸，乃請台灣省警備總司令部做部分修正。但軍法處人員聲稱：

現在乃戒嚴時期，一切應照本省單行法執行，故基隆、高雄之輪船、
飛機應由軍憲警會同海關統一檢查〔註92〕。

會後，當時的台北關稅務司張申福曾行文台灣省警備總司令部說明窒礙難行之處〔註93〕，但為轉任台灣省保安司令部司令的彭孟緝反對，軍方堅持照原議決案辦理〔註94〕。同年（1949）8月間，軍隊亦進駐各地燈塔，軍隊在港口的影響力急遽提高。對於澎湖離島的馬公港，為防止藉省內運輸之名偷漏走私出海，保安司令部於10月13日頒佈「馬公、安平間臨時航行辦法暨船隻名冊載運物品種類表」，不僅限定航行安平、馬公之船隻，須經澎湖縣政府審核指定（第三條），其餘不准行駛，後經核定為開澎號（35噸）、千歲號（24噸）、樂洋號（28噸）、合發號（22噸）、第一海盛號（34噸）等五艘；且限定運輸之必需品種類為「日用品：布匹、紙張、文具、家具、鑄物、陶器；副食品：糖、醬油、醬醋、醃菜、罐頭；蔬菜：青菜、水果；雜糧：甘薯粉、米粉、豆類、粉類、麵類；燃料：木炭、薪柴、煤」。除此之外，不得任意搭載旅客或其他非指定物品、違禁品（第五條）〔註95〕。如此對澎湖嚴屬的管制，造成澎湖與台灣物資流通上相當不便。澎湖縣政府為此向保安司令部反應，同年12月18日保安司令部勉強再開放海產品、廢鐵、空桶、空瓶、麻袋、石灰、糖、豆粕等，允許「正式」行商貿易〔註96〕。至此，國府中央撤台前對台灣的封鎖與管制，大致完成。

以此對照於陳儀治台時期，陳儀一方面要強調其對台灣民眾的開明作風，積極成立參議會，並讓言論自由化，另一方面要以經濟管制達到均衡的

〔註91〕台北關稅務司公署，北南字第91號（民國39年8月31日）。
〔註92〕台北關稅務司公署，北南字第91號（民國39年8月31日）。
〔註93〕台北關稅務司公署，政字第2991號（民國38年8月31日）。
〔註94〕台北關稅務司公署，北南字第94號（民國38年10月8日）。
〔註95〕台南關稅務司公署代電，馬字第204號（民國38年10月18日）。
〔註96〕台南關稅務司公署代電，馬字第214號（民國38年12月26日）。

分配，而這兩項措施本身就許多矛盾。且陳儀為標示其對台灣統治的信心，將軍隊撤回大陸，僅留四營人員駐台，這種政策與國府中央撤台前後的嚴厲管制措施，儼然相對鬆散。以高雄港為例，陳儀主持台政時期，海關擁有獨立的檢查權，但是民國 38（1949）年後國府中央實施更為嚴格的管制措施，如：輪船進口時，首由台灣省警備總司令部高雄港口聯檢處、協調中心、檢查站等人員，改穿海關制服上船－－清查後，才由海關檢查人員上船抄檢。船員登岸，在碼頭必經保警、台灣省警備組司令部高雄港口聯檢處、協調中心、檢查站等第二組便衣人員及憲兵檢查，到市區又有經濟警察、台灣省警備總司令部高雄游查第二組檢查〔註97〕，而這些都是陳儀無法做到的。從歷史發展來看，國府中央不僅屬行陳儀時期的港口管理政策，甚至有過之而無不及。

二、關稅、貿易與金融三合一管制體制之確立

民國38（1949）年 5 月到 8 月間，以台灣警備總司令部為制高點，保安司令部、港口司令部、台灣省警務處、各縣市警察局為輔，政府完成在台全面性的經濟監控。只是走私仍難以遏止，有關走私的問題會在第六章探討。為了遏止走私問題，民國38（1949）年 3 月 11 日公布實施「懲治走私條例」，該條例共 9 條，所懲處的對象分為「私梟」、「運送者」、「公務人員」三類。對於私梟走私的刑罰分如下：

1. 私運政府管制物品及應稅物品進出口者，處五年以下有期徒刑（第一條）。

2. 進行前項行為而公然聚眾拒捕、威脅緝私員警或拒捕傷人者，處七年以下有期徒刑（第二條）。

3. 進行前項行為公然為首聚眾持械拒捕、公然為首聚眾威脅緝私員警，或拒捕傷害人致死或重傷者，處死刑、無期徒刑或十年以上有期徒刑（第三條）。

4. 對於代私梟運送走私物品者，以「故意」為原則，處二年以下有期徒刑或拘役（第四條）。

5. 對於稽徵關員、鐵路、公路、舟車、航空人員，明知為私運進出口物品而放行，或為之運送銷售或藏匿者，處七年以上有期徒刑；若收受

〔註97〕 台南關稅務司公署呈文，台南字第 2712 號（民國 50 年 11 月 29 日），抄件〈台南關安全組副組長姜在春報告〉。

賄賂或不正當利益而放行或運送者，處無期徒刑或十年以上有期徒刑。（第五條）〔註98〕

懲治走私條例施行期間原本僅爲一年（第八條），此後以行政命令予以延長〔註99〕。「懲治走私條例」的前身乃民國25（1936）年6月發布的「懲治偷漏關稅暫行條例」，該條例共十二條，主要將走私視同犯罪行爲，並視情節輕重處以相當的罪刑，重者處死刑（第三條）；輕者處三年以上七年以下有期徒刑（第一條）〔註100〕，顯然是治亂世用重典的策略。

在不斷提升港口監控機制與嚴屬刑罰的同時，政府也同步制訂外匯與貿易流通機制，以降低遷台前後資本、外匯的流失與惡化。民國38（1949）年6月20日，台灣省政府發布「台灣省進出口貿易及匯兌金銀管理辦法」，要求出口廠商對國外輸出貨品，應將售貨所得外匯之20%按新台幣對外匯之匯率結售台灣銀行，其餘80%外匯則交付台灣銀行換取等值之結匯證明書（第三條），在此過程台灣銀行至少取得20%的外匯，以累積外匯，出口商必須將80%的外匯強迫換成結匯證明書，此結匯證明書出口廠商可自用或轉讓進口廠商，或按匯率結售於台灣銀行（第四條）；至於進口方面，進口廠商向外國購買之貨品，必須符合管制規定外，應憑出口商之結匯證明書向海關報運進口（第八條），除此之外，進口商得以黃金或外幣繳交台灣銀行案規定價格兌換結匯證明書，此爲以自備外匯向海關報運進口（第九條）〔註101〕。省府此項作法乃將關稅、貿易管制與金融管制加以結合，不僅得到中央的充分支持，同月修訂「管理進出口貿易辦法」其對於出口商品如此規定：

一、除禁止出口者外，出口貨品均得憑證輸出。

二、出口廠商輸出貨品，應將其售貨所得外匯之20%，交由指定銀行轉繳中央銀行或其指定銀行，經審核貨價相符後，發給出口證明書；其餘80%交付中央銀行或其指定銀行換取等值之結匯證明書。〔註102〕

〔註98〕台北關稅務司公署佈告，第118號（民國37年3月24日），附件。

〔註99〕海關總稅務司署通令，第29號（民國39年6月8日）。海關總稅務司署通令台字第55、76、113、120、131號。

〔註100〕Inspector General's Circulars No.5296（Shanghai, 22nd June 1936）。

〔註101〕台南關稅務司公署訓令，政字第640號（民國38年6月22日），附件。

〔註102〕台南關稅務司公署訓令，政字第644號（民國38年7月2日），附件「修正管理進出口貿易辦法」。

政府對於出口商品，同時控管貨物的輸出，以及出口所得外匯的流通。其中，80％的外匯轉換成「等值結匯證明書」發還出口商，因此，出口商出口所得僅換回「進口貨物的權利」而已。對於進口商品也規定：

　　一、進口貨品分為「自由進口類」、「暫停進口類」、「禁止進口類」。

　　二、進口廠商輸入貨品應憑結匯證明書，向海關報運進口，其所需外匯應憑銀行信用狀或貨物到埠證明文件，連同結匯證明書向中央銀行或其指定銀行提取之。〔註103〕

除「自由進口類」商品外，可說所有外國物品都被限制進口，而欲進口「自由進口類」商品，進口商必須自備外匯或憑「結匯證明書」與貨物信用狀，而「結匯證明書」只能向出口商購買，亦即進口商品的前提必須出口商品。這樣的政策乃是藉由海關與銀行，不僅管制外國商品的進口，更截斷外匯在台灣內部的流通，其終極理想在以「出口物品換取相對的進口物品」，以達「以物易物」的控制策略。就理想狀態，「以物易物」的進出口貨物流通，試圖達到管制經濟的需求，而課徵稅收的收入可挹注財政與累積外匯，其整體進出口商品與金融管制之流通網路如圖 3-7 所示。

圖 3-7：民國 38（1949）年間進出口貨物與外匯管制流程圖

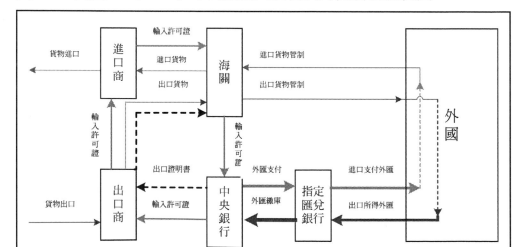

資料來源：依據台南關稅務司公署訓令，政字第 644 號，附件「修正管理進出口貿易辦法」之規定自行繪製。

〔註103〕台南關稅務司公署訓令，政字第 644 號（民國 38 年 7 月 2 日），附件「修正管理進出口貿易辦法」。

　　這一套管制進出口或與外匯的政策於同年（1949 年）9 月間略經修正後趨於完備，修正之重要條文如下：

　　　　二、出口廠商輸出貨品，應將其售貨所得外匯 10％，交由指定銀
　　　　　　行轉繳中央銀行，經審核貨價相符後，發給出口證明書，其餘
　　　　　　90％憑中央銀行發給之輸入許可證，由出口商自行辦理進口，
　　　　　　或轉讓於進口商。

　　　　三、前項90％之出口外匯，出口商得檢同有關之輸入許可證，洽由
　　　　　　指定銀行轉請銀行按照牌價收購之。

　　　　四、進口貨品分為三類：「准許進口類」、「暫停進口類」、「禁止進口類」。

　　　　五、凡准許進口之物品，可逕向海關報運進口，其所需外匯可逕洽
　　　　　　出口商讓售。〔註104〕

此次修正，只是將出口商繳交中央銀行或指定銀行的外匯由20％調降為10％，其他相關作法並沒有改變，而在台灣則由台灣銀行執行外匯管制。

　　管制外匯的同時，「台灣省進出口貿易及匯兌金銀管理辦法」第一條對於進出口貿易政策有如此規定：

　　　　台灣省進出口貨物由台灣省政府照左列分類編列詳表公布之：

　　　　（一）准許進口類（附表甲）

　　　　　　1. 無限額（附表甲之一）

　　　　　　2. 限額（附表甲之二）

　　　　（二）暫停進口類（附表乙）

　　　　（三）禁止進口類（附表丙）

　　　　（四）禁止出口類（附表丁）〔註105〕

這樣的規定，無疑是以台灣為主體考量的貿易策略，只是如何審定、規範進出口貿易分類才能契合台灣與時局的需求，這是一大課題。是年（1949）7月6日國府中央下令由財政部、經濟部、中央銀行、台灣省政府、台灣銀行各派代表一人出席審定，並省政府代表召集審編。在未編成以前，則以民國 35（1946）年 11 月 17 日之「修正進出口貿易暫行辦法」之附表為準〔註106〕。

〔註104〕海關總稅務司署通令，台字第 18 號（民國 38 年 11 月 10 日）。

〔註105〕台南關稅務司公署訓令，政字第 640 號（民國 38 年 6 月 22 日），附件「台灣
　　　　省進出口貿易及匯兌金銀管理辦法」。

〔註106〕台灣省政府秘書處，〈台灣省政府公報〉38 年秋字第七期（民國 38 年 7 月 8
　　　　日），頁 102～103。

後各有關機關組織「台灣省進出口貨品分類審定委員會」展開以台灣為主體性考量的進出口貿易政策的釐定。

　　同年（1949）9 月 19 日，台灣省進出口貨品分類審定委員會完成「台灣省進出口貨品分類附表」，分為准許進口類（附表甲）、暫停進口類（附表乙）、禁止進口類（附表丙）、禁止出口類（附表丁）與管制進出口貨品，一方面取消附表甲的限額規定，並增列管制進出口貨品〔註107〕。

表 3-18：民國 38（1949）年 9 月進口商分類數量與比例

	禁止進口	暫停進口	准許進口	准許/總數	管制進口
紡織品（一至四類：共 184）	12	99	73	40%	0
第五類（共 199 項）	0	84	115	58%	2
第六類（共 192 項）	24	124	44	23%	0
第七類（共 7 項）	0	4	3	43%	3
第八類（共 135 項）	0	33	102	76%	0
第九類（共 41 項）	0	19	22	54%	0
第十類（共 37 項）	0	15	22	59%	0
第十一類（共 42 項）	6	27	9	21%	0
第十二類（共 66 項）	0	31	35	53%	0
第十三類（共 8 項）	0	5	3	38%	0
第十四類（共 20 項）	0	13	7	35%	0
第十五類（共 19 項）	0	7	12	63%	0
第十六類（98 項）	17	44	37	38%	0
合　計	59	505	484	46%	5

資料來源：台灣省政府秘書處，〈台灣省政府公報〉38 年秋字第 68 期（民國 38 年 9 月 19 日），頁 970～987。

　　「台灣省進出口貨品分類附表」（詳情參閱附錄二）。整體而言如表 3-18 所示，禁止進口類共 59 項，較「修正進出口貿易暫行辦法」又增加 20 項，主要增列第六類的糖漿、砂糖製品、第十一類有關皮貨製品，占各該類比例如表 3-19 所示，其中又以第六類食品飲料居多；准許進口類商品數共

〔註107〕〈台灣省政府公報〉38 年秋字第 68 期（民國 38 年 9 月 19 日），頁 970。

484，約 46％共增加 121 項，很明顯食（第六類）、皮革（第十一類）、陶瓷器（第十四類）等民生用品偏低，工業與軍事用品如金屬機械（第五類）、化工產品（第八類）、紙類（第十類）、石料水泥類（第十五類）等明顯偏高；暫時停止進口商品共 505 項，約降低一百餘項。從禁止進口類與准許進口類商品來看，政府試圖儘量降低民生用品進口，而偏向提高准許工業產品之進口。

表 3-19：民國 38（1949）年 9 月各類禁止進口商品數量與比例

類　別	數　量	比　例
第一類棉及其製品類	2	1.9％
第二類麻及其製品類	1	5％
第三類毛及其製品類	2	7.4％
第四類絲及其製品類	7	24.1％
第六類食品、飲料、草藥類	24	12.5％
第十一類生熟獸畜產品及其製品類	6	14.3％
第十六類雜貨類	17	17.3％
總　計	59	5.6％

資料來源：台灣省政府秘書處，〈台灣省政府公報〉38 年秋字第 68 期（民國 38 年 9
　　　月 19 日），頁 985～987。

　　至於出口貿易政策方面，增列禁止出口方面共 69 項商品，主要包括五穀雜糧及其製品、食用油及榨油原料、建築木材、棉花、麻袋、礦砂、金銀、古物、古書、政府檔案等，詳情參閱附錄二附表丁所示。此外，並延續陳儀時代以降擴大管制出口商品達 71 項，如表 3-20 所示，其中又以第五類（金屬機器）、第六類（食品飲料）、木材與製品（第十二類）居多。整體而言，出口貿易政策方面，政府禁止糧食、食用油、建材、金銀出口，限制金屬機器、食品與建材出口，很明顯均與民生的食、住與軍事用途有直接關係，至於衣著類商品，主要管制棉紗與麻原料出口、禁止棉花、棉胎與新舊麻袋出口，也是相當嚴格，以致食衣住三大類商品及其生產原料均大幅為政府限制出口。

表 3-20：民國 38（1949）年 9 月管制出口商品數量與比例

類　別	數　量	類　別	數　量
第一類	1	第十類	1
第三類	1	第十二類	17
第五類	28	第十三類	2
第六類	18	第十四類	1
第八類	1	第十五類	1
總　計	71		

資料來源：台灣省政府秘書處，〈台灣省政府公報〉38 年秋字第 68 期（民國 38 年 9 月 19 日），頁 990～991。

　　總之，民國 38（1949）年 6 月以發布「台灣省進出口貿易及匯兌金銀管理辦法」為法律依據，結合對進出口貨物與外匯的多重管制，政府一方面試圖以出口貿易額決定進口貿易的數量，亦即以「量入為出」的概念，來控制國家整體的對外貿易與外匯市場；另一方面儘量降低民生用品之進口，以降低外匯之支出，並嚴格限制食、衣、住三大類商品及其生產原料出口，以維持戰備基本物資的需求。至此，結合金融外匯、貿易管制與高關稅等三合一的控制體系完成，成為往後主宰台灣國際貿易的模式。

小　結

　　二次大戰剛結束，政府對於關貿政策大體採取樂觀、開放的態度，只是隨著國共關係惡化而轉向戰時的關貿政策體制。國民政府方面，民國 36（1947）年 11 月提高進口商品的限制，再於民國 37（1948）年 8 月修訂稅則稅率，大幅提高進口稅。出口貿易方面，基於鼓勵出口取得外匯的前提下，戰後初期的出口限制僅限於民生復甦的必需品，直至民國 36（1947）年 10 月，因華南紗、布走私相當嚴重以及內戰惡化，雙重因素使得國府中央強化民生物資的出口管制。

圖 3-8：民國 34～38（1945～1949）年間中央與省府關貿政策示意圖

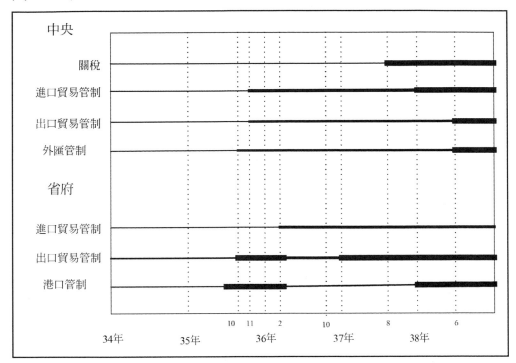

說　　明：橫軸線條的粗細象徵關稅稅率高低、貿易管制商品的多寡，乃至港口管制
　　　　　的寬鬆，線條越粗者象徵關稅平均稅率越高、貿易管制越多、港口管制越
　　　　　嚴厲。
資料來源：綜合本章自行繪製。

　　相對於國民政府中央，台灣地方政府從戰後接收開始，就強調民生物資
的出口、出省管制，民國 35（1946）年底進而管制工業原料、器材的出口限
制，至民國 36 年初二二八事件前夕達到波段高峰。二二八事件後，出口管制
稍微放鬆，不過隨著民國 37（1948）年 1 月海關願意協助省府單行貿易法規
的執行，以及大陸局勢的惡化，省府不斷提升出口貿易的管制。民國 38（1949）
年 1 月陳誠擔任台灣省主席後，以同年 5 月上海陷落政府宣布戒嚴為起點，
中央迅速確立以台灣為浙、閩、廣東與海南島的核心基地，與台灣省政府同
步強化進出口貿易管制、外匯管制與港口戒嚴體制等，而戰後出現在經貿、
管制上的中央與地方的落差現象取得一致化。整體而言，國府中央與台灣省
府間在台所實施的關貿政策的發展如圖 3～8 所示，約以民國 38（1949）年為
分水嶺，台灣快速形成高關稅、高管制與邊境戒嚴體制，成為往後主宰台灣
經貿發展的機制。

　　是年（1949）12 月政府遷台，台灣自大中國政經體系分離出來，成為獨立的政經個體，失去日本與大陸這兩個外貿主要市場，台灣將必須獨自面對經貿的問題。這是民國 38（1949）年底以後的新問題，也是台灣進口替代政策的歷史背景。

第四章 軍事對抗與節流體制之建構
（1950～1954）

　　民國 38（1949）年 12 月 7 日中華民國政府播遷台北，國共內戰的硝煙也蔓延至台灣。隔年（1950）3 月 11 日，中共海軍司令蕭勁光和華東野戰軍司令粟裕會商攻台準備，計劃投入五十萬部隊攻台，並且獲得中共中央軍委的同意〔註 1〕。就在爆發台海正面衝突的危急之際，同年（1950）6 月 25 日韓戰爆發，6 月 27 日美國總統杜魯門宣稱「台海中立化」聲明，並派第七艦隊防衛台灣〔註 2〕。儘管中共反應相當強烈，以此為契機，台灣的局勢在美國的協防與美援下，逐漸穩定下來。中共方面，10 月 19 日其主力部隊以「中國人民志願軍」名義開始陸續進入朝鮮參戰，拉開中共「抗美援朝」戲碼，渡台作戰也就全面停止〔註 3〕，直至韓戰停戰協定於民國 42（1953）年 7 月 27 日簽訂，中共再度將主力軍移轉東南沿海，乃有民國 43（1954）年 9 月爆發第一次台海危機。政府也以此為契機，12 月 2 日與美國正式簽署「中美共同防禦條約」的軍事同盟條約，它規定：

> 每一締約國承認對西太平洋區域內任一締約國領土之武裝攻擊，即
> 將危及其本身之和平與安全。茲並宣告將依其憲法程序採取行動，
> 以對付此共同危險。〔註 4〕

〔註 1〕張讚合，《兩岸關係變遷史》（台北：周知文化事業與佛光大學聯合出版，1996），頁 115。
〔註 2〕薛化元主編，《台灣歷史年表（1945～1965）》，頁 98、113、114。
〔註 3〕徐焰，《台海大戰（上編）》（台北：風雲時代，1992），頁 137。
〔註 4〕張讚合，《兩岸關係變遷史》，頁 123。

「中美共同防禦條約」之簽訂乃是政府外交上的勝利，只是仍有待美國國會通過。台海危機也未因此軍事同盟而結束，中共反而擴大戰爭衝突，從是年（1954）底至隔年 1 月 10 日，中共總計出動空軍轟炸機 28 架次，強擊機 46架次，殲擊機 70 架次，五次轟炸大陳島。1 月 18 日，解放軍更發起對一江山島之進攻戰。解放軍出動了艦艇 188 艘、飛機 184 架，並以地面砲兵、高射砲兵等強大火力支援，掩護陸軍登陸一江山，1 月 21 日一江山陷落〔註5〕。就在一江山戰役激烈進行之際，美國總統艾森豪要求國會通過「台灣決議案」（Formosa Resolution），它授權美國總統必要時可以動用武裝部隊保護台澎安全，不必再經過立法程序〔註6〕。隨著台海第一次危機落幕，中共對台政策由「武裝解放」轉為「和平解放」，而台灣成為美國西太平洋圍堵共產勢力的一環，縱使對岸軍事威脅依然存在，台灣得以逐漸穩定下來。

值此之際，民國 39（1950）年 7 月國民黨中央改造委員會正式成立，確立以蔣中正總統為主的領導中心，透過黨員自願歸隊與整肅，確保組織內部的純淨；並以唐縱擔任召集人，籌組政治行動委員會整頓國內情治組織；軍隊也逐漸落入蔣經國的掌控〔註7〕。國民黨不僅完成黨的內部改造，國家政權也在兩蔣的控制之下穩定下來。

經濟方面，台灣因韓戰的爆發再度獲得長達 15 年每年平均達 1 億美元的美援挹注，並在往後的二十年（1950～1969）間得以在美國自由貿易的光環下，因進口替代與出口導向等策略的成功，而成為新興工業國家（NICS, Newly Industrializing Countries）〔註8〕。此階段在美援的協助下，政府鑒於資本及技術不足、外匯短缺，但是勞力充沛，乃有計劃的推動經濟建設。從民國 42（1953）年起實施第一期四年經濟建設計劃，陸續完成第一次進口替代的工業化，奠下日後出口擴張的基礎。因此，從民國 38（1949）年底政府遷台至民國 43（1954）年底的四年間，可說是台灣由最險惡的浪濤過渡為穩定的政經局勢。本章即探討：值此兩岸隨時可能爆發熱戰的軍事對抗期間，關貿政策有何影響性的調整？

〔註5〕 李元平等，《台海大戰（下編）》（台北：風雲時代，1992），頁 101。

〔註6〕 張讚合，《兩岸關係變遷史》，頁 125。

〔註7〕 陳明通，《派系政治與台灣政治變遷》（台北：新自然主義股份有限公司，1995年 10 月），頁 102～122。

〔註8〕 王旭堂，〈先進國家與開發中國家經濟發展的互動關係〉，《台灣銀行季刊》42：4（民國 80 年 12 月），頁 1～33。

第一節　備戰與物資管制

誠如第三章所分析，民國 38（1949）年為台灣再度脫離中國大陸政經體制關鍵的一年，政府以戒嚴令建立起以台灣警備總司令部為制高點的港口管理體制，並整合金融外匯、貿易管制與高關稅等三合一的控制體系，以監管台灣國際貿易。同年（1949）底中央政府遷台後，除了軍事威脅外，一百五十餘萬的新移民，也成為台灣經貿的新課題。如何維持軍事上的戰備動員，並兼顧充裕物資、穩定物價，乃是此階段必須克服的問題。

一、軍方對經貿監控的強化

戰爭往往使得軍方的發言權大大提升，對於經貿層面的涉入不容忽視。台灣從陳儀時代開始，省署警察單位對於港口管理的干涉即已相當頻繁，兩岸局勢對峙一觸即發的狀態，使軍、警更有充分的理由對於經貿加以干涉。

（一）港口

民國 38（1949）年 5 月 10 日政府公布「動員戡亂時期臨時條款」，凍結憲法，以非常時期的措施達到動員戡亂的目的，其中第三條第四款：「無論出入境旅客均應遵照本部（按：台灣警備總司令部）辦理出入境手續並接受出入境之檢查」〔註9〕。同月 17 日，台灣省警備總司令部以是項規定發布「戒嚴期間台灣省港口船舶管理辦法」，將台灣分港口為國際港、省際港、省內港、遠洋及近海漁業港、沿岸漁業港、鹽業港等，全台港口分級納入控管，並且將航行省際以下之國內船舶，整編成水上保甲的聯保體系，從空間、人事與交通工具上達到全面性的監控。軍方並試圖依照「戒嚴時期加強控制航運旅客入境及檢討辦法」，要求軍憲警會同海關統一檢查基隆、高雄兩國際港的進出港船舶。5 月 20 日戒嚴令正式生效，軍警對港口的監管也就正式合法化。

民國 38（1949）年底過渡到 39（1950）年間，台灣的局勢相當混亂，不僅民間，軍隊走私的情形也相當嚴重。當時軍方走私現象，依據民國 39（1950）年 2 月間保安司令部督察處長陳仙洲之報告指出：「一由香港走私，係海軍與空軍包辦，海軍最多，空軍次之，陸軍亦有。其次由定海走私，大多為皮蛋及普通用品。第三由琉球島走私，均係本地人主持，上岸處為

〔註9〕薛月順、曾品滄、許瑞浩主編，《戰後台灣民主運動史料彙（一）──從戒嚴到解嚴》（台北：國史館，民國 89 年），頁 62。

台東〔註 10〕」。爲強化查緝走私，保安司令部希望能指揮海關，關務署長周德偉〔註 11〕則極力反對〔註 12〕。當時的保安司令部副司令彭孟緝誇口兩個月內肅清私貨〔註 13〕。爲此，6 月 2 日總統府顧問之政經小組會議討論走私問題，討論結果由保安司令部統一辦理，惟關於貨運檢查技術，由海關負責〔註 14〕。6 月 5 日行政院同意前東南航務委員會所制訂由交通部修正核報的「基隆高雄兩港船舶進出口手續及檢查辦法」，此辦法劃分檢查權責的情形是這樣（概述）：

（一）進港手續：

1. 輪船未到港 24 小時間前，由該輪船公司或代理行塡送申請書送港口司令部審查，獲准後才向港務局申請碼頭與倉庫。

2. 輪船駛抵外港時，由港務局信號台電話報告港口司令部轉知聯檢處及海關、檢疫所派員輪查驗。

（二）出港手續：

1. 輪船未出港前 24 小時內，由該輪船公司或代理行塡送出口報告單及相關文件向港務局申報出口，同時向檢疫所辦理檢疫手續。

2. 出口報告單及相關文件經港務局簽章後，在送港口司令部審核，並分送聯檢處及海關，同時向海關辦理結關手續。

3. 在輪船開航前，由該輪船公司或代理行報告港口司令部通知聯檢處及海關、檢疫所派員登輪查驗合格後始准出港。

4. 凡國籍民營輪船於出口前，應先向港口司令部具「保證回航切結」方得申請出港。

（三）檢查辦法：

1. 人事治安：普通旅客由聯檢處所屬港警檢查出入境證；軍人由聯檢處所屬憲兵檢查證件；外籍人士由外事警察檢查護照及出入境證；衛生檢驗由檢疫所派員辦理。

〔註 10〕傅正主編，《雷震全集》32 冊（台北：桂冠圖書，民國 78 年 5 月），頁 36「2月 9 日條」。

〔註 11〕周德偉原爲關務署副署長，民國 38 年 8 月 10 日接替原署長張福運爲署長。Inspector General's Circulars No.10 （Canton ,16th August, 1949）。

〔註 12〕傅正主編，《雷震全集》32 冊，頁 110～111「5 月 20、22 日條」。

〔註 13〕傅正主編，《雷震全集》32 冊，頁 116「5 月 29 日條」。

〔註 14〕傅正主編，《雷震全集》32 冊，頁 118「6 月 2 日條」。

2. 貨物及行李：由海關檢查，必要時聯檢處得協助海關檢查之。

3. 船員間及機器間等：由海關檢查之，必要時由港口司令部派員會同檢查之。

4. 軍差船：由港口司令部責成聯檢處派遣憲兵會同海關檢查之。

（四）檢查程序：

1. 一般船隻進口：進口船隻抵外港時，即由聯檢處監視小組登輪監視，並由港口司令部通知聯檢處檢查組、海關、檢疫所派員會同前往檢查。船停靠碼頭後，所有檢查人員應即離船，於該輪弔梯之碼頭上繼續施行旅客檢查。完畢後，檢查人員及監事人員除酌留港警一人外，其餘憲警即行離去（海關人員除外），如事實上需要加派憲兵監視，應由港口司令部命令行之，但所派監視憲兵，應在該輪弔梯碼頭監視，不得駐輪。

2. 一般船隻出口：檢查人員接到港口司令部通知後，即依指定時間（時間由港口司令部指定）蒞輪，並會同海關、檢疫所前往，各就業務做一檢查。

（五）檢查人員守則：

檢查時憲警查獲走私漏稅貨物交海關辦理，如海關查獲違禁品則交憲警辦理。〔註15〕

在此檢查辦法之下，港口司令部（即 1949 年前的要塞司令部）為港口安全與船舶檢查的最高指揮單位，以此為核心，指揮以港務局、海關、檢疫所與港警所組成的聯檢處（聯合檢驗處）作為實際的檢查作業，保安司令部進一步取得參與港口的檢查權。

聯檢處的性質與二次大戰期間國民政府軍事委員會為管制各水陸貨物，結合水警與海關所設立的水路交通統一檢查處是相同的，也與陳儀時期的聯合船舶檢查中心一致，只是軍警介入的情形更甚於前。在此之前，海關曾以「避免摩擦」反對港口聯合檢查，而實際作業上，陳儀時期海關與水警曾發生衝突。因此「基隆高雄兩港船舶進出口手續及檢查辦法」實施後同樣有問題。民國 39（1950）年 8 月間，台灣省參議員高順賢以「澎湖船舶抵高雄時該船旅客必須受憲警、港務人員檢查，方得登陸，常有遷延五六小時之久，而不為檢查，致使船舶無法靠岸，旅客叫苦連天」。因而提案：「請政府嚴飭

〔註15〕海關總稅務司署，Inspectorate　Despatch　No.150（關務署代電，台關政字第346 號，民國 39 年 6 月 19 日），收於總稅務司署訓令檔 38、6-～39、6 卷。

港務人員對於入港船舶旅客迅速檢查，以利行李」〔註 16〕。然軍警對於港口的監管更勝於前。

不僅如此，對於海關及港務局公務船隻出入港口，保安司令部也絲毫不放過。民國 41（1952）年 4 月間交通部邀集國防、財政會商決議：

> 海關及港務局船隻，因本身負有任務且不載客裝貨，照過去規定，
> 進出港口可免受治安檢查，尤以海關緝私艦艇，原屬機動性質，似
> 可仍予免受檢查。惟為防止匪諜活動起見，今後該項公務船隻於進
> 出口時，應與當地聯檢處密切聯繫。〔註17〕

無限上綱匪諜滲透的問題，乃是軍方介入各個層面的理由。事實上，台北關與台南關之巡緝艦艇出海巡邏，就常有被各地防軍誤會射擊情事發生〔註18〕。後來，保安司令部訂定「海關及港務局公務船隻進出港與聯檢處聯繫辦法」，除海關出港檢查進出口船舶之汽艇，及港務局挖泥船、領港船隻進出港作業可免辦一切手續外，包括海關燈塔補給船、緝私艦及港務局有關船隻，開航出港前均應以書面通知聯檢處，申請核發識別信號，回航時應將上項信號繳銷（第一條），海關艦艇在海外緝獲走私人犯、或搭載其他軍公機關人員貨物品時，均應向聯檢處報備（第三、四條）〔註 19〕。這樣的作法曾一度延誤海關緝私艦艇的緝私任務，如民國 41（1952）年 2 月 9 日，台南關巡緝組監察長張鐘聲（*Chang Chung Shing*，1905-）〔註 20〕接獲台南支關密報，有漁船將於是晚由香港走私抵灣裡附近海面卸私貨，請派巡緝艇出海查緝，未料聯檢處以申請信號未便發照，以致無法出港〔註 21〕。可見全台各港口，尤其國際通商口岸的船舶進出，保安司令部握有最高的監視權。

〔註 16〕 海關總稅務司署訓令，第 193 號（民國 39 年 8 月 25 日）。

〔註 17〕 海關總稅務司署訓令，第 643 號（民國 41 年 4 月 30 日）。

〔註 18〕 海關總稅務司署訓令，第 633 號（民國 41 年 4 月 17 日）。

〔註 19〕 海關總稅務司署訓令，第 1040 號（民國 43 年 2 月 11 日），附件。

〔註 20〕 張鐘聲，江蘇宜興縣人。祖父張硯芝，於太平軍入江蘇時為其擄獲，太平軍見其文筆不俗，乃重用之，後為鎮江司令。父親張筠如為周家華的同窗好友，民國 23～26（1934～1937）年間，受周氏提拔為航政局長，待日軍入上海，才棄官從商，後因飲酒過渡，得肝癌而逝。張先生就學南洋大學（後改為交通大學）管理系，民國 15（1926）年 7 月進入海關，二次大戰結束後調任江海關升任一等副監察長，民國 52（1963）年以總監查長（外班最高階官員）一職退休。李文環〈張鐘聲先生訪問記錄〉（87 年 3 月 29 日），未刊稿。海關總稅務司署人事科編，《海關職員題名錄》，頁 90。

〔註 21〕 台南關稅務司公署呈，台南字第 899 號（民國 41 年 4 月 11 日），附件「台南關稅務司公署代電，元字第 1739 號」

　　港口之外的水域乃是國際邊境地帶，軍方當然負起衛護邊境安全的義務。除了保護邊境的軍事責任外，早在民國 40（1951）年 3 月以前，政府制訂「截斷匪區海上交通辦法」，由海軍總司令部統一指揮執行、空軍總司令部協助（第三條），凡二十噸以上之船舶及不足二十噸之船舶（包括機帆船、漁船、帆船），應分別由航政機關及地方治安機關，將登記事項通知當地海軍最高機關（第四條）。船舶不論自中國（按：台灣）或外國港口啓航概不得駛往匪區，不得潛運物資進入銜接匪區之港灣，亦不得搭載無身份之船客（第五條），所有船舶在航行中國（按：台灣），應服從海軍艦艇之檢查（第六條）。並訂定「截獲物資獎金給獎標準」，獎勵軍方積極攔截前往大陸的船隻〔註 22〕。民國 42（1953）年 11 月訂定「管制外籍船舶資匪航運臨時辦法」，授予海軍有效制止外國籍船舶企圖駛入業經政府宣告關閉之領水與港口〔註 23〕。海軍於民國 38（1949）年 6 月至 39（1950）年 7 月底截獲船隻達 119 艘，物資共約一萬一千噸〔註 24〕；民國 40（1951）年度海上及海軍截獲物資計有大金山輪、豐民輪及廣盛輪等三輪船，記帳關稅稅款高達新台幣 1,169,553.15 元〔註 25〕；民國 43（1954）年度截獲物資共計波拉沙輪、陶甫斯輪、馬利魯輪、漢瑞傑森輪、華安輪等〔註 26〕，其中的實情已很難考察。可見在過渡時期，軍事安全與經濟物資的流通監管，已經完全無法分工，在軍事安全第一的訴求下，軍方主導監控國際邊境的物資流動。

（二）機場

　　軍方不僅介入港口與郵包檢查，機場也是另一個重點。民國 40（1951）年 1 月台灣省保安司令部向行政院反映，對於經由機場進出境內貨物，擬准援基高兩港船舶進出口手續及檢查辦法，要對於機場旅客行李及貨物有檢查之權責。經會商結果訂定原則如下：

　　1. 飛機乘客行李由海關檢查，如聯檢處組認爲有必要時，得會同海
　　　　關檢查之。惟聯檢處組應以檢查有關治安及防諜之事項爲主，對
　　　　於有關貨物漏稅等事項，應由海關處理，其他機關不得干預。

〔註22〕海關總稅務司署訓令，第 680 號（民國 41 年 6 月 15 日），附件「修正截斷匪
　　　　區海上交通辦法」。
〔註23〕海關總稅務司署訓令，第 983 號（民國 42 年 11 月 19 日），附件「管制外籍
　　　　船舶資匪航運臨時辦法」。
〔註24〕海關總稅務司署訓令，第 480 號（民國 40 年 9 月 7 日），附件。
〔註25〕海關總稅務司署訓令，第 933 號（民國 42 年 8 月 31 日）。
〔註26〕海關總稅務司署訓令，第 1419 號（民國 44 年 8 月 21 日）。

2. 飛機運輸進出口貨物、飛機所載進出口貨物，因存於航空公司倉庫不能在機場檢查，其檢查事項由海關在倉庫辦理，如聯檢處組認爲有必要時，應協同海關駐倉庫人員實施臨時檢視（以海關爲主），俟檢視完畢，分別予以放行。〔註27〕

從港口到機場，保安司令部介入的企圖相當明顯。同年（1951）10 月行政院核定「台灣省保安司令部組織規程」，保安司令部隸屬行政院受國防部之指揮監督（第二條），規程第一條規定：

動員戡亂期間，爲確保台灣省之治安、加強肅奸防諜、協助緝私檢查管制物資、交通暨執行非軍人身分之戒嚴業務，特設立台灣省保安司令部，依狀況得設保安分區暨傑協助緝私檢查管制等機構。〔註28〕

這條規定明文賦予軍方以「協助」緝私檢查管制物資的法律依據。保安司令部下設司令一員由省主席兼任，並設副司令二員、政治部、辦公室、保安處、督察處、軍法處、電信監察所、總務處等，其中督察處掌理協助緝私港口（機場）之檢查，暨交通通信物資進出入境等管制事宜（第六條第四款）。第八條更規定：「指揮全省警務暨配屬憲兵部隊」〔註29〕。

政府以戒嚴令讓軍隊介入港口與機場的管理，此乃自抗戰以來既有的一貫性。至此，雖然海關仍對進出口貨物擁有查驗權，但在保安司令部的監視之下，憲警隨時得以介入對進出口貨物的檢查。軍警勢力對貿易的管制甚深，其干涉經濟的情形更甚於日治時期的經濟警察。從歷史發展來看，海關可說完全退出港口的管理，朝進出口貨物之管理與關稅課徵之專業化轉向。因此連軍方的軍用差輪，包括軍用運輸船在內，均應依照海關規章於到達或駛離口岸時，向當地海關辦理報關手續，並須接受關員檢查〔註30〕。這樣的轉變，提供後來政府修訂「關稅法」將關稅徵收權明確訂爲「關稅依海關進口稅則由海關從價徵收（第三條）」；「海關緝私條例」第一條：「私運貨物進出口之查緝，由海關依本條例之規定爲之」〔註31〕，以法律明確將海關定位爲：「課徵關稅與查緝走私機構」的歷史背景。

〔註27〕 海關總稅務司署訓令，第 325 號（民國 40 年 1 月 30 日）。

〔註28〕 海關總稅務司署訓令，第 541 號（民國 40 年 12 月 2 日）。

〔註29〕 海關總稅務司署訓令，第 541 號（民國 40 年 12 月 2 日）。

〔註30〕 台北關稅務司公署佈告，第 12 號（民國 35 年 2 月 21 日）。

〔註31〕 財政部稅制委員會編印，《關稅、海關緝私法令彙編》（台北：財政部稅制委員會，民國 81 年 8 月），頁 315；財政部關稅總局編印，《關稅法及其施行細則歷次修正條文對照表》（台北：財政部關稅總局，民國 81 年 9 月），頁 3。

　　以保安司令部爲核心的港口戒嚴管制體制，後來不僅全面擴大適用於全台各港口，民國 40（1951）年 8 月訂定「台灣省保安司令部執行金融經濟措施實施辦法」，更賦予保安司令部執行金融、經濟之監督權。全省設一指導組，由保安司令部副司令擔任組長，參謀長擔任副組長，分別由省財政廳長、建設廳長、台灣銀行董事長、台北市長、憲兵司令部、警務處刑警總隊、保安督察軍法處、電信監察所、政治部主管，擔任委員。執行小組除台北市由保安司令部督察處處長負責外，其餘各地區均由各縣市政府警察負責辦理，並由各區憲兵隊及保安司令部諜報組與電信人員等協助之。其工作分配如下：

1. 監視市場（包括大商號銀樓業負責人）：由警務處負責。
2. 監聽電訊：電監所及密檢所負責。
3. 偵查取締：保安司令部主辦。
4. 情報蒐集：保密局、調查局、保安處及所有情報單位負責。
5. 宣傳：保安司令部政治部負責。
6. 發動民眾協助：保安司令部政治部及台灣省警務處負責。
7. 出入境查緝：保安司令部各聯檢處、組負責。已設海關之地區，
　　仍適用「基高兩港船舶進出口手續及檢查辦法」之規定。〔註32〕

民國 39（1950）年間保安司令部保安處警衛大隊，在台北市延平北路一段 118 號，查獲潘水泉家中抄獲未稅洋煙一批計 1,190 聽又 10,000、（單貓牌、毛力斯牌、駱駝牌、茄力克牌）〔註33〕。同年 1 月楊宇中向楊姓購得走私漏稅洋煙黑貓牌 1,601 聽（tin）又 1,500 包，於車中運回中崙飛機場口大路被台北市警察局刑警隊查獲〔註34〕。諸如此類案件應該相當多。

　　台灣省保安司令部對經貿的監控是全面性的，甚至對於軍方補給外島或島內轉口的軍需用品，以及都會地區的市場買賣的監視。對於軍方補給外島與島內轉口軍需用品，民國 40（1951）年 1 月制訂「台灣區軍需物資出口管制辦法」加以限制〔註35〕，同年（1951）6 月修改爲「台灣區軍用物品出入境管理辦法」，7 月 1 日正式施行，其第三條規定：

　　海空軍暨聯勤總部對第二條一、二款（按：純軍用品與規定補給品）
　　物品之運出，係按規定運補各外島駐軍者，由台灣省保安司令部港

〔註32〕海關總稅務司署訓令，第 462 號（民國 40 年 8 月 8 日），附件。
〔註33〕行政法院判決書，判字第 14 號（民國 39 年 12 月 21 日）。
〔註34〕行政法院判決書，判字第 13 號（民國 39 年 11 月 6 日）。
〔註35〕海關總稅務司署訓令，第 348 號（民國 40 年 3 月 17 日），附件。

口聯合檢驗處，負責查驗，並由海關協助聯勤總部運輸司令部檢察
官監督實施。〔註36〕

第十條規定：

非軍事單位運出（入）第二條純軍用品，應由台灣省保安司令部港
口聯合檢查處，負責查驗，並由海關協助聯勤總部運輸司令部檢察
官監督實施。〔註37〕

除了以保安司令部監視海空軍的軍需品補給出口外，第十二條也規定軍方在
島內的軍品轉口，如由島內甲港運至乙港之轉口，運輸出境的檢查方式比照
前述第三條之規定。

圖 4-1：民國 40（1951）年後台灣保安司令部之經濟監控組織

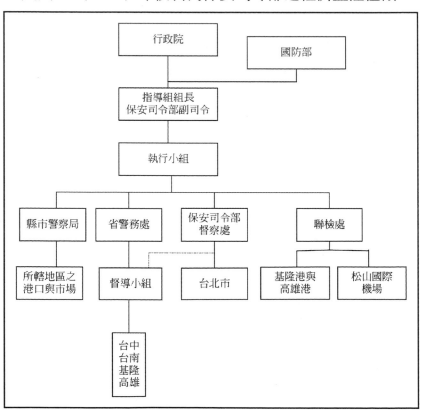

資料來源：依據海關總稅務司署訓令，第 541 號（民國 40 年 12 月 5 日），
附件「台灣省保安司令部組織規程」之規定自行繪製。

〔註36〕海關總稅務司署訓令第 497 號（民國 40 年 10 月 6 日），附件。
〔註37〕海關總稅務司署訓令第 497 號（民國 40 年 10 月 6 日），附件。

總之，無論基隆港、高雄港或是松山國際機場，檢查權責雖分別執行，但由台灣省保安司令部爲檢查召集人〔註38〕，且透過全台港口與內部市場的監控，政府以保安司令部爲核心，結合軍、警兩大體系完成在台全面性的經濟、物資監控，其監控組織架構如圖4-1所示。在此嚴密的經濟監控組織下，圍堵高關稅、高管制所導致的走私問題，再結合外匯流通的監管，以達到物資、外匯流通的雙重管制。

二、金融、物資管制與出口管制之強化

第三章曾提到出口貿易管制政策方面，中央重視糧食、紡織品、食用油之管制，省府則擴大到金屬品、菸酒、肥料、煤、木炭、樟腦等台灣專賣或特別需求的物品。民國38（1949）年6月20日，台灣省政府發布「台灣省進出口貿易及匯兌金銀管理辦法」，除對於進出口貿易的外匯管制外，更嚴格管制台灣境內人民將持有之黃金、白銀及外幣攜帶出境，出境每人攜帶飾金總量以不超過2市兩爲限，銀飾總量以不超過20市兩爲限，外國幣券總值以不超過美金200元爲限，超過部分予以沒收（第十九條）〔註39〕。民國40（1951）年4月，行政院以「黃金、外幣之黑市買賣軼出常軌」爲由，再次重申金融管制措施五點：

1. 人民所有之外幣應准其繼續持有，但不得自由買賣。其需兌換新台幣使用者，應持向台灣銀行或指定之銀行按當日市場外匯結匯證價格兌換。

2. 人民所有之黃金應准其繼續持有，但黃金條塊，不得自由買賣。其需兌換新台幣使用者，應持向台灣銀行或指定之銀行參照遠東各地市場價格及外匯結匯證價格折兌之。

3. 銀樓金號得購入礦金、砂金製造金飾，並得爲金飾之交易買賣，但應負責逐筆記載其重量、成色、價格及交易人之姓名、住址以備查考。

4. 旅客出境每人攜帶黃金條塊及飾物之總量，以不超過2市兩爲限，外國幣券總值以不超過美金200元爲限。

5. 台灣銀行應即建立外匯、結匯證市場，以便利進出口業務，並得

〔註38〕海關總稅務司署訓令，第1139號（民國43年6月24日）。
〔註39〕台南關稅務司公署訓令，政字第640號（民國38年6月22日），附件。

委託商業銀行代理買賣外匯、結匯證。〔註40〕

同時對於違反上項規定者，處以沒入、撤銷營業執照之處分，並授權由台灣省政府及保安司令部切實執行〔註41〕。但是個人夾帶或漁船走私黃金出境的案例還是發生，如民國40（1951）年1月18日漁船「瑞滿號」向台南關台南支關申報載冰往馬公捕魚，經關員上船抄檢，卻在船長、船員身上，船長駕駛室窗戶夾層中及油櫃底夾層中，抄出金條18條、金手鐲5個、金鍊4條、金戒指19隻、金耳環1付、碎金塊10塊、金飾2片，均匿藏未申報，且未帶有捕魚工具，而備用食米370公斤、炭140公斤、燃油8桶，台南關均認為超過普通捕魚用量。因此台南關認為：

> 顯係藉捕魚為掩飾，以遂其私運黃金出口之企圖，依照「台灣省進出口貿易及匯兌金銀管理辦法」第十八條，及「海關緝私條例」第十四條、二十一條之規定，將船貨悉予沒收。〔註42〕

不過「瑞滿號」船主方固爵乃澎湖縣民，遂以「瑞滿號」船長、船員所夾帶金銀條、塊、片，乃為「境內」遷移而非走私「境外」為由提起再訴願，後經關務署裁示：

> 「台灣省進出口貿易及匯兌金銀管理辦法」第十八條原規定本省境內人民所有金銀外幣准許持有，但除照第十九條之規定外，不得攜帶出境。本案具請求書人俱屬澎湖縣民，澎湖又在本省境界以內，以澎湖縣民攜帶金塊、金飾由台南返回本籍原屬情理之常，且亦法之所許，究為得謂為違反上項規定。台南關援引上項條文，所為沒收處分，未盡恰當，所又被扣黃金應予發還。至於本案瑞滿號漁船向關申報出海捕魚，惟未帶有漁具且擅載搭客，並攜帶超額糧食及燃料顯係違反「修正海關管理航海民船航運章程」第十三條所載：「漁船不得經營貿易，違者即將船貨充公」之規定。原應照章將船貨悉予沒收，惟念漁民無知且案屬初犯，姑與從寬議處，科罰該漁船船長新台幣陸仟元，以示懲懲。〔註43〕

〔註40〕海關總稅務司署通令，台字第49號（民國40年4月19日）。
〔註41〕海關總稅務司署通令，台字第49號（民國40年4月19日）。
〔註42〕海關總稅務司署訓令，第457號（民國40年8月6日），附件「財政部關務署決定書（關評台40字第11號）」。
〔註43〕海關總稅務司署訓令，第457號（民國40年8月6日），附件「財政部關務署決定書（關評台40字第11號）」。

由船貨沒入改判科罰 6,000 元，方固爵仍不服，乃向行政法院提起行政訴訟。
行政法院判決：將原決定關於罰金部分撤銷結案〔註 44〕。以常理推論，一般
漁民豈會輕易攜帶高達 18 條以上金條遊走外島，因此這個案例極可能是漁船
船員走私金、銀條塊至香港或琉球，換取菸酒、紡織品等走私進口的走私案
件，有關此類漁船走私問題會於第六章進一步探討。只是這個案件牽引出台
澎「境內」金、銀流動的特殊問題。為了解決類似澎湖離島境內金銀流動的
問題，政府於民國 41（1952）年 7 月間，進一步將此原本適用於「出境」旅
客的金銀管制辦法，擴大限制規範由台灣本島前往澎湖、金門、馬祖、大陳、
白犬等外島的國內性人民流動身上，並進一步限定該類人民流動攜帶銀元以
100 元、銀飾以 20 市兩為限，所有超過部分一律沒入；如有必須攜帶超額黃
金外幣前往離島者，應提出確切證明向財政部申請核准許可〔註 45〕。民國 44
（1955）年 3 月 6 日訂定「旅客出入國境攜帶金銀外幣及新台幣限制辦法」，
對於旅客攜帶金銀飾、外幣維持原有的規定外，進一步限制旅客一概不准攜
帶金銀塊類、銀元出境，同時限制攜帶新台幣入境額度，僅限每人 500 以內，
超過 500 元需向財政部申請許可證〔註 46〕。至此，完全限制個人攜帶金、銀、
外幣離開台灣本島的自由。民國 47（1958）年 4 月，行政院仍通令各單位前
述之有關金融措施，嚴禁金銀、外匯自由買賣〔註 47〕，同年 7 月再度修正「旅
客出入國境攜帶金銀外幣及新台幣限制辦法」，要求來台旅客攜帶金、銀、外
幣入境時，應填載台灣銀行製發之登記卡（第七條），加以管理〔註 48〕。政府
對於金融管制政策之嚴峻，可見一斑。

在此金融管制措施上，政府面對台灣內部民生需求大幅上升，如何避免
民生物資外流的當務之急，也採取嚴格的節約措施與限制出口的經貿政策。

（一）強化出口管制

同樣以省政府所發布「台灣省進出口貿易及匯兌金銀管理辦法」為法律
依據，民國 38（1949）年 9 月 19 日發布「台灣省進出口貨品分類附表」，增
列禁止出口方面共 69 項商品，主要包括五穀雜糧及其製品、食用油及榨油原
料、建築木材、棉花、麻袋、礦砂、金銀、古物、古書、政府檔案等，並延

〔註 44〕 海關總稅務司署訓令，第 527 號（民國 40 年 11 月 15 日）。
〔註 45〕 海關總稅務司署訓令，第 690 號（民國 41 年 7 月 8 日）。
〔註 46〕 海關總稅務司署通令，台字第 130 號（民國 44 年 3 月 3 日）。
〔註 47〕 海關總稅務司署通令，台字第 188 號（民國 47 年 4 月 16 日）。
〔註 48〕 海關總稅務司署通令，台字第 198 號（民國 47 年 7 月 8 日）。

續擴大管制第五類（金屬機器）、第六類（食品飲料）、木材與製品（第十二類）等商品之出口限制達 71 項。整體而言，出口貿易政策方面，政府禁止糧食、食用油、建材、金銀出口，限制金屬機器、食品與建材出口，很明顯均與民生的食、住與軍事用途有直接關係，至於衣著類商品，主要管制棉紗與麻原料出口、禁止棉花、棉胎與新舊麻袋出口，也是相當嚴格，以致食衣住三大類商品及其生產原料均大幅爲政府限制出口。

政府遷台後兩岸局勢更爲緊張，台灣物資更爲吃緊，物資出口管制也就更爲嚴屬。首先是礦砂，經東南軍政長官公署核明於軍事上具有重大作用，應予禁止外運〔註49〕。民國 39（1950）年 11 月台灣省政府以：

> 本省石油儲藏、生產俱少，向賴遠洋輸入製煉，自應珍惜善加利用。過去因京滬內地仰給本省供應，未便遽予限制。茲據保安司令部電告，送經發現不肖之徒，藉運銷定海爲名，實則暗地流入匪區，爲維持軍民正當使用，杜絕資匪流弊起見，實有嚴加管制之必要。自即日起，石油類油料及丙酮、丁醇，應一律禁止外運。省內外公私機構，如有特殊需要，必須運出者，應檢具證件、申明理由，備文由建設廳統籌審核，呈轉本府給證，特許放行〔註50〕。

禁止外運的油品，包括原油、汽油、火油、煤油、輕重柴油、丁醇、丙酮，以及各種潤滑油（引擎油、馬達遊、汽缸油、變壓器油、齒輪油、各種黃車油、冷凍機油、壓縮機油、車軸油、汽車用機油、船艦用機油、柴油機機油、煞車由、各種不定名之混合機油）〔註51〕。礦砂與油品均有高度的軍事用途，禁止出口可輕易理解。後來政府進一步擴大出口管制商品，若依照後來（民國 47 年間）陸續改列爲准許出口的商品來看，約有 303 項計 28% 的商品被列爲管制出口的商品（詳情參閱附錄三），其中以第五類金屬及機械類商品數量最多，共 99 項占該類商品之 49%；而比列最高者爲第十五類有關建築材料共 14 項商品管制出口，占該類之 73%；其次爲第十二類有關木及木材製品共 38 項商品管制出口，占該類之 57%；而麻紡、毛紡、絲織品等也有高達 25%～37% 的商品被列爲管制出口；化學、油蠟、製紙亦有 20%～27% 的商品被管制出口；第六類食品飲料類也有 37 項商品管制出口。可見出口管制乃延續前

〔註49〕 台南關稅務司公署訓令，政字第 739 號（民國 39 年 5 月 24 日）。
〔註50〕 台南關稅務司公署訓令，政字第 709 號（民國 39 年 11 月 14 日）。
〔註51〕 台南關稅務司公署訓令，政字第 709 號（民國 39 年 11 月 14 日），附表。

階段之範圍，擴大包括對食、衣、住三大類商品，以及生產財、軍事用品等
管制。不僅如此，同年（1950）12 月，財政部電令台北關與台南關：

> 到台物資非經呈准，不得轉口。〔註52〕

亦即進口商品非經相關政府單位核准，不得運出台灣省境，甚至由台灣各港口
運往馬祖、金門等各島嶼，仍應予管制〔註53〕。這樣的管制規定，顯然已超出
軍事用品的理解範圍。隔年（1951）1 月 20 日，經濟部會同財政部、台灣省政
府、生管會等機關代表會商出口及再出口物資管制事宜，會中達成四項原則：

> 一、出口物資擬採用分期逐步加強管制辦法，編列管制出口物資品
> 　　名總表（由台灣省建設廳草擬）分批公佈。
>
> 二、出口物資除純粹軍用品部分依照國防部所訂辦法辦理外，其餘
> 　　由經濟部督同台灣省建設廳統一核發出口證明書。
>
> 三、由財政部通令各海關所有國外物資進口後，非經呈准不得轉口。
>
> 四、保稅倉庫辦法繼續實行，但倉庫內所存物資應訊予清理處置，
> 　　其符合軍用或民生需要者，可從寬准許進口，由台灣區生產事
> 　　業管理委員會審議辦理〔註54〕。

從這四項原則來看，政府是全面性涵蓋軍事與產經政策的考量，由國防部（軍
用品）及台灣省政府逐步、分批公布出口商品管制清冊，出口商品必須取得
台灣省政府建設廳的「出口證明書」方得出口，而進口商品不得任意轉口。

　　至於軍需物資之補給、轉運方面，國防部則於民國 40（1951）年 1 月 1
日實施「台灣區軍需物資出口管制辦法」、「由金門、澎湖、馬祖、大陳等地
區駐軍運台物資管制辦法」，其主要規定如下：

> 一、規定補給駐防金門、澎湖、馬祖各部隊者，由海空軍暨聯勤總
> 　　部填發軍品出口許可書，若非正常補給物資，須請求輸出者，
> 　　須呈報國防部核定核發出口許可證，否則不准出口。
>
> 二、台灣本島各港口由甲港轉運至乙港之轉口物資，亦分由海空軍
> 　　聯勤總部填發許可證。
>
> 三、游擊部隊出口物資一律須報由國防部核准發給出口許可證，否
> 　　則不准出口。

〔註52〕海關總稅務司署訓令，第 348 號（民國 40 年 3 月 17 日）。
〔註53〕海關總稅務司署訓令，第 348 號（民國 40 年 3 月 17 日）。
〔註54〕海關總稅務司署訓令，第 348 號（民國 40 年 3 月 17 日），附件。

四、包括武器彈藥、航空器材、被服袋具及主副食品、通訊器材、
航海器材、各種樹脂、工程器材、醫藥器材、汽車及運輸器材、
五金電器材料、重要工業化學原料及半成品等，非取得出口許
可證不得出口

五、凡出口轉口物資，均由保安司令部查驗放行，並於每月終彙報
本部（國防部）備查〔註 55〕。

亦即所有補給駐防金門、澎湖、馬祖各部隊之出口物資，甚至連游擊隊離台
時，或島內轉口等軍用物資，除報請海空軍暨聯勤總部或國防部許可外，均
應報關查驗核對軍品出口許可證，或主動通知聯檢處派員監裝，否則一經查
獲，除沒入其貨品外，並懲戒其主官及有關人員〔註 56〕。「台灣區軍需物資
出口管制辦法」於同年（1951）6 月修改爲「台灣區軍用物品出入境管理辦
法」，7 月 1 日正式施行，如前述除強化保安司令部對軍需物資監控的權限外
（第三條），並授權保安司令部邀請聯勤總部會商有關軍品出入境查驗細部
辦法〔註 57〕，其餘有關補給外島出口與島內轉口物資申請與許可規定則沒有
調整。

後來甚至限制補給前線的總量，如國防部對於金門、大陳島、馬祖各區，
訂有年度軍民月需物資，由聯勤總部按月指定便船分批搭運，每月以金門 500
噸、大陳 220 噸、馬祖 125 噸爲限〔註 58〕。民國 43（1954）年 11 月並制訂「福
建省金門區物資管制暫行辦法」，嚴格限制糧食及副食品出口運往國外（第六
條），並將米、麵、豆類、油類、食鹽、糖、布匹、酒、罐頭食品、煙、燃煤、
紙等列爲管制品，由統一採購、配售（第四條第一款）〔註 59〕。總之，軍需
物資出口或轉口，必須取得國防部或海空軍聯勤總部的許可證，更重要的是，
出口、轉口物資均由保安司令部查驗放行，此與一般進口商品查驗由港口聯
檢處不同。因此，回歸到整體經濟監控組織，對於出口物資、商品的監控，
無論公民營機構或事業機構，甚至軍方所需物資，其出口、轉口均受到台灣
保安總司令部的監控。

〔註 55〕 海關總稅務司署訓令，第 348 號（民國 40 年 3 月 17 日），附件。
〔註 56〕 有關游擊部隊之規定參閱海關總稅務司署訓令第 446 號（民國 40 年 7 月 26
日），附件「限制游擊部隊在台活動與限制出入境辦法」第八條、第十四條。
〔註 57〕 海關總稅務司署訓令，第 497 號（民國 40 年 10 月 6 日），附件「國防部代電」。
〔註 58〕 海關總稅務司署訓令，第 826 號（民國 42 年 3 月 9 日）。
〔註 59〕 海關總稅務司署訓令，第 1246 號（民國 43 年 11 月○日）。

　　如此對於出口物資實施嚴厲的管制措施，一則在於充實台灣內部物資、穩定物價，二則避免物資流入大陸資應「共匪」。為徹底中斷台灣與大陸的貿易流通，前述「截斷匪區海上交通辦法」就嚴格禁止兩岸任何航運。至民國42（1953）年5月間，美國安全總署要求承運美援物資船隻於卸貨後60天內，不准駛赴共區之決定。政府為配合此項措施，乃於5月15日發布「來台外籍船舶進駛鐵幕地區管制辦法」，規定自是日起，凡裝運物資來台或承運物資出口之外籍船隻，在台灣港口裝卸貨物後60日內，不得駛往「鐵幕〔註60〕」之任何港口，及任何地區，包括共匪所佔據之港口與地區，如有違反者，以後該輪永遠不准再行駛入台灣之任何港口〔註61〕。如此嚴厲的出口管制措施，可說是延續並擴大自陳儀主政時代以來貿易政策。

（二）崇節約、減消費──消費管制

　　在嚴格管制物資出口的同時，行政院下令所有機關，經費應盡量緊縮，以求財政收支的平衡〔註62〕，民國40（1951）年4月11日行政院對財政部訓令：「查戰時生活首崇節約，外匯使用必求合理，進口物資應以民生日用必需品及重要原料機器為首要。對於奢侈品應禁止其買賣，並杜絕其來源，逐步建立戰時經濟體制。」並下達下列六項原則：

1. 對於黃金、外幣出口之走私，或出口逃避結匯之走私，或禁止進口及暫停進口物品之走私，均應加強查緝，並依法嚴懲。
2. 奢侈品由台灣省政府列舉品名，先期公告禁止在市場銷售，其商店已有之存貨，應限期申報登記，並准於奢侈品品名表公告後一個月內出售，逾期一律交由第四項所規定之特許商店代售或運國外銷售，違反此項規定者，除沒入其奢侈品外，並視情節輕重撤銷其公司行號之登記，並依法懲處其經理人。
3. 海關或軍警機關因案緝獲充公之奢侈品，應交第四項所規定之特許商店代售，或運往國外銷售，不准就地拍賣。
4. 為供應外籍人士及國際旅客之需要，由台灣省物資調節委員會，或台灣省菸酒公賣局設特許商店，限量配售一部分奢侈品，但應先以外幣

〔註60〕係指蘇聯、北韓、羅馬尼亞、保加利亞、阿爾巴尼亞、波蘭、東德、愛沙尼亞、拉脫維亞、立陶宛、與中共等。
〔註61〕海關總稅務司署訓令，第866號（民國42年5月19日）。
〔註62〕海關總稅務司署訓令，第472號（民國40年8月28日）。

向台灣銀行換取特種購貨憑證憑以購買，其未使用之憑證，並得由原
購證人親自向台灣銀行換回原幣，進口菸酒同樣辦理。

5. 郵政寄遞包裹物品出入國境，除其貨品為確無交易價值之樣品或經證
明確屬自用之物品，或國際慣例之餽贈而其價值與數量不超過規定者
外，應一律辦理簽證或結匯手續，否則禁止進口出口，退回其包裹，
惟屬於禁止出口、禁止進口、暫停進口各類之物品，一律禁止寄遞。

6. 對於台灣省所缺乏之各項民生日用必需貨品及重要原料之進口，除由
政府向國外採購供應外，仍由台灣銀行依照現行外匯匯率結匯，但進
口廠商應依照此項匯率加合理利潤計算貨品或成品之售價不得任意高
抬，違者視情節輕重，撤銷其公司行號之登記，並依法懲處其經理人
〔註63〕。

這六項原則的重點，在於如何規範旅客行李、國際郵包與節制奢侈品的
使用，以降低黃金、外匯的流出。同年（1951）10 月，台灣省政府公告奢侈
品品名，計分七類：

1. 化妝品類：由國外輸入之化妝品，包括香水（包括國外輸入之花露水）、
粉盒、梳妝盒、修指甲用全副器具及零件、指甲油。

2. 衣著類：尼龍絲襪、絲襪（包括人造絲製）。本省織造之人造絲襪，准
予銷售。

3. 洋酒及飲料品：各種洋酒及由國外輸入之飲料。

4. 洋煙及煙具類：由國外輸入之紙煙、雪茄、煙盒、煙斗、煙包、打火
機。

5. 裝飾品類：外產之鑽石、珍珠、寶石及製成之首飾及裝飾品。

6. 糖食類：國外輸入之巧克力、可可、咖啡及糖食餅乾。

7. 賭具類：撲克牌、麻將牌、骨牌、骰子。〔註64〕

至於旅客行李與國際郵包方面，早在民國 37（1948）年 10 月，財政部即
訂定「入境旅客行李及家庭用品輸入辦法」以規範入境旅客所能攜帶之行李
與家用品，其規定如下：

1. 旅客每人得攜帶應納關稅部分之行李及家庭用品，其總值為美金
500 元，由港澳來者為港幣 500 元，但以成年人為限。

〔註63〕 海關總稅務司署訓令，第 375 號（民國 40 年 3 月 16 日）。
〔註64〕 海關總稅務司署訓令，第 496 號（民國 40 年 10 月 5 日）。

2. 禁止進口之貨品，如係旅客本人之舊有用品及非賣品且爲及時需
用者，則准予隨同旅客報運進口。〔註65〕

是項辦法不僅金額頗大且對於郵寄包裹未有明確規定，利用旅客身份進行走
私也就在所難免。民國38（1949）年12月23日，旅客張目寒由香港乘盛京
輪來台，攜帶大量物品包括人造絲領帶108條（係屬禁止進口物品）、照相機、
三腳架（係屬暫停進口物品）等，後爲台北關沒收〔註66〕。爲此，民國39（1950）
年9月14日海關總署通令：

旅客行李應稅行李及家庭用品之總值，由港澳及其他國外各地來
台，每人均以美金500元爲限；由國外寄遞入境郵包，每件所含禁
進物品，或暫停進口物品在美金25元以下，如經申明確係個人或家
庭用品，准予核明納稅驗放〔註67〕。

其中由國外郵寄允許美金25元以下之禁止與暫停進口的物品，25美元金額不
大，只是允許禁止類與暫停類物品，這樣的規定問題頗大。同年11月6日，
台灣省保安司令部函文台北關即指出：

該部派員在台北郵局查獲林循蕙等人，爲取巧圖利，與香港劉牛明
合夥，利用許多住址不符之眞假姓名，分別以郵包郵寄呢絨、毛線、
味精等物，共一百多件。因而懷疑由香港以郵包郵寄走私入境，有
將禁止進口貨物化整爲零走私進口的跡象〔註68〕。

郵包數量多而雜，開放小量管制物品郵寄家用本爲美意，只是易成爲私梟
化整爲零的走私方式。爲此，台北關稅務司張申福旋即向總稅務司報告指
出：「郵包進口放寬尺度實施後，郵包進口數目相形激增，約計基隆、台北
兩地每月進口之郵包數目共約15,000包之鉅；然查驗人員方面，派駐基隆、
台北兩支局人員爲8人，駐民航機場4人、總關（在基隆港）18人；然年度
稅收以民國39（1950）年10月份而言，總關稅收新台幣一千四百萬餘元、
駐民航局機場支所爲一百萬餘元、而兩郵局支所才90萬元〔註69〕」。張申福
從人員的分配與稅收的差距來看，認爲郵包進口放寬尺度導致業務繁困，若

〔註65〕海關總稅務司署通令，第7372號（民國37年9月9日）。
〔註66〕台北關稅務司公署呈文，北字第742號（民國39年5月1日）。
〔註67〕海關總稅務司署通令，第33號（民國39年9月14日）。
〔註68〕台灣省保安司令部代電，（39）安宜字第0045號（民國39年11月6日）；台
北關稅務司公署呈文，北字第925號（民國39年11月14日）。
〔註69〕台北關稅務司公署呈文，北字第927號（民國39年11月16日）。

致顧此失彼，勢難應付。因而向總稅務司建議，爲免除海關查驗上的困難與保安司令部所提之流弊，郵包放寬尺度的作法是否應予作廢〔註70〕？而台南關稅務司黃國材也認爲「爲杜流弊，似有重加考慮之價值〔註71〕」。只是未待海關擬定對策，保安司令部於同年（1950）8月30日代電海關總稅務司署，以「非法商人，近多利用郵遞包裹辦法，以遂其走私企圖，其包裹用紙更多利用香港匪方報紙，以及其他反動宣傳刊物，如不嚴加取締，不惟變相走私風氣無法遏止，抑且匪方反動宣傳刊物，亦將夾帶來台，淆惑聽聞、動搖民眾反共信心〔註72〕」的理由，要求會同檢查郵包。海關雖然極力反對，然行政院於民國41（1952）年4月訓令指出：

> 貨物郵包之查驗，在海關方面係依海關緝私條例及國際郵政公約等
> 規定辦理；台灣省保安司令部……參加海關前項檢查，所爲之治安
> 檢查，係照戒嚴法規定執行，各有法律根據。〔註73〕

並裁示貨物郵包仍由海關按過去程序負責查驗，若發現郵包內夾有或全部是匪方文件、宣傳品、書刊，應交由保安司令部派駐郵局郵檢人員按過去程序負責查檢處理；而保安司令部如接獲情報，即可通知海關駐郵局支所會同檢查〔註74〕。

至於旅客行李應稅物品，民國39（1950）年12月進一步約束：

> 在現行限額所准攜帶之禁止進口及暫停進口物品，港澳來台者應准
> 援照其他國外各地旅客入境之成例，一律改爲以美金50元及其他等
> 值外幣數額爲限〔註75〕。

入境之旅客行李也從美金500元下修爲50元。至於旅客進出口攜帶新台幣數額，民國40（1951）年10月規定，凡旅客攜帶新台幣超過五千元者，應隨時報部備查〔註76〕。

〔註70〕台北關稅務司公署呈文，北字第927號（民國39年11月16日）。
〔註71〕台南關稅務司簽呈（民國39年11月23日）
〔註72〕海關總稅務司訓令，第210號（民國39年9月11日），附件「台灣省保安司令部代電，39安實字第1679號（民國39年8月30日）」。
〔註73〕海關總稅務司訓令，第634號（民國41年4月17日）。
〔註74〕海關總稅務司訓令，第634號（民國41年4月17日）。
〔註75〕海關總稅務司署通令，第36號（民國39年12月13日）。
〔註76〕海關總稅務司署訓令，第498號（民國40年10月8日）。

圖 4-2：民國 40 年代台灣經貿監控組織示意圖

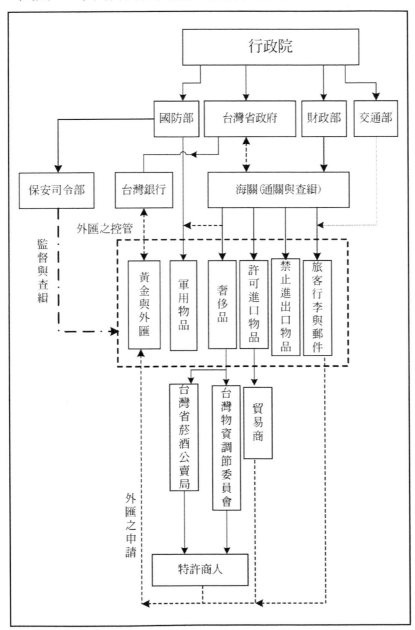

資料來源：李文環繪製

　　總之，在維持戰備的物資需求下，從強化港口、機場與郵局等物資對外流通管道的監控，到貿易政策面對出口貿易的限制，政府致力各單位預算精簡、降低民間非必須奢侈品的消費。以此，政府在遷台的過渡階段，重建經

貿的體制。其整體的經貿監控機制的系統，如圖 4-2、4-3 所示。在此體系下，省政府制訂進出口貿易商品管制政策，海關同時執行關稅課徵、貿易管制政策、軍用品監督與走私查緝，台灣銀行則控管外匯與黃金的進出，而保安司令部則是整體監控機制的制高點。

圖 4-3：民國 40 年代台灣金融、貿易流通監視圖

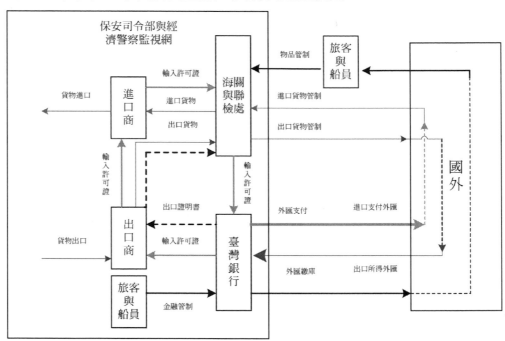

資料來源：李文環繪製

第二節　關貿政策之調整

　　政府遷台帶動約一百五十餘萬的新移民，民生物資的需求勢必大幅增加。為因應階段性需求，政府機動調整進口稅與貿易管制政策，以達到內部供需的平衡。民國 39（1950）年 2 月 13～14 日，財政部召開關稅檢討會，從財政部部長關吉玉〔註 77〕、次長、關務署署長周德偉、海關代理總稅務司方度（Fang Tu）〔註 78〕與羅慶祥（Lo Ching Hsiang）〔註 79〕、台北關稅務司張

〔註77〕民國 38（1949）年 10 月 4 日由蒙藏委員會委員長轉任。傅正主編，《雷震全集》32 冊（台北：桂冠圖書，民國 78 年 5 月），頁 68。
〔註78〕方度，浙江省人。民國 14（1925）年 7 月進入海關服務，民國 33（1944）年

申福、台南關稅務司黃國材（Huang Kuo Tsai）〔註80〕、周彼得（Chow Peter L.）〔註81〕等財政部重要官員均出席，這是戰後財政高級官員對於如何釐定適應局勢發展與台灣經貿結構的第一次也是重要的會議。會中關吉玉指出：

> 關稅政策一方面應該配合國家經濟政策，一方面應該配合財政上的要求，既須適應人民生活上的需要，更須增加國家的收入。……由於軍事轉變，政府輾轉遷到台灣，國內生產工業大都喪失，我們需要的物資不能全靠國內生產，轉而需要從國外輸入，從前（按：指1945～1948年間）保護政策，已不適合現情，我們的政策自應有所改變。同時政府大部政務費全靠關稅，必須設法增加稅收，以資撥用，以前禁止進口貨品，自當予以部分開放，一方配合人民生活的需要，同時增加了政府的稅收。本部將若干禁止進口民生必需物品，予以開放，准其進口，或將其稅率減低施行。〔註82〕

關吉玉的說法包括調整關貿結構以維持關稅財政的需求，以適應台灣既有的經貿體制，以達到充裕民生需求。如何在財政收入與民生需求中並行不悖，應該是這階段關貿政策的核心問題。會中關務署正式提議：「開放部分民生必需品，並減低其進口稅率，以杜私運而益稅收」，建議將牙膏、牙刷、毛巾、肥皂等列為「暫停進口」與「禁止進口」類商品，開放進口並減低其進口稅率〔註83〕。會中不僅獲得小組成員的共識，同時台北關與台南關稅務司進而

4月晉陞稅務司，二次大戰結束後被派任為粵海關稅務司，民國39（1950）年總稅務司李度退休，與羅慶祥共同代理總稅務司職。海關總稅務司署人事科編，《海關職員題名錄》第七十四期，頁2。

〔註79〕 羅慶祥，廣東省人。民國9（1920）年7月進入海關服務，民國33（1944）年4月晉陞稅務司，二次大戰結束後被派任為查緝科稅務司，民國39（1950）年總稅務司李度退休，與羅慶祥共同代理總稅務司職。海關總稅務司署人事科編，《海關職員題名錄》第七十四期，頁2。

〔註80〕 黃國材，廣東省人。民國9（1920）年8月進入海關服務，民國34（1945）年4月陞任稅務司，二次大戰結束後擔任粵海關稅務司，民國37（1948）年10月調任台南關稅務司（代理），民國44（1955）年屆齡退休，政府特別予以延長退職，直至民國46（1957）年才完全退職。海關總稅務司署人事科編，《海關職員題名錄》第七十四期，頁4。

〔註81〕 周彼得，江蘇省人。民國12（1923）年7月進入海關服務，二次大戰結束後，派任總稅務司署上海辦事處擔任員工福利委員會副稅務司。海關總稅務司署人事科編，《海關職員題名錄》第七十四期，頁5。

〔註82〕 〈財政部關稅業務檢討會議記錄〉（民國39年3月14）。

〔註83〕 〈財政部關稅業務檢討會議記錄〉（民國39年3月14）。

表示，文具、毛線、呢絨本省並無出產，似應請台灣省政府酌予解禁，以免偷漏而增稅源。最後達成毛巾、衛生衣減稅為 20％〔註84〕。當然，關貿政策的產業保護之核心問題，雖然在此次的關稅檢討會中並未涉及，然而在省政府方面，自陳儀以來試圖進行的貿易管制措施，在陳誠擔任省主席後被強化，成為此階段主導台灣對外貿易政策的核心，誠如學者柳復起所說：

> 進口管制加諸國內產業之、保護程度，常遠超過關稅。管制進口類
> 商品在國內市場上之售價，亦常遠高於國際價格加進口稅捐之和。

〔註85〕

由柳復起的觀點來看，省政府的貿易管制對台灣產業的影響可能更為深遠，而政府的實際措施又是如何？

一、關稅總體面的調整

關稅作為國家重要收入之一，如表 4-1 所示，直至民國 44 年（1955）仍占國稅的 41.5％，占全國稅賦的 21.5％其重要依然不變。

表 4-1：民國 40～44 年關稅與國稅、稅收所佔的比率

年度	賦　稅				
	國　稅			賦稅收入	關稅比重
	關稅收入	國稅收入	關稅比重		
40	519,540	1,175,700	44.0％	2,363,444	22.0％
41	574,584	1,308,774	43.9％	2,963,696	19.4％
42	420,905	854,163	49.3％	1,759,234	23.9％
43	1,014,131	2 185,422	46.4％	4,352,420	23.3％
44	1,096,485	2,643,656	41.5％	5,094,619	21.5％

資料來源：財政部統計處編印，《財政統計年報》、《賦稅統計年報》，各期。引自周玲惠，〈我國關貿政策之政治經濟分析〉，台大三民主義研究所碩士論文，1993年 5 月，頁 56。註：賦稅收入含各項稅捐及公賣利益。

因此，在財政困難的情況下，除下面會提到的少數機動性調降進口稅率外，大多數商品依然維持民國 37（1948）年 8 月的進口稅率。因此，包括美援物資在內的進口貨物，如麥及麵粉等民生物資於進口時亦必須課徵關稅，

〔註84〕〈財政部關稅業務檢討會議記錄〉（民國 39 年 3 月 14）。
〔註85〕柳復起，《關稅論》，頁 112。

整體美國經濟援華物資進口，除直接供應作戰物資的軍援物資特准免稅、免輸入許可證外〔註86〕，概以徵稅爲原則〔註87〕，甚至軍方對外採購物資，非經政府規定或事前批准，一律以徵稅爲要〔註88〕，亦不得免稅。

除課徵關稅資益財政收入外，自民國39（1950）年1月1日起海關除代徵貨物稅與港務局的港工捐外，對於進口商品新增下列多項稅捐亦由海關代收〔註89〕：

1. 菸酒建設捐：自民國39（1950）年1月1日起代徵，稅率照進出口菸酒價格徵收60％。每月終結算一次，除扣總數1％作爲代徵經費外，其餘巡解省庫。菸酒建設捐後於民國43（1954）年3月20日停止課徵〔註90〕。

2. 行商營業稅及防衛捐：自民國39（1950）年1月1日起代徵，按行商營業額課徵3％，民國45（1956）年12月18日起加倍課徵，並同時（1950年1月1日）照營業稅額代徵防衛捐30％〔註91〕。暫訂每五天結算一次，除扣總數1％作爲代徵經費外，餘以四成解繳省庫，以六成解繳市庫。

3. 行商一時所得稅及防衛捐：海關自民國40（1951）年1月19日起代徵。其課徵主體與行商營業稅相同，乃於課徵行商營業稅時同時課徵。其稅額計算方法，係按照原課徵行商營業稅之營業額減去90％成本開支後之餘額爲所得額課徵10％所得稅，並同時照所得稅額代徵防衛捐30％。如行商營業額假定爲100元，則應納所得稅1元，防衛捐3角。此項稅款由稅務司保管，每五天解繳省庫，並照稅額提扣1％爲代徵

〔註86〕 海關總稅務司署訓令，第376號（國40年4月16日）。
〔註87〕 不過，美援進口物資仍享有優惠措施，包括免徵港工捐，進口匯率亦以較優惠的1：10.3的官定匯率。直至民國42年4月1日起，進口匯率按1：15.65的匯率核算完稅價格；民國42年8月1日起亦開始徵收港工捐。台南關稅務司公署訓令，政字第814號（民國40年3月10日）、海關總稅務司署通令，台字第43號（民國40年3月7日，）；海關總稅務司訓令，第856號（民國42年4月27）；海關總稅務司訓令，第924號（民國42年8月22）。
〔註88〕 海關總稅務司署通令，第65號（民國40年12月4日）、台南關稅務司公署訓令，政字第875號（民國40年12月6日）。
〔註89〕 台南關稅務司公署訓令，政字第706號（民國38年12月31日）。
〔註90〕 台南關稅務司公署令，政字第1018號（民國43年3月20日）。
〔註91〕 台南關稅務司公署訓令，政字第1173號（民國54年12月20日）。

費用〔註92〕。行商一時所得稅於民國45（1956）年所得稅法修訂時，該爲「行商營利所得稅」，課徵之稅率不變〔註93〕。

4. 核准轉口煤油附加防衛捐：自民國39（1950）年1月1日起代徵，按核准轉口煤油每加侖附課防衛捐2元〔註94〕。

雖然民國38（1949）年2月16日行政院院會決議停止徵收「戡亂時期附加稅」〔註95〕，但是進口商品的「附加稅捐」也不少。整體而言，在軍事需求、財政優先的前提下，除第一類棉製品全面調降外，其餘十五類商品的進口稅率僅微幅調整。

維持高關稅的同時，民國39年（1950）3月政府自動退出GATT，進而試圖迴避國際貿易協定所必須調降進口稅的義務，其目的是希望得以關稅更爲自主，乃通令海關自同年5月5日起對於GATT各締約國一律停止適用協定稅率〔註96〕。不過，卻在5月2日財政部緊急通令海關：

> 協定稅率遠較國定稅率爲低，爲防止物價波動，爭取物資進口起見，經擬參照我國與外交關係國家通商臨時辦法第二條規定之用意，……中國對該國之輸入品，亦依相互原則，繼續適用協定稅率，以待全般稅率之修訂，……分電外交部轉知各國駐台負責人員外，在爲令飭變更前，自5月5日起，仍暫適用協定稅率〔註97〕。

政府爲了穩定物價、充裕台灣物資的供應，雖然退出GATT，暫時仍維持協定稅率課徵進口稅。協定稅率往往較低，政府退出GATT仍願意從低課徵進口稅，這樣的用意實與減稅相同。在此之前，民國39（1950）年6月與日本簽訂的台日貿易計劃，其進口稅率適用協定稅率意義也是相同。協定稅率總計276項商品，其中以第五類金屬製品88項占該類比例44.22%爲最多，其

〔註92〕台南關稅務司公署訓令，政字第804號（民國40年1月20日）。

〔註93〕台南關稅務司公署訓令，政字第1173號（民國54年12月20日）。

〔註94〕台南關稅務司公署呈文，台南字第703號（民國40年3月28日）。依該文附件「修正台灣省防衛捐徵收辦法」第二條規定，防衛捐種類與課徵稅率如下：1.營利事業所得稅、財產租賃所得稅、一時所得稅、綜合所得稅額帶徵防衛捐30%。2.土地稅照稅費帶徵防衛捐30%。3.營業稅（包括行商營業稅）照稅額帶徵防衛捐30%。4.房捐照捐額帶徵防衛捐30%。5.娛樂稅照稅額帶徵防衛捐100%。6.使用牌照稅照稅額帶徵防衛捐100%。7.戶稅照稅額帶徵防衛捐30%。8.汽油每加侖附加防衛捐1元。9.核准轉口煤油每加侖附加防衛捐2元。

〔註95〕海關總稅務司署通令第7483號（民國38年3月16日）。

〔註96〕台南關稅務司公署訓令，政字第730號（民國39年4月8日），附件。

〔註97〕台南關稅務司公署訓令，政字第735號（民國39年5月2日）。

次為第八類化學與染料類 44 項占該類比例 30.34%，第三為第六類食品、飲料、草藥類 43 項占該類比例 22.40%，反而是第一類棉製品僅 1 項，而且是被列為免稅一年的棉花〔註98〕，全部協定稅率的商品與稅率如附錄四所示。其中 204 項還低於民國 23（1934）年的舊稅率，所有大宗進口貨品均包括在內〔註99〕，因而為增益國庫收入之目的，當時的關務署科長陶玉其因此認為：

> 未能如願。〔註100〕

不過事實也並非盡然如此。很明顯，協定稅率偏重金屬、機械製品與化學工業製品，而這些產業恰是台灣日治末期工業化的新興產業，根基未穩，復以戰爭的破壞仍有待重建，若要進一步發展亦仍有待努力，事實上關貿結構上大體也呈現金屬、機械製品與化學工業製品低關稅、低管制的現象。因此，避免工業資本材進口的阻礙，應該才是政府即使退出 GATT，也願意採行協定稅率的主因，如此一方面無礙台灣既有的產業基礎，以促進資本財之進口；二方面透過協定稅率可取得更多的外交籌碼。況且儘管協定稅率再低，藉由貿易管制政策，依然可大大限制進口商品的數量。

　　無論如何，在維持高關稅率滋益國庫的同時，卻又得採行協定之低稅率以促進物資的進口，以及維護外交關係。對財政部而言，這是兩難與矛盾的決策。為解決問題的困境，於退出 GATT 的同時，財政部著手修改完稅價格的估價方式，以此開闢一條得以迴避外交問題又可提高財政收益的策略。財政部於 5 月 5 日修改薑發市價解釋條文，其中第三項規定：

> 凡貨物在國內市場無薑發市價可考者，在普通情形之下應以真正起
> 岸價格外加百分之十作為完稅價格。〔註101〕

亦即作為估算進口商品完稅價格的基準，由先前的起岸價格外加 5%，提高為起岸價格外加 10%核估。稅基上漲，完稅額當然也跟著增加，而且分估工作屬海關事務職權，與國際外交無涉，洽可迴避外交問題的糾結，這就是政府提高進口稅的第二支槓桿。當然，稅基調高導致全面性增稅，商人也曾為此表示適度的意見，如民國 43（1954）年 6 月進出口商業同業公會聯合會，即向財政部請求改善完稅價格計算標準，只是海關以「實施為時已久，尚無不

〔註98〕依據《1952 准許進口貨品表及海關稅則》（台北：台灣貿易出版社，民國 41年 12 月）統計而成。

〔註99〕陶玉其，《關務行政及措施論述》，頁 6。

〔註100〕同上註，頁 6。

〔註101〕海關總稅務司署通令，第 52 號（民國 40 年 5 月 5 日）。

良反應，爲兼顧財政收入，未便遽以變更」〔註102〕。同年（1954）6月19日，關務署再度修正躉發市價解釋條文第三條：

　　凡貨物在國內市場無躉發市價可考者，在普通情形之下應以眞正起
　　岸價格外加百分之二十作爲完稅價格。〔註103〕

此後至採行交易價格作爲估價基準之前，中華民國課徵進口稅之稅基，乃以眞正起岸價格外加20%作爲完稅價格。

　　相對於進口稅之微調，進口貿易管制則是大幅變動。自民國37（1948）年元月，海關協助省府貿易單行法規所規定的管制商品後，省府陸續羅列管制表由海關執行貿易管制。民國38年（1949）6月20日，台灣省政府發布「台灣省進出口貿易及匯兌金銀管理辦法」，9月19日台灣省進出口貨品分類審定委員會完成「台灣省進出口貨品分類附表」，其禁止進口類59項、暫時停止進口商品505項、管制進口僅5項，主要儘量降低民生用品進口，而偏向提高准許工業產品之進口。

　　政府遷台後，省府依然主導進出口貿易管制，並陸續編製「台灣省政府進口貨品分類附表」供海關執行。如表4～2所示，在海關稅則商品總數1,048項中，共有346項被省政府列爲管制進口、暫停進口、禁止進口之商品，占全部商品之32%。其中禁止進口商品由59項增加爲61項、暫停進口由505項調整爲253項、管制進口由5項增加爲32項，其餘702項（67%）爲准許進口商品。整體而言准許進口商品比率由前階段的46%提高爲67%，很明顯是大幅解除「暫停進口」的商品數量，相反地，禁止進口與管制進口的商品卻不斷提高。

　　貿易管制最嚴屬的商品爲第四類的絲製品，其次爲第七類的菸草製品、第三爲第十一類的生熟獸畜產品及其製品類。但是，禁止進口商品以第六類食品、飲料類最多達22項，其次爲第四類絲製品，第三爲第十六類雜類。暫停進口亦以第六類最多達54項，其次爲第五類金屬及其製品，詳情如表4-2所示。而往後的發展至民國47（1958）年間，貿易管制政策是朝向進出口的嚴格管制，如民國41（1952）年7月台灣省進出口貨品分類審定委員會第十八次會議即增列62項商品爲管制進口，增列2項商品爲禁止進口〔註104〕。

〔註102〕海關總稅務司署訓令，第1122號（民國43年6月8日）。
〔註103〕海關總稅務司署通令，第119號（民國43年6月23日）。
〔註104〕台南關稅務司署訓令，政字第923號（民國41年7月30日）。

表 4-2：民國 39 年 9 月至 41 年 2 月台灣省政府進口物品管制表

品　類	管制進口	暫停進口	禁止進口	合　計
第一類	5	24	2	31（28.7%）
第二類	1	9	1	11（55%）
第三類	1	9	2	12（44.4%）
第四類	0	9	14	23（79.3%）
第五類	5	34	0	39（19.6%）
第六類	0	54	22	76（39.38%）
第七類	3	4	0	7（100%）
第八類	7	20	0	27（18.62%）
第九類	0	1	0	1（2.4%）
第十類	2	14	0	16（37.84%）
第十一類	0	18	6	24（57.14%）
第十二類	2	19	0	21（31.82%）
第十三類	0	4	0	4（50%）
第十四類	3	6	0	9（45%）
第十五類	0	4	0	4（21.05%）
第十六類	3	24	14	41（41.84%）
合計	32	253	61	346（33%）

資料來源：依據《1952 准許進口貨品表及海關稅則》（台北：台灣貿易出版社，民國41 年 12 月）統計而成。

　　雖然相較於民國 38（1946）年底，「准許進口類」商品的數量增加了不少，實際上，進口商必須自備外匯或憑「結匯證明書」與貨物信用狀向海關辦理貨物通關，而「結匯證明書」只能向出口商購買，這乃是出口商出口商品向台灣銀行出口結匯所獲得 80% 的「外匯券」﹝註105﹞，所以進口商除了受到貿易管制外，其外匯金融也受到政府的嚴格管制。即使進口商自備外匯，民國40（1951）年 4 月新金融措施正式採用外匯審核制度，主要訂定進出口差別匯率，進口匯率美金 1：15.6；出口結匯匯率為美金 1：14.5﹝註106﹞。進口匯

﹝註105﹞「台灣省進出口貿易及匯兌金銀管理辦法」第三、四、八、九條，台南關稅務司公署訓令，政字第 640 號（民國 38 年 6 月 22 日），附件。

﹝註106﹞尹仲容，〈從台幣改革泛論目前台灣的經濟情形〉，收於《我對台灣經濟的看法全集》，台北：1963，美援會，頁 23～24。

率高於出口匯率，使得進口商品成本增加，無異是另一種附加稅。

面對過渡時期軍事、外交、財政等各層面的問題糾結，政府一方面維持民國 37（1948）年 8 月所修訂的高關稅，僅微調降少數商品進口稅率，同時為維護外交關係亦兼顧協定關稅，並調高稅基核估的基準以彌補財政的不足；其次則授權省政府大幅調整貿易管制政策，以及金融外匯管制。亦即，中央主稅收、地方調控商品管制，在此合作機制下，建構起台灣關貿政策的大方向。

二、海關職權之專業化

關稅收入係國家主要財源之一，且為國家財政經費所繫，對於關稅的課徵也嚴格推行。早在民國 38（1949）年元月 13 日，行政院對財政部的訓令指出：

> 查關稅收入係國家主要財源，且為戡亂經費所繫，自應切實辦理以裕庫收。近據報各地公營、黨營事業機關暨廠礦購運原料、器材、物資進口，紛請免稅，影響稅政，主管機關因應倍增困難。茲特重申規定，所有公營、黨營事業機關，由國外價購原料、器材、物資進口，應與民營事業同等待遇照章繳納關稅，不得依法請求減免。
>
> 〔註 107〕

政府遷台後國家多故、變異不常，國內各公私生產及營業機構，或由廠址遷徙、變更輸入地點，或因產品滯銷，資金周轉困難，以及其他種種原因，致進口原料或生產器材一時無法籌措稅款，其經政府核明情形特殊者，經先後特准覓具保證提貨、緩期繳納稅款。這樣的案例，財政部認為：事屬權宜不能援引為例，並要求「各關稅務司依照稅則關章管理稽徵稅課業務，對於此類案件非經奉令自不得擅專辦理，以免群起效尤〔註 108〕」。

要求公私與黨營企業平等繳稅，政府也因地制宜釐清部分免稅商品必須恢復課稅，如對於進口的美援麥及麵粉，政府認為：

> 政府前在大陸，鑑於國內糧食產量不足供應，且米穀進口係屬法定免稅，而北方居民，又多以麥及麵粉為主食品，倘予徵稅，勢必增

〔註107〕財政部訓令台財關（39）發第 457 號（民國 39 年 1 月 17 日）：Inspector General's Circulars No.24（Taipeh ,2nd March, 1950），附件。

〔註108〕財政部代電台財關（39）發第 0325 號（民國 39 年 9 月 6 日）：關總稅務司署通令第 32 號（民國 39 年 9 月 11 日）。

加北人負擔，殊欠公允，當爲充裕民食兼顧實際情形，經由行政院
專案核准美援麥及麵粉免稅進口。現台省爲產糧地區，民食無虞匱
乏，麵粉僅爲一般人用作副食，上項因素已不存在，無再予免稅之
必要，美援麥及麵粉進口，應納關稅不再免稅或記帳〔註109〕。

同樣是民生用品的小麥與麵粉，則恢復進口稅之課徵。不僅如此，對於軍用
品也一律課稅。

　　其實在此之前，中央信託局購料處結欠軍用油料及剩餘物資記帳稅款即
高達新台幣 4,475,545.32 元，其中軍用油記帳稅款爲新台幣 408,899.66 元；
行政院物資供應局結欠剩餘物資及各機關記帳稅款爲新台幣 2,299,037.80 元
〔註110〕。這些積欠款項，一方面說明政府對於關稅財政收入的重視，說明
海關執行「公營、黨營事業機關，應與民營事業同等待遇照章繳納關稅」的
財政政策，應該頗爲徹底。不過最具代表性者應爲海關對軍方的約束力。

　　以目前所能查閱的檔案資料顯示，民國 39（1950）年 4 月至 9 月間，空
軍、海軍進口爲數龐大的汽油如表 4-3 與 4-4，這些油料關務署以「飛機汽油
不屬於免稅軍用物品範圍之內，應准照章記帳完稅進口，抵撥軍費〔註111〕」。
換言之，軍方進口的油料不僅必須繳納關稅，雖暫時記帳放行，不過必須以
軍費亦即軍方的預算來抵扣。只是，戰亂時期，國庫吃緊，軍方如何籌措稅
款繳庫呢？若是依照規定，軍用油料應繳關稅以記帳抵扣軍費，勢必影響軍
方一般業務及官兵生活。爲此，財政部建議以「年度終了，補辦追加預算，
以資抵繳」〔註112〕。

表 4-3：民國 39（1950）年空軍進口油料概況

日　期	油類品名	數　量	資料來源
39 年 4 月	100 號飛機汽油	2,956,817 加侖	海關總稅務司署訓令，第 106 號。
39 年 4 月	飛機汽油	三百萬加侖	海關總稅務司署訓令，第 119 號。
39 年 5 月			
39 年 8 月	飛機汽油	49,930 桶	海關總稅務司署訓令，第 189 號。

〔註109〕關總稅務司署通令，第 43 號（民國 40 年 3 月 7 日）。
〔註110〕海關總稅務司署訓令，第 107 號（民國 39 年 4 月 24 日），附件「關務署代電，
　　　　台關字第 206 號」。
〔註111〕海關總稅務司署訓令，第 106 號（民國 39 年 4 月 21 日）。
〔註112〕海關總稅務司署訓令第 128 號（民國 39 年 5 月 8 日）。

39 年 9 月	飛機汽油	120 桶	海關總稅務司署訓令，第 201 號。
39 年 9 月	汽閥等航材	一批	海關總稅務司署訓令，第 201 號。
39 年 9 月	91/98 飛機汽油	9,905 桶（524,965 加侖）	海關總稅務司署訓令，第 202 號。
39 年 9 月	80 號飛機汽油	2,873 桶（152,269 加侖）	海關總稅務司署訓令，第 202 號。

表 4-4：民國 39（1950）年海軍進口油料概況

日　　期	油類品名	數　　量	資料來源
39 年 4 月	9250 機油	56,000 加侖	海關總稅務司署訓令，第 115 號。
39 年 4 月	輕柴油	10,000 噸	海關總稅務司署訓令，第 142 號。
39 年 4 月	輕柴油	8,000 長噸	海關總稅務司署訓令，第 115 號。
39 年 5 月	輕柴油	10,000 噸	海關總稅務司署訓令，第 125 號。
39 年 5 月	燃料油	7,000 噸	海關總稅務司署訓令，第 125 號。
39 年 8 月	康樂器材與威士忌酒、食物	5 箱	海關總稅務司署訓令，第 190 號。

　　進口軍用油料應繳關稅採行記帳的方式，為了解決軍方欠稅的問題，同年（1950）底財政部擬以「進口軍用油料應繳關稅記帳憑證」來核銷。該憑證由財政部編制列有財稅記字號碼，加蓋部隊印後送國防部發交聯合勤務總司令部、海軍總司令部及空軍總司令部分別編號管理，於使用時由各該總司令部加蓋關防。憑證共四聯，除自行留存一聯（第四聯）外，其餘三聯則交由辦理提運機關辦理報關手續，再由海關憑該證將進口油料予以放行，並將稅額填入憑證，加蓋稅務司關章後，第一聯於每個月月終，由海關總稅務司署呈關務署轉呈財政部；第二聯退還報運機關，以便轉報各該總司令部編造追加預算；第三聯則由海關存查。同年 12 月 4 日，行政院正式同意辦理〔註 113〕。至此，進口軍用油的繳納關稅的問題才以編列預算的方式解決。

　　除軍用油進口關稅問題外，政府也賦予海關對於軍用品的進口檢查與課稅。如空軍總司令部申請輸入草綠斜紋軍服布料（Dyed Cotton Drill）一批（67,600 碼）。該批軍服布料非屬軍用物品免稅範圍，照章不得免稅；所需稅

〔註 113〕海關總稅務司署訓令，第 283 號（民國 39 年 12 月 7 日）。

款，記帳放行，俟年終彙案編造軍費追加預算撥抵〔註114〕。軍用品走私的查緝，以民國 39（1950）年間的美信輪與金門十二兵團軍差機帆船崇安號走私事件。

美信輪事件發生於民國 39（1950）年 8 月間，乃金門防衛司令部自香港私自進口未稅洋貨至金門販賣，為台南關查獲。據國防令部指出：

> 金門為反攻基地，其在軍事、政治方面均極具有重要性。該島地瘠民貧、物資缺乏，軍民所需日常必需品，胥賴外地供應。此次向港（按：香港）採購物資為謀安定該島軍民生活、增進官兵福利，與夫解決官兵營養之缺乏，藉能提高士氣，鞏固基地用意雖善，措施究有不合。惟查該部所獲微利，既屬公款公用，尚無經商牟利等不法行為。所有貨物擬令飭該部遵章逕向海關辦理補稅手續，爾後不得再有類似情事發生。本案刑事部分，擬請從寬姑准免究，至胡司令官措施不當，擬予行政處分〔註115〕。

美信輪走私商品包括香菸、腳踏車、縫衣車、白蘭地酒、罐頭食品等〔註116〕，香菸與白蘭地酒均為禁止進口專賣商品。可見這些走私貨主要不是為「解決官兵營養之缺乏」，腳踏車、縫衣車也不太可能是藉由軍中福利社販賣給流動性的官兵。因此，除部分奢侈品販售金防部軍官外，極有可能轉售民間，以偷漏關稅的方式謀利。更糟糕的是，美信輪的走私物資，未待海關補稅處理，即為金防部轉由崇安機帆船運至高雄，再度為台南關查獲。

民國 39（1950）年 12 月 22 日，金門十二兵團軍差機帆船崇安號，自金門駛往高雄，船上並無進口艙單，進口後亦未按規定辦理報關手續，經台南關關員會同聯檢處人員檢查後，於艙內各處發現香菸、腳踏車、縫衣車、白蘭地酒、罐頭食品、玻璃杯共 21 件，除少數玻璃杯外，其餘儘係前美信輪自香港運卸金門未稅貨物。財政部認為，除腳踏車及部分罐頭食品外，其餘皆屬不准進口貨物，復為由香港逕運金門之未稅私貨，訓令台南關統予扣押〔註117〕。其實，利用軍品進出口的機會從事走私應不少，如民國 42（1953）年間，台南關本口稽查員潘家槐即查獲李占福利用軍品出境機會，偷運大批西

〔註114〕運輸船──延闓、延樞與海黔。由東京駐日代表團雷上校炎均負責採購，由日本神戶出口。海關總稅務司署訓令，第 228 號（民國 39 年 10 月 3 日）。
〔註115〕海關總稅務司署訓令，第 500 號（民國 40 年 10 月 12 日）
〔註116〕海關總稅務司署訓令，第 318 號（民國 40 年 1 月 23 日），附件「財政部致金門防衛司令部代電」。
〔註117〕海關總稅務司署訓令，第 318 號（民國 40 年 1 月 23 日），附件「財政部致金門防衛司令部代電」。

藥〔註118〕。再者，依據民國39（1950）年2月18日雷震的日記記載：海軍及少數空軍與東南人民反共救國軍等，為當時從事走私主要成員，其中海軍部以福利社名義在香港公開與人接洽，代運貨物抽取百分之十運費，經手人另取得百分之二十五，以福利社為名從中獲利〔註119〕。所以，美信論與崇安號走私事件僅是冰山的一角。然資料所限，無法進一步釐清當時軍隊中走私集團的實際情形，只是藉此強調，海關課徵關稅與查緝走私的職權，即使最前線的金防部也不能逾越，這象徵著海關做為徵收關稅的專業職責，在政府分工體系裡的更為確立。

第三節　紡織產業之建立與關稅之關係

一、棉紡織產業之建立與關稅之關係

棉紡產業乃此階段台灣進口替代產業的核心，有必要單獨深入探討。首先我們簡單回顧台灣的與大陸有關棉紡織業的發展，進而分析此階段政府如何建立棉紡產業的政策。

（一）台灣與大陸棉紡產業之回顧

有關台灣紡織業，藍鼎元《東征紀略》所載：

> 臺地不蠶桑，不種綿苧，故其民多游惰。婦女衣綺羅，粧珠翠，好遊成俗，則桑麻之政不可緩也。制府滿公保撫閩時，嘗著蠶桑要法，繪十二圖，頒行郡縣。臺土寬曠，最宜樹桑，可倣而行之。漳泉多木綿，俗謂之吉貝，可令民於內地收其核赴臺種之。并令廣植麻苧，織紝為冬夏布。婦女有蠶桑紡績之務，則勤儉成風，民可富而俗可美也。〔註120〕

雖然藍鼎元言下之意充滿對台灣人的歧視，不過點出清代台灣紡織業發展之緩慢，也提出向大陸移植木棉的構想。直至清末，台灣才有官方正式推動植棉的紀錄。屠繼善的《恆春縣志》指出：

> 光緒十年（1884年）恆春知縣羅建祥〔註121〕由粵東購種萬餘本來

〔註118〕海關總稅務司署訓令，第893號（民國42年6月22日）
〔註119〕傅正主編，《雷震全集》32冊，頁43。
〔註120〕藍鼎元，《東征紀略》（南投：台灣省文獻委員會，民國86年6月），頁54。
〔註121〕羅建祥號星伯，廣東順德縣監生。光緒十年正月21日任恆春知縣，由代理改

恆，教民種植（按：於東門城內）；慮無灌溉，特濬井開圍，令人專
司其事。卒以颱風、落山風終年搖落，樹多萎枯，僅賸一、二株，
卒未能收其利焉，圍亦廢。〔註122〕

官方試圖推動植棉的產業措施草草落幕，而其未能成功的原因在於「颱風」，
亦即颱風的氣候現象，這個問題其實一直困擾台灣植棉事業的發展，以致日
本治台以前，台灣人家只小規模栽種自用的亞洲品種的棉花〔註123〕。

　　日本治台後，總督府先後在台中（明治 35 年：1902 年）、台北（明治
39 年：1906 年）、台南（大正元年：1912 年）、嘉義（大正 4 年：1915 年）
等地試種美國陸地棉、海島棉、印度棉、埃及棉等。整體試種並不理想，其
主要問題仍為「風雨病蟲的災害頻繁」，其嚴重者往往導致收穫全無的慘狀
〔註124〕，不過也取得相當的經驗。昭和 6 年（1931 年），總督府再度在台南
州農事試驗場試種，其成績已相當不錯，收支出現盈餘，並考量台灣已無擴
張耕地餘地，新作物不能侵占原作物栽培面積的前提下，研究出棉花「甘蔗
間作」的技術〔註 125〕。日本之所以積極試圖在台發展棉花產業，在於日本
內地產棉於明治 20 年（1887）以後，因低廉的洋棉競爭下不振〔註126〕，昭
和 3〜7（1928〜1932）年進口洋棉主要來自印度、美國與中國大陸〔註127〕，
洋棉的大量進口使得日本國內栽植棉花的面積，由明治 20（1887）年的十餘
萬町步，至昭和 9（1934）年間僅剩千餘町步〔註128〕，而紗廠通常必須維持
足夠三個月消費的棉花存貨〔註 129〕。因此，台灣若能成為日本棉紡產業的
原料供應地，勢必對日本紡織業有著相當大的助益。不過，日治台灣棉花種
植的面積與產量並不理想，如表 4-5 所示。

　　署：旋調嘉義。屠繼善，《恆春縣志》（南投：台灣省文獻委員會，民國 82
　　年 6 月），頁 75。

〔註122〕屠繼善，《恆春縣志》（南投：台灣省文獻委員會，民國 82 年 6 月），頁 72。

〔註123〕臨時產業調查局，《台灣ニ於クル棉花ニ關スル調查成績》（台北：臨時產業
　　調查局，大正 7 年 8 月），頁 1。殖產局農務課，《棉花》（台北：殖產局農務
　　課，昭和 10 年），頁 1。

〔註124〕殖產局農務課，《棉花》（台北：殖產局農務課，昭和 10 年），頁 2〜10。

〔註125〕同上註，頁 27。

〔註126〕幡原隆治，《日本棉花栽培法》（東京：丸山舍，昭和 9 年 11 月），頁 8〜9。

〔註127〕同上註，附表「日本棉花輸入額」

〔註128〕同上註，頁 277。

〔註129〕趙岡、陳鍾毅著，《中國棉業史》（台北：聯經出版上，民國 66 年 7 月），頁
　　182。

表 4-5：日治台灣棉花種植面積與產量

	種植面積（公頃）	產量（公擔）
昭和 10 年	457	1,310
昭和 15 年	3,522.1	1,311
昭和 16 年	5,884.3	15,726
昭和 19 年	5,585.2	11,090

資料來源：台灣行政長官公署統計室編印，《台灣省五十一年來統計提要》（南投：台
　　　　　灣省政府主計處重印，民國 83 年 11 月），頁 554～555，表 204。

　　棉紡方面，直至日治末期日本爲配合軍事上南進的發展，才著手在台設
紗廠，乃將日本內地剩餘的紡錠拆遷來台，戰爭結束時，台灣擁有棉紡機不
過 14,653 錠，其中可資運轉者才 8,268 錠〔註 130〕。

　　棉布方面，日本治台以後，明治 37（1904）年以前，台灣棉布的輸入，
以香港、上海爲主。從明治 38（1905）年起，台灣紡織品的輸入，開始以日
本爲主，明治 44（1911）年日本紡織品運銷台灣的價值，約佔台灣輸入紡織
品的三分之二，無疑的，日治時期日本紡織產品爲台灣消費市場的主要來源
〔註 131〕。台灣織布工廠始於大正 8（1919）年的台灣織布株式會社，然終日
治時期台灣僅有 13 家動力織布廠〔註 132〕。整體而言，日治台灣棉紡工業還相
當幼稚，有待資本、技術的投入。

　　至於中國大陸方面，以第一次世界大戰歐洲各交戰國對華輸出縮減爲
契機，中國棉紡織業得到快速發展，尤其在民國 6（1917）年到民國 10（1921）
年的 5 年間，紗廠由 26 家增加爲 51 家，至民國 16（1927）年已爲 72 家
〔註 133〕。紗廠數量快速增加擴大中國內部對棉花的需求，民國 20（1931）
年棉花進口額已取代一向佔中國進口貨物第一位棉織品〔註 134〕，這意味著
中國棉紡織產業日漸重要，如棉紗主要輸出對象爲朝鮮、日本、印度、香

〔註 130〕李平、陸繼唐、李興華編，《台灣紡織工業專輯》（台北：工商新聞社，民國
　　　　　41 年 8 月），頁 1～2。
〔註 131〕黃東之，〈台灣之紡織工業〉收於《台灣之紡織工業》（台北：台灣銀行，民
　　　　　國 45 年 4 月），頁 1。
〔註 132〕李平、陸繼唐、李興華編，《台灣紡織工業專輯》，頁 1。
〔註 133〕汪敬虞主編，《中國近代經濟史（1895～1927）》（下冊）（北京：人民出版社，
　　　　　2005 年 5 月），頁 1615～1623。
〔註 134〕國史館重印，《中華民國海關華洋貿易總冊——中華民國二十年（1931）（一）》
　　　　　（台北：國史館，民國 71 年 6 月），頁 71。

港等﹝註 135﹞。這是中國棉織工業方興未艾，於是棉花進口，與時俱增。不過，中國也是世界產棉第三多之國，自民國 20（1931）年以後，國產棉花日增，並採種美棉改善品質，以降低對於洋棉的需求。國民政府為保護國棉，乃於民國 23（1934）年修訂進口稅則稅率時將棉花進口稅提高，且棉花為紡織纖維中僅次於生絲的主要出口品之一，主要出口國即為日本﹝註 136﹞。換言之，棉花與棉織品同為戰前中國最重要的產業之一，提高棉花與棉織品關稅、獎勵國棉與棉織廠設置，中國試圖以原料自給自足的方式建立起棉紡工業，因此呈現在進口稅率上，棉花與棉織品同為保護的對象，兩者的稅率差距不大（10％與 12.5％），如表 4-6 所示。

戰後海關進口稅則第一類為「棉及其製品類」，計分為「本色棉布品」、「漂白或染色棉布品」、「印花棉布品」、「雜類棉布品」、「棉花、棉線、棉紗及未列名棉布品」等五大品類，共 94 條稅則計 108 項商品，其分類可謂相當細膩。其整體稅率結構如表 4-6 所示，棉花原料稅率為 10％，與戰前相同，後期也未調高；半成品棉紗前期為 12.5％，後期為 50％，整整調高四倍；至於棉布，前期為 25％，後期為 65％，調高 2.6 倍。

表 4-6：第一類「棉及其製品類」之稅率結構　單位：％

棉及其製品類的稅率結構					
	34、9 月～37、7		37、8 月～40、1		
原　料					
	正稅	名義保護稅率	正稅	名義保護稅率	協定稅率
1. 棉花	10	15.75	10	14.7	10
2. 廢棉花、廢紗頭	10	15.75	20	29.4	--
半成品					
1. 棉紗	12.5	19.69	50	73.5	--
2. 棉線	12.5	19.69	25	36.75	--
3. 棉質假金銀線	25	39.38	50	73.5	--
4. 花邊、飾物	50	78.75	100	147	--

﹝註135﹞國史館重印，《中華民國海關華洋貿易總冊——中華民國二十三年（1934）年刊（一）》（台北：國史館，民國 71 年 6 月），頁 112。

﹝註136﹞國史館重印，《中華民國海關華洋貿易總冊——中華民國二十三年（1934）年刊（一）》（台北：國史館，民國 71 年 6 月），頁 88、111～112。

成　品					
1. 本色棉布	25	39.38	65	95.55	--
2. 漂白或染色棉布	25	39.38	65	95.55	--
3. 印花棉布	25	39.38	65	95.55	--
4. 雜類棉布	25	39.38	65	95.55	--
5. 針織棉布	30	39.38	65	95.55	--

註：-- 為不是協定關稅項目

資料來源：Inspector General's Circulars No.6727，附表「海關進口稅全稅稅率簡明表」。
海關總稅務司統計科，《中華民國海關進口稅則（民國 37 年 8 月）》，頁 1
～7。

　　顯然民國 37 年（1948）8 月調高的稅率中，棉紡織品中棉紗與棉布的調
幅相當高，平均稅率成為第四高者。稅距比前期為 1：1.25：2.5，後期則為
1：5：6.5，調高稅距比有利於國內棉紡產業的建立，但是棉花原料進口稅率
仍維持 10% 不低的稅率，不利棉紡業者。因此，戰後關稅政策上，政府對於
棉紡織產業，從原料、半成品與成品，是承襲戰前以大陸為產業基調的保護
政策，甚至有過之而無不及。只是對台灣而言，無論棉花或紡紗織布產業均
相當幼稚，根本無法與大陸相提並論，況且還必須仰賴大陸中央撥助大量的
棉布〔註 137〕。因此，這樣的關稅政策對台灣而言，顯然是非常不適宜的。

　　至於貿易管制方面，因棉織品為民生重要商品，初期除棉質假金銀線（稅
則：77）、花邊衣飾與繡貨（稅則：80）被列為「禁止進口」的商品外〔註 138〕，
其餘均開放進口，只以進口稅高低來約束，並同時將棉紗與棉布列為禁止出
口的商品〔註 139〕。民國 35（1946）年 11 月將棉花（稅則：71）列為限額管
制品，統由輸入限額分配處處理，將棉線（稅則：76 甲、乙、丙）列為外匯
管制品，必須取得輸入許可證〔註 140〕。將原料與半成品管制其進口數量，意
味著政府對於棉紡織管制的強化，何以如此？

〔註137〕台灣省貿易局民國 35 年 6 月第三週工作報告提到：「中央允撥本省二十萬批
　　　　足布、六萬打毛巾，現首批布三萬餘足，合價款十四億餘千萬元，正電請宋
　　　　院長飭知台糖公司撥付，即可裝運來台。」薛月順編，《台灣貿易局史料彙編
　　　　（第一冊）》（台北：國史館，民國 90 年 12 月），頁 65。
〔註138〕台北關稅務司公署佈告，第 21 號（民國 35 年 3 月 27 日）。
〔註139〕台北關稅務司公署佈告，第 21 號（民國 35 年 3 月 27 日）。
〔註140〕海關總稅務司署，通令第 7095 號（民國 36 年 7 月 25 日），附件一。

（二）代紡代織之統制

戰後政府將棉紗、棉布列為「禁止出口」的重要民生物資，只是隨著戰後生產復甦與產銷分配的種種問題，使得棉紗、棉布的供需出現問題。紗、布價格方面，據紡管會民國 35（1946）年 9 月 21 日向經濟部的報告指出：

> 半年以來，一般物價仍在不斷上漲，米、煤兩項漲勢尤猛，而棉紗價格，則因中紡公司一面積極生產，一面力求拉平市價，比較尚屬穩定。〔註141〕

不過在台灣方面，棉布物價指數則高於總物價指數〔註142〕。對於大陸棉紗的問題，經濟部認為：其根本原因在於棉紗生產不足、供需失調〔註143〕。

棉紗的原料為棉花，中國棉花產量本已不足，且依據石鳳翔的研究指出，中國棉花有「水分較多不易充分開鬆」、「夾雜物排除困難」、「纖維長度不齊」、「棉籽、污棉混入色澤不良，增加損耗與落棉量」、「軋棉工程太草率」等缺點〔註144〕。至於棉紗方面，戰後政府雖接收日本在華紗廠，總計紗錠約四百五十萬至四百六十萬錠，約佔當時世界所有總數之 3％，然中國人口則佔世界人口的 21％，紗、布供給與需求相差之鉅〔註145〕。所以經濟部認為棉紗生產不足導致供給失調的說法應該是正確的。只是，回頭檢視政府對於棉花、棉紗、棉布的關稅政策，民國 34（1945）年 9 月稅率表，棉花進口稅率 10％、棉紗 12.5％、棉布 25％〔註146〕，再加上附加稅後各為 15％、18.75％、37.5％；民國 37 年（1948 年）8 月的修訂稅率表後，棉花稅率維持 10％，棉紗稅率竟高達 50％，棉布稅率為 65％〔註147〕。這樣進口稅率結構，應該是著重財政稅收，對於歷經戰爭破壞，生產尚未能恢復的階段，實在未能因應時代的需求。

從另一方面來看，政府解決棉紡織產業的供需失調所產生的價格騰漲問

〔註141〕中國第二歷史檔案館編，《中華民國史檔案資料匯編（第五輯第三編財政經濟（五））》，頁 472。

〔註142〕劉進慶著，王宏仁、林繼文、李明俊譯，《戰後台灣經濟分析》（台北：人間出版社，1993），頁 52 第 13 表。

〔註143〕中國第二歷史檔案館編，《中華民國史檔案資料匯編（第五輯第三編財政經濟（五））》，頁 473。

〔註144〕石鳳翔，《棉紡學（上冊）》（台灣：大秦紗廠，民國 31 年 10 月初版，民國 43 年 10 月再版），頁 49。

〔註145〕同上註，頁 3。

〔註146〕海關總稅務司署統計科，《中華民國海關進口稅則（民國 37 年 8 月）》，頁 3～7。

〔註147〕同上註，頁 3～6。

題，顯然不是從調降關稅政策、積極獎勵進口紡織原料著手，而是轉向戰時的花、紗管制措施。民國 35 年（1946 年）10 月間，關務署奉行政院飭遵，擬訂「紗布輸往華南暫行管理辦法」，第一條開宗明義：

> 為穩定國內紗、布價格，防止紗、布經由華南各口岸走私外洋起見，責成經濟部紡織事業管理委員會（簡稱紡管會）及財政部關務署暫行管理之。〔註148〕

這已透露棉紗、棉布物價的問題，以及當時紗、布走私出口的嚴重性。問題是：若是國內市場棉紗、棉布物價高漲，何以私梟甘願冒險強行走私出口呢？走私往往是對於國內市場不合理價格與限制的反動，可見當時國內的紗布價格應是遠低於國際市場的需求價格。所以，紗布的根本問題應在於「禁止出口」所導致的國內不合理價格市場，以及「花、紗關稅」增加原料成本等兩項不當的財政政策。

「紗布輸往華南暫行管理辦法」規定，由紡管會嚴格管制由上海購運紗布至廣東、福建各口岸（第二條），責成廣東、福建各口岸海關查驗由紡管會開列的證明文書（第四條），並嚴禁將此類紗布轉口出洋（第五條）〔註149〕。甚至進一步由紡管會審核准許每月輸往華南的紗布數量，為此另頒「紗布輸往華南申請審核簡則」。其中第四條規定每月輸往華南的紗布數量為：

> 以民國 25、26 兩年華南各地之內銷紗布進口數字為根據，按照目前國內紗布總生產量與戰前國內紗布總生產量之比例計算核定之。〔註150〕

政府是以戰後中國紗布總生產的復原狀態，對照戰前（民國 25、26 年）華南地區對紗布的需求量，來核定每月華南紗布的需求量。並對於運往台灣之紗、布，限定以供應正當需要為限，並禁止由台灣轉運省外〔註151〕。無疑地，這已經是相當嚴厲的貿易管制政策。只是政府欲以官方力量管理不合理的供需市場，無異於緣木求魚。管制愈嚴、走私日熾。有關走私的問題，將於第六章探討。

〔註148〕海關總稅務司通令，第 6935 號（民國 35 年 11 月 5 日），附件一。
〔註149〕海關總稅務司通令，第 6935 號（民國 35 年 11 月 5 日），附件一。
〔註150〕海關總稅務司通令，第 6935 號（民國 35 年 11 月 5 日），附件二。
〔註151〕台北關稅務司公署佈告，第 71 號（民國 36 年 4 月 22 日）。

圖4-4：民國36（1947）年花紗布統購統銷、代紡代織示意圖

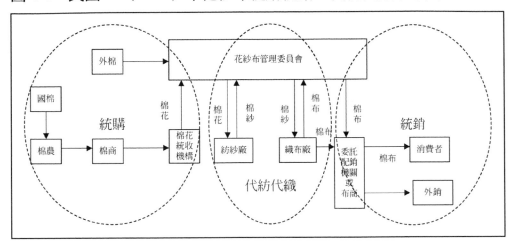

資料來源：依據「全國花紗布管理辦法」相關規定自行繪製

　　民國36（1947）年12月6日，行政院訓令將經濟部紡織事業調節委員會改組爲「全國花紗布管理委員會」，並公布「全國花紗布管理辦法」，將全國花紗布改爲統購統銷、代紡代織（第一條）〔註152〕，其流通情形如圖4-4所示，可分爲「棉花統購」、「紗布代紡代織」、「棉布統銷」三大控管體系。

　　棉花統購。國產棉花均由「全國花紗布管理委員會」控管，各地棉花機器打包廠，一律由該會管制。產棉地區棉商應按該會規定價格全部將棉花售予該會統收機構，不得私自買賣。各重要交通據點對於棉花報關轉運，均必須憑該會所核發之運輸證（第二條）〔註153〕。至於進口棉，統籌交由中央的「輸入臨時管理委員會」辦理，各區辦事處所發之臨時許可證，概作無效〔註154〕。棉花原料既然統籌由政府購運分配，那麼進口關稅的高低也就失去意義。

　　紗、布代紡代織。「全國花紗布管理委員會」將所能掌控之國棉及外棉，除特殊用途外，全部配給各紗廠代紡，代紡紗廠將配給棉花紡成棉紗後，棉紗交回該會換取棉花繼續生產，代紡工資利潤爲每件21支者以259磅半棉花爲計算標準，依該會規定價格折合法幣給付之（第三條）。代織方面，代織廠應將現存棉紗織成布疋或其他棉織品，繳交驗收後，再由該會換給棉紗繼續生產，整體「以紗換布」爲原則，織布廠所得利潤爲換回之棉紗，並不另發

〔註152〕〈台灣省政府公報〉37年春字第19期（國37年1月26日），頁313。
〔註153〕同上註，頁313。
〔註154〕海關總稅務司通令，第7095號（民國36年7月25日），附件24。

代織工資（第四條）〔註155〕。

　　至於棉布統銷，由該會設立、核准之布商或委託配銷機構辦理配銷，外銷紗布暫以不超過棉紗總生產量20％為原則（第四條）〔註156〕。總之，「全國花紗布管理辦法」乃將棉紡織業整編成「以布易紗、以紗織布，統購棉花、統銷棉布」的戰時花紗統制的老路〔註157〕。民國37（1948）年1月1日「全國花紗布管理委員會」於上海黃浦路成立，以棉紡產業為首，政府的經貿政策正式走入戰時的統制型態。中央政府對於棉紡產業，既然是走向「統購棉花、統銷棉布，花紗物物交換」的產業型態，那麼原料、半成品的價格也就不是重點，因為高額的關稅對進口商是成本的增加，然而對身兼統治者與進口商雙重身分的政府而言，關稅不僅提高財政收入，更因壟斷原料、半成品市場而將關稅成本轉化給最終消費者，這也就是後來政府在台實施「肥料換穀」、「米布交換」的交換體系的範本，在此體系下建立起台灣的棉紡織產業。

（三）台灣棉紡織業的移植與發展

　　二次大戰後，台灣僅由接收日產所組成的台灣工礦公司台北、烏日兩棉紡工廠，本已生產不足，復以戰爭的破壞，戰後初期仰賴大陸紡織品的輸入，民國35（1946）佔國貨進口總額的60.03％，36（1947）年為53.69％，37（1948）年為61.3％〔註158〕。民國37（1948）年大陸經濟發生劇烈的變化，各地紡織工廠陸續拆遷來台〔註159〕，棉紗、棉布高關稅對於棉紡織業根基尚淺的台灣，並未能形成實質的保護作用，況且台灣棉花生產不足自給，棉花不低的關稅也阻礙棉紡織業的發展。不過，台灣省政府與財政部陸續發佈有關紡織業的獎勵措施與保護政策。首先民國38（1949）年8月制定「台灣省獎勵發展紡織業辦法」〔註160〕；9月，禁止紡織機器出口〔註161〕；民國

〔註155〕《台灣省政府公報》37年春字第19期（國37年1月26日），頁314。

〔註156〕同上註，頁314。

〔註157〕「華陽縣棉織業職業工會呈文」，收於中國第二歷史檔案館編，《中華民國史檔案資料匯編（第五輯第三編財政經濟（五））》，頁469。

〔註158〕李文環，〈戰後初期台灣對外貿易之政經分析（1945～1949）〉（台南：成功大學歷史學研究所碩士論文，民國88年6月），頁74。

〔註159〕黃東之，〈台灣之紡織工業〉，收於台灣銀行經濟研究室編《台灣之紡織工業》（台灣研究叢刊第41種），頁6。

〔註160〕林邦充，〈台灣棉紡織工業發展之研究〉，《台灣銀行季刊》20：2（民國58年6月），頁76～125。

39（1950）年 1 月將棉花進口稅予以免稅一年，同時調降棉紗與棉布品進口稅，棉紗從 50%調降為 5%，棉布之平均稅率由 65%調降為 20%～30%之間；棉製品在 40%～80%之間，棉裝飾品稅率最高為 100%〔註 162〕。除進口稅的調整外，禁止進口非日常必需同時也是高稅率之棉製品，並暫停進口織工較細緻的洋細紗布、針織棉布達 24 項，管制進口織工較好的針織衣褲類，9 月也將棉紗列入管制的品項，總計有 31 項占第一類 28.7%的棉紡商品被列入進口管制。藉由調整棉花免稅、棉紗低關稅、棉織品高管制的政策，政府試圖在台重建棉紡織工業，只是民國 39（1950）年台灣進口的棉紡織品中，棉布高達 95.06%〔註 163〕。

　　若欲從調整關稅降低棉布的進口數量，因關稅之修改必須經過立法程序，緩不濟急，政府乃於民國 40（1951）年 4 月，利用停止申請棉布進口結匯的方式，管制棉布進口〔註 164〕。同年 8 月發布「台灣省紗布管理暫行實施辦法」，將台灣之棉紗生產，由行政院美援運用委員會花紗小組統籌統配，由中央信託局代為執行（第二條），並規定各種進口及省產紗支，統由台灣省政府核定最高售價（第四條），而且限定各種棉紗除向有關機關或中央信託局申請供配外，其餘一概不能存儲，並應於十五日內向台灣省警務處登記，逾期不登記概予沒入，且登記後兩個月內必須依照指定方式予以售用（第三條）。而與中央信託局訂有代織布料合約之工廠領得之棉紗，應照合約全部用以織造布料，如有剩餘應全部退還中央信託局（第九條）〔註 165〕。在統制紗、布物價與再生產機制的前後，政府運用美援棉花分配給紡織企業，解決了台灣棉花生產與棉花外匯不足的問題，美援棉花成為進口原棉的主要來源，民國 40（1951）年高達 98.81%、民國 41（1952）年 86.03%、民國 42（1953）年 81.34%、民國 43（1954）年 94.91%〔註 166〕。美援棉花加上紗布管理辦法，政府正式將代紡代織的花、紗、布統制政策推行於台灣。

　　代紡代織是擁有原棉的政府與業者之間的委託加工方式。假使紡織業者

〔註 161〕台南關稅務司公署訓令，第 664 號（民國 38 年 9 月 2 日）。
〔註 162〕《1952 准許進口貨品表及海關稅則》，頁 1～5。
〔註 163〕依據海關總稅務司署統計科編印，《中華民國四十年中國進出口貿易統計年刊（台灣區）》，頁 16～18 中第一組至第五組加以分類統計。
〔註 164〕林邦充，〈台灣棉紡織工業發展之研究〉，《台灣銀行季刊》20：2，頁 103。
〔註 165〕生管會檔案 02307682101.1。
〔註 166〕林邦充，〈台灣棉紡織工業發展之研究〉，《台灣銀行季刊》20：2，頁 87 表 11。

已擁有機械設備，又能獲得原料的分配、高額的加工費，尤其能確保其產品的市場，幾乎不需要自備任何藉以再生產的營運資金，而能確保豐厚的利潤。此意味著代紡代織對紡織資本家而言，可說是一種相當有力的資本累積機制〔註167〕。表 4-7 為民國 39～43（1950～1954）年間棉花、棉紗與棉布進口的變化情形，棉布的進口額由第一位降為第三位，棉花則躍升為最重要的商品，這意味著台灣棉紡產業的建立。民國 42（1953）年間，台灣已有工礦、中國紡織、華南紡織、大秦紡織、雍興紡織、申一紡織、台北紡織、台元紡織、六和紡織、彰化紡織、台中紡織、遠東紡織等 12 家〔註168〕。

表 4-7：民國 39～43 年棉花及棉製品進口概況表　　單位：新台幣（千元）

	民國 39 年		民國 40 年		民國 41 年		民國 42 年		民國 43 年	
	一般	美援	一般	美援	一般	美援	一般	美援	一般	美援
棉花	2,418	3,814	98	93,163	18,993	94,047	24,071	201,013	10,784	3,196,061
棉紗	879	0	1,145	2,059	23,742	50,546	---	34,264	2,431	3,920
棉布	113,448	23,292	79,191	12,587	39,459	21,053	3,718	94,968	690	1,234

1. 棉紗：包括未製本色棉紗與漂白、染色、光、絲光等棉紗。
2. 棉布：包括本色棉布、漂白或染色棉布、印花棉布、雜類棉布。

資料來源：
　　1. 依據海關總稅務司署統計科編印，《中華民國四十年中國進出口貿易統計年刊（台灣區）》，頁 16～18 中第一組至第五組加以分類統計。
　　2. 行政院主計處編印，《中華民國統計提要（民國 44 年）》，頁 100～101，表 58。
　　3. 民國 41 年以後之一般進口項目，係依據行政院主計處編印，《中華民國統計提要（民國 49 年）》，頁 144，表 44 數據。惟表內乃以美金千元統計，故將數額乘以官價匯率 10.3 換算成台幣數額。

　　有關此階段的台灣紡織產業資本的累積，劉進慶有相當精闢的分析，他認為台灣紡織資本的累積，是以代紡代織為主軸的紡織管制，以此扭曲市場結構，促使棉布價格暴漲，再藉由米布不等價交換，以及市場的壟斷銷售，博取暴利。因此他說：

〔註167〕劉進慶著，王宏仁、林繼文、李明俊譯，《台灣戰後經濟分析》，頁 215。
〔註168〕黃東之，〈台灣之棉紡工業〉，頁 21。

代紡代織制顯然是「犧牲消費大眾的利益，而讓少數紡織資本謀取

暴利」的「原始累積」機制。〔註169〕

以犧牲消費者的利益，而達成或促進生產者的利潤，這正是亞當斯密思於《國富論》裡，對重商主義之嚴厲批評。台灣棉紡產業在政府的積極協助下快速發展成為僅次於製糖業的製造業〔註170〕。民國41（1952）年5月尹仲容在訪織工業座談會即指出：台灣紡織工業，已接近飽和點〔註171〕。同年6月，行政院美援運用委員會以「省內紡織工業在政府保護及扶植之下已奠初基而產銷情形亦漸改善，且已臻自給自足，似無繼續管制之必要〔註172〕」為由，正式廢止「台灣省紗布管理暫行實施辦法」結束代紡代織之統制策略。此後，台灣棉紡織工業所面臨的問題是如何開啓外銷市場。

二、麻紡、毛紡與絲織品之關稅問題

麻紡、毛紡、絲織品與棉紡織品同為人類重要日常生活用品，同時具有重要的工業價值。

（一）麻及其製品

麻紡原料主要包括亞麻（Tlax）、苧麻（Ramie）、大麻（Hemp）、黃麻（Jute）等四種麻類，用途如帆布、棉麻混紡、麻袋、漁網、繩索等。有關台灣的麻紡織業，清代周鍾瑄的《諸羅縣志》提到：

麻與穀之屬異。解其片，淨刮之，績為布。有青、黃二種。……草

地間有種者。紵：……俗作苧，誤。「說文」：紵，草也。可以為繩。

宿根在地，入春自生，一歲三收。剝去其皮之表，取其裏以績布，

為之紵。土番間種之，甚短。婦女績線，俱用內地產者〔註173〕。

可見清代台灣至少有黃麻與苧麻兩手工業，作為繩索、麻布之用。據日本人的調查，黃麻約於康熙年間由漳州府人游念四於移住大埤頭游厝庄之際，傳入種子，爾後作為繩索與黃麻布等之用〔註174〕；至於苧麻的栽種與手工紡織

〔註169〕劉進慶，王宏仁、林繼文、李明俊譯，《台灣戰後經濟分析》，頁220。

〔註170〕同上註，頁209。

〔註171〕尹仲容，《我對台灣經濟的看法全集》（台北：美援運用委員會，民國52年），頁65。

〔註172〕生管會檔案02307682101.1。

〔註173〕周鍾瑄，《諸羅縣志·澎湖紀略（合訂本）》（台灣文獻史料叢刊第一輯，台灣大通書局印行），頁195。

〔註174〕熱帶產業調查會，《黃麻》（台北：殖產局農務課，昭和10年9月），頁1～2。

業可溯及荷蘭據台以前，台灣還是大陸海盜出沒基地時，大陸漂流民移轉中國苧麻栽培與採絲技能的結果，初在台南附近，漸次傳播到新化、曾文溪上流沿岸。後又從浙江溫州傳入台中而北傳，再由台北地區傳入宜蘭。總之，日本治台以前，苧麻乃台灣輸出大陸重要的商品之一，道光、咸豐年間為苧麻農作的最盛期〔註175〕。連橫說：

> 麻苧，安、嘉為多，新竹次之。配至汕頭、寧波，用以織布，乃再
> 配入，而台人不能自績也〔註176〕。

可見清代台灣黃麻、苧麻產業，以南台灣的嘉南地區居多，主要輸往大陸，再由大陸進口棉麻布供台灣島內消費，呈現台灣與大陸間之產業分工現象。日治以後台灣始有麻紡織工業，大正元（1912）年林獻堂首先成立「台灣製麻株式會社」，大正7（1918）年赤司初太郎設立「台灣苧麻紡織株式會社」，昭和10（1935）年山田五郎成立「台南製麻株式會社」等三家機械麻紡工廠，然台灣麻原料（尤其苧麻）依然大量輸往大陸〔註177〕，顯然台灣麻原料生產為數不少。昭和6（1931）年後，受到中國排日運動、手紡業衰退與關稅的影響，苧麻出口對象由大陸轉向日本，提供日本神戶、大阪、東京等地製麻會社的生產原料〔註178〕。總之日治時期台灣麻原料生產足足有餘，而麻紡工廠主要有黃麻紡織廠與苧麻紡織廠二類，苧麻紡織廠以生產夏布為主，惟因銷路甚差，乃轉向合成纖維方面發展。黃麻紡織廠以織造糖、米包裝用袋為主〔註179〕。從戰後的接收資料來看，民國35（1946）年5月間，台灣計有2所麻紡織廠、1家棉麻紡織廠與11所亞麻加工廠〔註180〕。

　　表4-8為戰後「麻及其製品類」之稅率結構，麻原料前期為7.5%、後期為15%，比棉花略高，對於既有的台灣黃麻與苧麻有產業保護作用。半成品除花邊飾物為50%外，均為15%，後期調高為25～30%。成品除亞麻布為7.5%、布袋為15%外，約為25～40%間，後期調高為10%、25%、45%～

〔註175〕熱帶產業調查會，《苧麻》（台北：殖產局農務課，昭和10年9月），頁2～4。
〔註176〕連橫，《台灣通史（下）》（台灣文獻叢刊第二輯，台北：古亭書局，民國68年8），頁640。
〔註177〕紡織雜誌社，《紡織要覽（昭和14年度）》（東京：紡織雜誌社，昭和15年），E4～6。
〔註178〕熱帶產業調查會，《苧麻》，頁9～10。
〔註179〕台灣省政府經濟建設動員委員會，《台灣之紡織工業》，頁8。
〔註180〕台灣省政府統計處，《台灣省統計要覽（第四五期合刊）》（台灣省政府統計處，民國36年9月），頁52。

80％。稅距比，前期1：2：3.3～5.3，後期1：1.6：3～5.3。從稅距比來看，前後期大約一致，若能再提高半成品關稅，以及投入資本，麻紡織應有相當的發展性。

表4-8：民國34～40年間「麻及其製品類」之稅率結構　單位：％

絲及其製品類的稅率結構					
	34、9月～37、7		37、8月～40、1		
原　料					
	正稅	名義保護稅率	正稅	名義保護稅率	協定稅率
1. 亞麻、苧麻、火麻、亂麻頭	7.5		15	23.63	--
半成品					
1. 夾棉或未夾棉紗、線	15		25	39.38	15
2. 夾棉或未夾棉繩索	15		30	47.25	--
3. 花邊、飾物	50		100	157.5	--
成　品					
1. 夾棉或未夾棉帆布（103）	25		45	70.88	--
2. 夾棉或未夾棉亞麻布（104）	7.5		10	15.75	5
3. 未列名夾棉或未夾棉亞麻布（105）	25		45	70.88	--
4.火麻袋、洋線袋（新、舊）	15		25	39.38	15
5.未列名衣服及衣著零件	40		80	126	--
6. 未列名夾棉或未夾棉亞麻、苧麻、火麻貨品	30		70	110.25	--

註：-- 為不是協定關稅項目

資料來源：

2. Inspector General's Circulars No.6727，附表「海關進口稅全稅稅率簡明表」。

3. 海關總稅務司統計科，《中華民國海關進口稅則（民國37年8月）》，頁1～7。

貿易管制方面，戰後初期除麻質花邊衣飾與繡貨（稅則：102）被列為「禁止進口」的商品外〔註181〕，其餘均開放進口。民國35（1946）年11月再將新舊麻袋（稅則：108、109）列為限額管制品，統由輸入限額分配處處

〔註181〕台北關稅務司公署佈告，第21號（民國35年3月27日）。

理，將帆布、麻質油帆布（稅則：103）列為外匯管制品，必須取得輸入許可〔註182〕。民國 37 年（1948）1 月，台灣省政府正式發布「限制進出口物資一覽表」，將麻袋列入禁止出省的管制物資。麻袋乃台灣重要商品米、糖的包裝容器，禁止出省乃為確保戰後復甦的穩定，只是禁止出口的結果，使得產量侷限內部消費。

政府遷台後，麻製品進口稅率並未調整，平均進口稅率維持在 34.13%，進口稅率 60% 以上者集中在衣服、飾物成品，而這些也都是禁止或暫停進口的商品；麻布分為 10～15% 與 45% 兩組，較低階的漂白素麻布稅率為 10～15%，其餘為 45%，不過兩者都被列為暫停進口類商品；帆布稅率也高達 45%，因具有軍事與產業用途准許進口。

至於半成品麻紗，稅率高達 25%，也被列為暫停進口商品，甚至新麻袋、亂麻頭都被列為暫停進口的商品。製麻原料是少數准許進口商品之一，但其進稅率高達 15%。因此，第二類僅剩製麻原料、麻繩、麻線、舊麻袋與帆布開放進口，幾乎所有半成品與成品均列為暫停進口的品目，其管制品目也高達 55%。復以製麻原料稅率偏高，使得整體麻製品的關貿政策傾向限制洋貨進口的趨勢。

表 4-9：民國 41（1952）年麻製品稅率結構與貿易管制商品表

進口稅率	品　名
100%	花邊、衣飾品、繡貨
80%	未列名衣服及零件、夾棉或未夾棉麻質手帕
60%	夾棉或未夾棉麻貨品
45%	夾棉或未夾棉麻質帆布、油帆布、未列名夾棉或未夾棉亞麻布
20%～30%	麻紗（協定稅率：15%）、麻線、麻質繩索、洋線袋布（協定稅率 12.5%）、新麻袋（協定稅率：15%）、舊麻袋
10%～15%	麻原料、亂麻頭、漂白素夾棉或未夾棉亞麻布（協定稅率：5～7.5%）

說明：1. 黑體字、雙下標線如「花邊」：表示禁止進口類商品。
　　　2. 單下標線如「麻紗」：表示暫停進口類商品。
　　　3. 雙下標線如「新麻袋」：表示管制進口類商品。

資料來源：依據《1952 准許進口貨品表及海關稅則》第二類商品。

〔註182〕海關總稅務司署，通令第 7095 號（民國 36 年 7 月 25 日），附件一。

（二）毛及其製品

　　毛類製品中調降進口稅率者，包括半成品毛紗與毛線，以及針織呢絨、剪絨、回絨、衣服與零件等成品，平均稅率由 52.22％調降爲 45.09％。

表 4-10：民國 41（1952）年毛製品之稅率調整

37年8月			41年		
稅　則	商　品	稅　率	稅　則	商　品	稅　率
114	毛紗、線	45％	114	毛紗線	22.5％
116	毛針織呢絨	80％	116	毛針織呢絨	40％
120	剪絨、回絨	80％	120	剪絨、回絨	40％
122	未列名呢絨	80％	122	未列名呢絨	40％
127	衣服與零件	100％	127	衣服與零件	50％

資料來源：

1. 海關總稅務司署統計科，《海關進口稅則（中華民國 37 年）》，頁 9。
2. 《1952 准許進口貨品表及海關稅則》，頁 7。

　　進一步分析毛類製品的進口稅率結構與貿易管制情形，如表 4-11 所示，成品均爲 40％以上，而且除了毛質便帽、帽胚（稅率 50％～80％）准許進口外，所有毛類成品即使海關已調降稅率的針織呢絨、剪絨、回絨、衣服與零件等商品，也完全限制進口，合計限制進口的商品有 12 項，占第二類商品之 44.4％。因此，准許進口的毛類商品僅剩毛原料、毛紗與毛線、純毛或雜毛工藝用呢絨等，而毛原料進口稅率爲 15％，不過協定稅率爲 7.5％，使得毛紡產業得以取得較低成本的原料，對於產業發展應該有正面的助益。

表 4-11：民國 41（1952）年毛製品稅率結構與貿易管制商品表

進口稅率	品　名
100％	花邊、衣飾品、繡貨、地毯及其他地衣
80％	旗紗布、羽毛布、橡皮雨衣布、毯呢與毯套、毛毯與車毯、帽、未列名純毛或雜毛貨品
70％	帽胚
40％～50％	純毛或雜毛針織呢絨、純毛或雜毛剪絨回絨、未列名純毛或雜毛呢絨、未列名衣服及零件
22.5％～25％	毛紗與毛線、純毛或雜毛工藝用呢絨

15%	各式毛原料（協定稅率：7.5%）
5%	廢毛原料

說明：1. 黑體字、雙下標線如「花邊」：表示禁止進口類商品。
　　　2. 單下標線如「毛紗」：表示暫停進口類商品。
　　　3. 雙下標線如「毯呢」：表示管制進口類商品。

資料來源：依據《1952 准許進口貨品表及海關稅則》第三類商品。

（三）絲及其製品

絲製品為管制最嚴格的商品，除人造絲、絲紗線、羅底與雜貨外，不是禁止進口就是暫停進口，且平均進口稅仍然率維持 124.31%，亦為稅率最高的商品，乃是高稅率、高管制的代表。其實對照進口稅率，准許進口的絲製品中，人造絲、絲紗線、與未列名純絲或雜絲貨品，其進口稅率高達 100% 與 150%，即使協定稅率也在 50～70% 之間，僅羅底為 25%〔註 183〕。整體而言，政府對於絲製品可謂幾乎完全封殺其進口的可能性。

表 4-12：民國 41（1952）年絲製品管制商品表

第四類：絲及絲製品		
管制進口	暫停進口	禁止進口
	蠶絲（129） 廢蠶絲（131） 廢人造蠶絲（132） 絹紡蠶絲（133） 絹紡人造蠶絲（134甲、乙、丙） 純絲或雜絲橡皮雨衣布（141） 純絲或雜絲寬緊帶（143）	純絲或雜絲假金銀線（136） 純絲或雜絲花邊、衣飾、繡貨、其他裝飾用品（137） 純絲或雜絲針織綢緞（138） 純絲或雜絲針織剪絨、回絨（140甲、乙） 未列名純絲或雜絲針綢緞（142 全部 8 項） 未列名衣服及零件（144）
0 項	9 項	14 項
合計：23 項，占第四類商品之 79.3%		

資料來源：依據《1952 准許進口貨品表及海關稅則》第四類商品。

就紡織業整體之關貿政策而言，政府大幅調整棉紡織業的進口稅率結

〔註 183〕協定稅率有純絲或雜絲假金銀線（50%）、純絲或雜絲花邊飾物（70%）、純蠶絲、純人造絲剪絨與回絨（70%）。《1952 准許進口貨品表及海關稅則》，頁 8。

構與貿易管制政策，構成原料低關稅、成品高關稅的產業保護政策；至於麻紡、毛紡則僅開放少數原料進口，可是原料稅率也不低（15％），台灣本身麻原料生產充足，但是毛原料則必須仰賴進口，因此政府對毛原料採行協定稅率 7.5％，使得毛紡產業得以取得較低成本的原料。至於絲紡商品，政府幾乎是全面封殺進口的可能性。政府對於紡織產業可謂極盡可能的加以保護。

第四節　關貿政策的基軸

紡織工業尤其棉紡織業為此階段政府特予保護扶持產業，除此之外，政府對於各類產業所採取的關貿政策又是如何？當時政府外匯拮据、物價不穩定，而關稅又必須維持財政的需求，如何在財政收入與民生需求中並行不悖，應該是這階段關貿政策的核心問題。

一、飲食物資之關稅

飲食物資、用品包括第六類「食品飲料草藥類」、第七類「菸草類」。這二類的平均稅率都在 50％以上，管制商品比例也不低，第六類為 39.38％、第七類為 57.14％。進一步細部分析商品管制表與稅率表發現，在管制與高稅率的政策之中，部分商品是政府獎勵進口的對象，顯然政府對民生飲食商品有其特殊的看法存在。

表 4-13：第六、七類商品之平均稅率與管制數量比

	平均稅率	管制數量比
第六類食品飲料草藥類	72.89％	39.38％
第七類菸草類	98.58％	57.14％

資料來源：依據《1952 准許進口貨品表及海關稅則》各類統計。

第六類商品涵蓋日常生活的糧食、食材與飲料等，大類中分為「魚介海產品」、「葷食日用雜貨品」、「雜糧果品藥材子仁香料蔬菜品」、「糖品」、「酒類飲水品」等五品，各品之平均稅率如表 4-14 所示。此類進口稅之調整，僅於民國 39（1950）年間調降食用油與大豆、花生之進口稅率。為何僅單獨調降食用油的稅率，我們將從整體飲食物資來探討。

表 4-14：第六類各品平均稅率

品　類	平均稅率	品　類	平均稅率
1. 魚介海產品	76.88%	2. 葷食日用雜貨品	69.80%
3. 雜糧果品藥材子仁香料蔬菜品	39.66%	4. 糖品	88.33%
5.酒類飲水品	194.29%	第六類整組	72.89%

資料來源：依據《1952 准許進口貨品表及海關稅則》第六類商品稅率統計。

（一）菸酒專賣與糖禁

第六類商品中，禁止進口商品高達 22 項，為禁止進口類中的首位，暫停進口商品也有 54 項，合計 76 項，占第六類商品總數之 39.38%〔註 184〕，其中又以第六類的「糖品」、「酒類飲水品」的管制最為嚴厲。

如表 4-14 所示，「酒類飲水品」亦為第六類中稅率最高者，高達 194.29%，若不含汽水、泉水（稅率：80%），進口洋酒稅率均為 200%，顯然是保護政府菸酒專賣的政策，所以，第七類的菸草類平均稅率也高達 98.57%〔註 185〕。而且菸酒商品的進口管制也最多，所有酒類（稅則：403～419）計 21 項，以及菸草類 4 項（如表 4-15）成品，列為暫停進口的商品，僅剩製菸原料菸葉與碎菸 30%的較低稅率，得以讓公賣局進口原料，其實這些原料稅也是轉嫁於消費者身上。所以除菸葉外，其餘菸酒製品政府一律以禁止、暫停或課徵超高進口關稅。

表 4-15：第七類商品管制表

第七類：菸草類		
管制進口	暫停進口	禁止進口
	紙菸（420：100%） 雪茄菸（421：100%） 鼻菸、嚼菸（422：200%） 菸絲（424：200）	

〔註 184〕依據《1952 准許進口貨品表及海關稅則》第六類商品統計。
〔註 185〕第七類菸草類平均稅率由 124.31%調降為 98.57%，只是將紙菸、雪茄菸由200%降為 100%，其餘並未調整。依據《1952 准許進口貨品表及海關稅則》，頁 24 第七類國定稅率計算。

0 項	4 項	0 項
合計：4 項，占第七類商品之 57.14%		

資料來源：依據《1952 准許進口貨品表及海關稅則》第七類商品統計。

其次爲糖品平均稅率也高達 88.33%，多數糖類商品稅率均爲 100%，並把「各種糖精（401）」列爲暫停進口項目，僅糖漿（25%，協定稅率 7.5%）、葡萄糖（70%）稍低，這當然是爲了保護眾所皆知的台灣製糖產業。因此砂糖與菸酒同爲政府高度管制與課稅的商品，前者乃爲維護出口的優勢，後者爲降低民生消費，以及增進國家財政收入。

（二）魚介海產的高管制與高稅率

台灣爲一海島，漁業的發展也相當早。早在康熙年間，台人在台南沿海一帶圍築風櫃門塭、喜樹社小塭、鹽埕小塭，乾隆年間養殖業逐漸繁盛，至道光年間已廣開魚塭，包括鹽水塭、淡水塭、看天塭三種。如道光年間的萬丹港（今日的左營軍港），北自五里林溪南到桃子園的周邊，其主要天然條件，乃濱海淺水潟地與引水、排水渠道——後勁溪。後勁溪爲一潮汐河川，海水的高、低潮往往影響其河床的水位。右昌一帶的魚塭戶主要利用後勁溪潮汐的天然條件，在溪兩旁的潟地開發出廣大的海水養魚場。據盧德嘉的觀察說：「萬丹仔港源受五里林溪、灣中港、兼納十七堰合流入海。〔註 186〕」。堰者，乃圍海築田的濱海魚塭，清末的萬丹港起碼已被圍築成 17 口漁塭，逐見台灣養殖業之發達。

日本治台後引進近海與遠洋漁業技術，台灣漁業發展爲養殖漁業、沿岸漁業、近海漁業、遠洋漁業等。在台灣總督府的各項獎勵政策下，至昭和 6～10（1931～1935）年間，遠洋漁業產額占漁業生產總額的 68%〔註 187〕，昭和 15（1940）年台灣漁產數量達 119,521 公噸，爲戰前最高紀錄〔註 188〕；不過在水產物品的貿易上仍爲入超，輸、移入水產中又以鹽乾魚占大部分〔註 189〕。

戰後自日本人去後，漁業一蹶不振〔註 190〕。當時漁業政策爲：近海漁業、

〔註 186〕盧德嘉，《鳳山采訪冊》（南投：台灣省文獻委員會，民國 82 年 6 月），頁 62。
〔註 187〕高橋龜吉，《現代台灣經濟論》（台北：南天書局，民國 84 年 1 月台一版）頁 470。
〔註 188〕台灣銀行經濟研究室編，《台灣漁業之研究（第一冊）》（台灣研究叢刊第 112 種），頁 2。
〔註 189〕高橋龜吉，《現代台灣經濟論》，頁 478。
〔註 190〕傅正主編，《雷震全集》32 冊，頁 5「1 月 3 日條」。

沿岸漁業及養殖業扶助民營，遠洋漁業集中公營〔註191〕。惟近海漁業、沿岸漁業與養殖業所需資金較少，迅速恢復戰前盛況〔註192〕。在關貿政策上，此階段「魚介海產品」的平均稅率為 76.88%，亦相當高。在 32 項商品裡分為 120%、100%、60%、50%、40%、30%等 6 組稅率，如表 4-16 所示。很明顯，高級海產品如鮑魚、海參、干貝、魚翅、淡菜乾，以及深海魚類處理後之魚骨、魚肚、魚頭、魚皮、魚唇、魚尾等均為高超高稅率，其中魚肚雖是協定稅率 25%，然除淡菜乾外，均被列為禁止或暫停進口商品；而民生常用鮮魚、蛤蜊、乾魷魚、墨魚、鹹魚、蝦米與魚罐頭，進口稅率在 50～60%之間，稅率也不低；較低稅率者僅海菜類產品，如石花花〔註193〕、海帶絲、海帶、海帶片等。整體而言，除海菜類商品外，其餘魚介類之海鮮與製品，進口稅率均在 50%以上，甚至為 120%，顯然政府除嚴格禁止高級海產的進口外，也希望降低一般魚介商品的進口，因此偏重消費稅的性質，這對於傳統台灣漁業，提供內銷的保護色彩。

表 4-16：民國 41（1952）年魚介海產品之稅率結構

進口稅率	品　名
100%與 120%	鮑魚、海參、干貝、蟹肉乾、魚骨、魚肚（協定稅率：25%）、魚頭、魚皮、魚唇、魚尾、淡菜乾、蠣乾、魚翅。
50%與 60%	蛤蜊、乾魷魚、墨魚、乾鱉魚、乾魚、煙燻魚、鮮魚、冰鮮魚、冰藏魚、鹹青鱗魚、鹹薩門魚、未列名鹹魚、蝦米、散裝未列名魚介海產、罐裝魚介海產品。
30%與 40%	散裝生海菜、石花花、海帶絲、海帶、海帶片、紅海藻。

資料來源：依據《1952 准許進口貨品表及海關稅則》第七類商品統計。

　　高關稅、高管制進口魚介海產品的同時，對於台灣傳統漁業則積極獎勵，如對於每年產量約佔全部養殖魚類產量 60%的虱目魚養殖業，即積極獎勵。

〔註191〕台灣銀行經濟研究室編，《台灣漁業之研究（第一冊）》，頁 13。
〔註192〕同上註，頁 2、表 1。
〔註193〕石花菜為野生海藻，台灣主要分佈在東北沿海及澎湖，日治時期皆移出日本用來製造洋菜，至 1934 年始將一部份石花菜製成半成品供台灣島內市場需求。此外，石花菜可供工業、農業用途。戰後，台灣所產之石花菜產量若全部製成洋菜，每年僅 3 萬台斤，僅敷台灣之內部需求。張秀俊，〈台灣之石花菜及洋菜〉，收於台灣銀行經濟研究室編印《台灣之水產資源》（台北：台灣銀行，民國 40 年 10 月），頁 50～59。

虱目魚養殖業之歷年大事，乃清明節前後撈捕虱目魚苗，只是有時魚苗產量不足必須仰賴進口。如昭和 18～19（1943～1944）年魚苗產量甚少，台灣總督府爲解決魚苗供應問題，曾於昭和 19（1944）年派船三艘前往菲律賓購回 4,707,519 尾，配給台南、高雄等地養殖〔註 194〕。二次大戰後台灣鹽業因日本市場喪失，鹽田面積逐漸減少，南部部分鹽田改爲虱目魚養殖，對於魚苗的需求大增。爲解決魚苗不足的問題，政府特別開放空運魚苗得以直接降落台南軍用機場，以利魚苗的存活率。如民國 39（1950）年 6 月間，魚苗商李東光及公信行，向民航隊包用飛機兩架，由香港載運魚苗至台南下卸；同年 7 月間，香港航空公司飛機載運魚苗一架次，迳由香港飛赴台南下卸；8 月 5 日前後，交通部民用航空局民航空運隊包機兩架次，由香港載運魚苗飛往台南下卸；民國 39（1950）年 8 月前後，交通部民用航空局民航空運隊代協泰行，由香港載運魚苗飛往台南下卸等，海關均准徵稅驗放〔註 195〕，而且對於此類進口「虱目魚魚苗」，應繳關稅之稅率也從低以 5％課徵〔註 196〕。

在政府的保護下，以及自民國 40（1951）年運用美援補助及銀行貸款獎勵民間建造漁船下，民國 42（1953）年台灣已有遠洋鮪釣漁船 353 艘〔註 197〕，民國 44（1955）年台灣漁產量已超越戰前最高產量，其中又以沿岸漁業與養殖業的增加最爲快速〔註 198〕。

（三）日用雜貨關稅之調整與休閒食品飲料之管制

表 4-17 爲日用雜貨之進口稅率與貿易管制商品，此品類平均稅率 69.8％，以 50％～120％的商品居多，且高稅率商品中計有 6 項被列爲禁止進口商品、

〔註 194〕陳同白，〈台灣之虱目魚養殖〉，收於台灣銀行經濟研究室編印，《台灣之水產資源》，頁 31。

〔註 195〕當時僅台北松山機場爲國際民用航空機場，惟台北氣候變化無常，影響航機起降。交通部爲確保飛航安全，便利國際交通起見，洽空軍總司令部之同意，開闢台南機場爲國際航線技術降落站。外國飛機來台，如因台北氣候欠佳可在台南機場降落，但不得裝卸客貨。海關總稅務司署訓令，第 151 號（民國 39 年 6 月 20 日），附件「關務署代電，台關政字第 365 號」。海關總稅務司署訓令，第 168 號（民國 39 年 7 月 20 日）。海關總稅務司署訓令，第 177 號（民國 39 年 8 月 2 日）。海關總稅務司署訓令，第 188 號（民國 39 年 8 月 19 日）。

〔註 196〕海關總稅務司訓令，第 662 號（民國 41 年 5 月 26 日）。

〔註 197〕台灣銀行經濟研究室編，《台灣漁業之研究（第一冊）》，頁 13。

〔註 198〕〈台灣的漁業〉，《自由中國之工業》7：2（民國 46 年 2 月 25 日），頁 18～22。

13 項商品被列為暫停進口類。這些高稅率與管制進口的商品包括休閒食品如茶葉、咖啡、蜂蜜、巧克力、果汁、果露、糖食、餅乾等，以及日用食用牛肉、豬肉、火腿、雜糧麥麵、奶油、奶酥、可可、葡萄乾等。不過，咖啡、奶油、奶酥、可可、臘腸協定稅率均為 30%，葡萄乾協定稅率 20%，算是比較特殊。

表 4-17：民國 41（1952）年日用雜貨之進口稅率與貿易管制商品

進口稅率	品　名
100%與 120%	燕窩、巧克力、糖食、製餅、蜂蜜、果醬、果汁、果露、糖汁、茶葉、罐裝雜糧製品如麥條麵、罐裝食用動物膠。
70%與 80%	蘆筍、鹹豬肉與火腿、鹹牛肉、餅乾、奶油、魚子醬、奶酥、可可、罐裝豬油、罐裝通心粉與粉絲、假奶油、乾肉與鹹肉、豬肉皮、醬油與調味品、臘腸、散裝食用動物膠、散裝雜糧製品如麥條麵
50%與 60%	可可豆、可可脂、咖啡、葡萄乾、蛋、散裝豬油、散裝通心粉與粉絲、肉汁、
20%～45%	發酵粉、淡牛奶、煉乳、牛奶粉、魚肝油、橄欖油、生菜油

說明：1. 黑體字、雙下標線如「燕窩」：表示禁止進口類商品。
　　　2. 單下標線如「巧克力」：表示暫停進口類商品
資料來源：依據《1952 准許進口貨品表及海關稅則》第六類商品。

　　稅率較低者，僅發酵粉、淡牛奶、煉乳、牛奶粉、魚肝油、橄欖油、生菜油，其中生菜油政府特別將先前的稅率 80%～100%調降為 40%～50%，並把花生油調降為 20%，而且也都是協定稅率的商品，稅率在 10%～20%之間，如表 4-18 所示。何以獨惠食用油脂？

表 4-18：民國 40（1951）年食用油稅率調降情形

37 年 8 月			41 年		
稅則	商品	稅率	稅則	商品	稅率
334	未列名食品	---	334	未列名食品	---
甲	生菜油	---	甲	生菜油	---
（一）	散裝	80%	（一）	散裝	40%
（二）	罐裝或他種裝	100%	（二）	罐裝或他種裝	50%
丁	其他	---	丁	其他	---

（一）	散裝	80%	（一）	散裝	20%
（二）	罐裝或他種裝	100%	（二）	罐裝或他種裝	20%

資料來源：依據《1952 准許進口貨品表及海關稅則》第六類商品。

　　油脂為人類日常主要食品，早在清代，台灣南部平原地區即已開設許多舊式之油坊，然而至日本治台後三十餘年間，尚停滯舊式以人力、獸力操作，以木楔榨油機為主的方法。以致台灣所生產之落花生移出日本，而移入花生油、大豆油及其他植物油以供需用。嗣至中日戰爭全面爆發前後，台灣總督府為增產軍需用油，並謀台灣食油能自給自足，才鼓勵日本人在台投資創設新式榨油工廠，其中規模較大者，有台灣油脂株式會社及杉原產業株式會社〔註199〕。雖然日治末期有較為大規模的擴充，不過台灣食用油脂仍不足自給，二次大戰以前多由日本及大陸輸入油脂或其原料進口供應；戰後初期全由大陸運濟，至民國 39（1950）年仍有 39% 的植物油脂仰賴進口〔註 200〕。由此可見建立自給自足的食用油工業乃此階段的課題之一。因此，除了調花生油、蔬菜油的進口稅率以裕民生外，也對於生產食用油工廠予以減稅獎勵。民國 40（1951）年 5 月，資委會台灣農業化工廠自美輸入米糠煉油廠及大豆花生煉油廠各一座，進口價值共需 243,950 美元，財政部以：

> 煉油廠每日產油量各有 50 噸之多，對於台灣民生將來貢獻頗大。因此項購貨籌付貨款已感困難，准上述機器進口特別予以優待從價百分之五計算關稅；全部按真正起岸價格加百分之五為完稅價格，並照百分之五計算關稅。〔註201〕

煉油廠機器應屬第五類稅則 252 子-2 號「煉油機器及其配件」，稅率為 10%〔註202〕，而完稅價格由 CIF 外加 10% 降為外加 5%，所以財政部賦予台灣農業化工廠減半的關稅優惠，不僅如此，外匯折合率也是最有利的 1：10.3 的官價匯率。民國 41（1952）年 3 月間，該廠續運建廠設備美金 145,146 元，財政部仍然給予同樣的優惠〔註203〕，而且對於美援進口之黃豆，其完稅價格之

〔註199〕吳福員，〈台灣之榨油工業〉，收於台灣銀行經濟研究室編，《台灣之植物油脂資源》（台北：台灣銀行，民國 43 年）10 月），頁 1～54。
〔註200〕吳福員，〈台灣之榨油工業〉，頁 38～39、表 16。
〔註201〕海關總稅務司署訓令，第 584 號（民國 41 年 2 月 7 日），附件「財政部代電」。
〔註202〕海關總稅務司署統計科，《海關進口稅則（中華民國 37 年）》，頁 16。
〔註203〕海關總稅務司署訓令，第 630 號（民國 41 年 4 月 11 日）。

核估，也以物資局黃豆配售價格為薑發市價核算，以計徵關稅〔註204〕。

調降食用油脂與榨油機器的進口稅率同時，也大幅調降生產食用油原料的稅率，如主要榨油原料落花生、大豆，其稅率由40%、25%調降為15%、10%〔註205〕。其中，大豆更是美援的重點之一。

總之，包括食用油之生產設備與原料，政府均賦予相當的關稅優惠，亦即對於民生必需品，是積極從優處理。政府對於日用雜貨商品的關貿政策，以盡量限制自產而能滿足生活基本需求為原則，對於違反此原則的商品則予以管制或課徵高額的關稅。

（四）糧食、蔬果、香料與藥材

糧食、蔬果、香料與藥材平均稅率為39.66%，為第六類商品中最低者，如表4-19所示，本土重要出口商品樟腦不僅稅率高且被列為禁止進口商品，蘋果與栗非必需品，洋參與野參為高級中藥材或補品，不僅稅率高也是暫停進口商品；檸檬、橘子台灣亦盛產，民國41（1952）年1月間省政府頒佈「獎勵本省滯銷品外銷辦法」，柑橘、橄欖等 20 種「滯銷產品」之一，予以結匯上的優惠〔註206〕。

相對於高關稅與高管制，糧食類與常用草藥商品的進口稅率較低，民生必需食糧米、穀則免稅。因此，在糧食蔬果藥材類商品，政府開放維生物資的進口，限制非必需或本土既有的生產果類進口。

表4-19：糧食、蔬果、香料與藥材之進口稅率與貿易管制商品

進口稅率	品　名
80%與100%	蘋果、栗、洋參、野參、檸檬、橘子
50%～70%	樟腦、冰片、雜糧粉（如燕麥片）、乾果、薑、洋菜、荔枝乾、金針菜、桂圓肉、桂圓、香菌、橄欖、胡椒、杏仁、蓮子、瓜子、松子、未列名香料與調味品、罐裝或瓶裝蔬菜
20%～40%	八角茴香、阿魏、乾檳榔衣、乾檳榔、三奈、桂皮、桂枝、茯苓、肉桂、丁香、母丁香、高根、椰子乾肉、霍希花、大麥芽、未列名草藥、嗎啡及其衍生物、散裝肉荳蔻、鴉片酒、散裝陳皮、山薯、木香、大楓子、芝麻未列名子仁、甘蔗、散裝蔬菜

〔註204〕海關總稅務司署訓令，第1047號（民國43年2月24日）。
〔註205〕海關總稅務司署統計科，《海關進口稅則（中華民國37年）》，頁21～22；《1952准許進口貨品表及海關稅則》，頁21～22。
〔註206〕《1952准許進口貨品表及海關稅則》，頁首。

7.5%～15%	大麥、蕎麥、玉蜀黍、小米、燕麥及其他雜糧、大豆、豌豆、糖麩、 砂仁、荳蔻、小麥、小麥粉、飼料、花生、胡黃連、小柯子、奎寧 樹皮、番瀉葉
免稅	米、穀

說明：1. 黑體字、雙下標線如「樟腦」：表示禁止進口類商品。

　　　2. 單下標線如「野麥」：表示暫停進口類商品

資料來源：依據《1952 准許進口貨品表及海關稅則》第六類商品。

　　台灣農業發達相當早，清代與日治，台灣輸出大量的農產品以換回其他生活物資與資本財，甚至引以爲出口換取外匯的主力，如糖、茶、樟腦、水果等，米穀生產也傲爲清代大陸與日治內地的糧倉。因此，政府對於飲食物資商品以「自主與節儉」爲原則，凡台灣自產的產品幾乎限制進口，而除維生糧食、榨油原料與一般香料採低關稅、低管制外，其餘也嚴格限制。其中專賣的菸酒幾乎完全封殺，日用雜貨與休閒飲料以「節儉」爲前提，非民生必需即予限制進口；魚介海產與蔬果香料則以稅制量。

二、金屬原料與機器工具

　　金屬原料與機器工具歸類爲第五類商品，整類平均進口稅率由 29.38％略微調降爲 29.13％，主要調降商品包括礦砂與舊鐵如表 4-20 所示，民國 41（1952）年底又調降生鐵及鐵磚稅率：

1. 礦砂品：民國 37（1948）年 8 月修訂稅則僅 146 號一條，稅率爲 7.5％；民國 39（1950）年間將 146 號稅則再分爲 146 甲與 146 乙等二條，其中 146 甲再單獨列出 146 甲-1 爲專供製造肥料用之硫化鐵礦石，其稅率降爲 5%，其餘各類礦砂品則維持 7.5 的稅率不變。

2. 金屬品：金屬品方面，稅則 208 號（未列名舊鐵、碎鐵——供再製造用），稅率由 17.5%降爲 12.5%。

3. 民國 41 年 12 月，生鐵及鐵磚（稅則 185）稅率，原稅率 20％，後改爲暫按 15％徵稅。[註207]

〔註207〕海關總稅務司署通令第 89 號（民國 41 年 12 月 5 日）。

表 4-20：民國 41（1952）年間礦砂品之稅則與稅率之調整

37 年 8 月			41 年		
稅　則	商　品	稅　率	稅　則	商　品	稅　率
146	各種礦砂	7.5	146 甲	硫化鐵礦石	
			（一）	製造肥料用	5
			（二）	其他	7.5
			146 乙	其他	7.5

資料來源：依據《1952 准許進口貨品表及海關稅則》第五類商品。

　　至於貿易政策方面如表 4-21 所示。首先，將釀酒、製菸、製造橡皮貨之機器與車輛列為管制進口的商品，釀酒與製菸為政府專賣事業，其生產機器列為管制品，容易理解。至於車輛與鬧鐘，就當時的局勢與消費能力，比較傾向奢侈品而被列為管制。

表 4-21：民國 41（1952）年間金屬及其製品管制商品表

第五類：金屬及及製品		
管制進口	暫停進口	禁止進口
釀酒、蒸餾、製糖機器（252 戊） 製造橡皮貨品機器及其配件（252 己） 捲菸機器及其配件（252 辛） 未列名車輛及其配件（258） 鬧鐘（261 甲～1）	色箔或花箔（148 甲、乙） 鋁粒、錠、塊（149） 鋁片、板（150） 黃銅螺釘、墊圈（154） 黃銅釘（156） 黃銅螺旋釘（158） 黃銅片、板（159） 黃銅小釘（160） 紫銅螺旋、墊圈（165） 紫銅錠、塊（166） 紫銅釘（167） 錨及零件（175 甲、乙） 未鍍鋅鋼鐵之墊圈（177） 未鍍鋅鋼鐵之毛胚（178） 未鍍鋅鋼鐵之鐵絲、圓釘（184） 未鍍鋅鋼鐵之生鐵與鐵磚（185） 未鍍鋅鋼鐵之狗頭釘（193）	

	未鍍鋅鋼鐵之小釘（194） 花馬口鐵（195） 鍍錫鐵小釘（198） 鍍鋅鋼鐵之墊圈（201） 鍍鋅鋼鐵之小釘（202） 鍍鋅鋼鐵之其他類（206） 鍍鋅或未鍍鋅鋼鐵之舊絲繩（210） 未列名鉑器、金器、銀器，及鍍有貴金屬之金屬器（242） 槍械及子彈（259甲、乙） 金屬床架（260甲、乙） 火爐、烹飪器（262甲、乙） 空馬口鐵箱（272甲、乙）	
5項	34項	0項
合計：39項，占第五類商品之19.6%		

資料來源：依據《1952准許進口貨品表及海關稅則》各類統計。

　　暫停進口商品有34項，除金屬器、槍械及子彈、金屬床架、火爐、烹飪器、空馬口鐵箱外，包含輕、重金屬原料與半成品，不過，比例甚低。顯然在貿易政策上，少數鋁、銅、鋼鐵之原料與半成品暫停管制，這應該是台灣既有台灣鋁廠、金銅礦務局、台灣鋼廠得以生產自給產品有關。如民國39（1950）年台灣鋁廠的運銷計劃因大陸市場喪失、國際鋁錠價格低落，故決定緊縮，除儘量供應省內需用外，也擴充加工計劃，以為將來外銷之準備〔註208〕。合計限制進口的商品僅39項，占第五類商品之19.6%，復以29.13%的平均稅率，顯然政府對此類的關貿政策是開放的。

　　再分析第五類的進口稅率結構發現，鉑（226）、船（255）與金銀條、幣（215）免稅，所有礦砂原料（146）、飛機（253）、救火車（254）、鐵路或電車用品（257）在5%～7.5%之間，機器、工具為10%，各類金屬原料與半成品約在15～45%之間，以20～30%居多。至於汽車與家電用品稅率較高約在40～80%之間，比較特殊為家用電冰箱為150%、防身或獵用槍械子彈為120%〔註209〕。很明顯，除少數個人、家用電器成品高關稅外，包括

〔註208〕薛月順，《資源委員會檔案史料彙編——光復初期台灣經濟建設（上）》（台北：國史館，民國82年11月），頁255。
〔註209〕《1952准許進口貨品表及海關稅則》，頁9～18。

礦砂、金屬原料、金屬製品，乃至機器與工具，偏低的進口稅間接鼓勵進口，再配合省府管制部分專賣產業的機器與皮貨製造機器的進口，以及少數金屬原料與半成品，整體而言，政府對於第五類金屬製品與機械工具等資本財，是以低關稅、低管制來促進進口，而非資本財則以進口稅率來管制商品進口的數量。

至於協定稅率方面，金屬原料與半成品約調降四到五成之間約 10%～30%；機械與工具的國定稅率已相當低，所以協定稅率也幾乎完全與國定稅率一致。比較特殊而違背節儉原則者乃家用電器、冰箱，國定稅率 100%、協定稅率 25%，家用電器冰箱零件國定稅率 50%、協定稅率 25%烹飪器及其配件國定稅率 60%、協定稅率 25%。

在低稅率、低管制促進金屬原料與機器工具的同時，政府也積極獎勵低價金屬原料與零件的獲得，其中最重的政策莫過於沉船打撈、拆船工業與廢金屬再利用的產業。

早在民國 22（1933）年 8 月間規定，對於沉沒輪船之起出材料，如係在我國領水界限以內沉沒起出者，概予免稅；如在領水界限以外沉沒起出者，應行徵稅〔註 210〕，可見當時尚未全面獎勵打撈沉船。嗣後稍為擴大範圍，以所有本國各船廠購運之行船儀器，及屬於稅則第 255 號（乙）專供造船用之未列名零件及材料，均應一律免稅。並對於國內造船所，由外洋進口之專備拆卸船隻，亦應同樣辦理〔註 211〕。

民國 36（1947）年 7 月間，上海市華商中聯企業股份有限公司函，該公司所有原在國內航行之中聯輪船，上海航政局以其過於陳舊，著令停駛，該公司乃即報請拆散，所有拆散材料，並請准免徵稅。海關為此呈報關務署決議：

1. 凡以自動力行駛進口專為拆散目的來華之船隻，除由國內造船所購辦待拆之船隻，應照專案免稅外，無論載貨與否，其拆散材料概行徵稅。

2. 由外洋憑自動力來華船隻，無論用為裝運客貨，如曾在國內沿海航行達六個月以上，因故須予拆散者，拆散材料屬於進口稅則第 255 號（乙）專供造船用之材料，及第 630 號內行船儀器者，得

〔註 210〕Inspector General's Circulars No.4700（Shanghai ,28th August, 1933）。
〔註 211〕Inspector General's Circulars No.5450（Shanghai ,5th February, 1937）。

准免稅，其他材料，概行徵稅。〔註212〕

因此戰後初期，有關廢棄船拆解所得原料與器材尚未全面開放。與此同時台灣省署方面，爲獎勵人民打撈日人遺留物資，以裕國家財源，訂定「領海撈獲物資規定」免稅進口。如民國41（1952）年1月間，南海打撈公司大吉輪在南沙群島附近打撈物資計得大小銅塊154支（約五噸）、銅塊166塊（約1噸餘）、銅絲268綑（約半噸）、廢鐵約2～3噸及雜銅等〔註213〕，關務署特准免徵進口稅〔註214〕。民國41（1952）年6月5日關務署將打撈沈船，修改爲：「沉沒輪船起出之材料，應照部定，無論在領海或在公海起出，如係應稅未稅貨品，均應徵課進口關稅之原則辦理，原以領水界限爲其稅項徵免標準之辦法，不再適用」〔註215〕，對於打撈沉船的政策轉爲獎勵積極。至於解體船隻的獎勵較晚，民國42（1953）年1月間，華孚航業公司將所屬「華孚輪」解體所得鐵材，台南關憑高雄港務局所估1,508噸課徵關稅〔註216〕。不過同年9月財政部對於此二類事業所得材料具體規定

1. 解體船隻凡持有交通部核准解體文件，經關驗明屬實者，其拆散材料，統准免稅。

2. 打撈沉沒船隻起出之船身材料，經關核明屬實者，統准免稅。

〔註217〕

所謂解體船隻拆散材料及沉沒船隻起出材料，包括船身之鋼、鐵、木材；屬於進口稅則255號乙之專供造船用材料，及630號之行船儀器；機器、鏈錨、及其他附屬於船身之固定設備等〔註218〕。總之，對於金屬原料逐步走向免稅開放之政策。

三、化學產品及染料類

化學產品及染料類爲海關稅率表第八類商品，該類平均稅率由28.796%微調爲28.35%〔註219〕，主要調降部分爲化學肥料，如表4-22所示，包括硫酸銨、

〔註212〕海關總稅務司署通令，第7172號（民國36年11月6日）。
〔註213〕海關總稅務司署訓令，第571號（民國41年1月21日）。
〔註214〕海關總稅務司署訓令，第652號（民國41年5月9日）。
〔註215〕海關總稅務司署通令，第80號（民國41年6月9日）。
〔註216〕海關總稅務司署訓令，第798號（民國42年1月14日）。
〔註217〕海關總稅務司署通令，第101號（民國42年9月8日）。
〔註218〕海關總稅務司署通令，第112號（民國43年3月10日）。
〔註219〕《1952准許進口貨品表及海關稅則》，第八類商品稅率計算所得，頁25～28。

燐肥、硝酸鉀，以及各種未列名人造肥料，將專供製造，進口稅率均由 15%～
25%一律調降為 5%；不僅如此，歸類為第五類礦砂品，而專為製造肥料用途
之硫化鐵礦砂，亦由 7.5%降為 5%，其餘各類礦砂則維持 7.5%〔註220〕。不言
而喻，政府對於進口肥料與肥料製造特別照顧，如此兼顧台灣農業對於肥料的
大量需求，也進而建立台灣自主性的肥料工業。而農業不僅是民生自主的主要
產業，更是出口的主力，進口肥料與製肥工業之重要，也就更為清楚。第五章
將探討關貿之獎勵政策之一的關稅記帳制度，即與肥料事業有密切的關係。

表 4-22：民國 34～38（1945～1949）年間的肥料進口稅率

商　品	民國 34 年 9 月	民國 37 年 8 月	民國 38 年 3 月
硫酸銨（440）	15%	25%	5%
未列名人造肥料（450）	10%	15%	5%
燐肥（450 甲）	---	15%	5%
其他各種未列名人造肥料（450 乙）	---	15%	5%
硝酸鉀（463）	10%	25%	5%

資料來源：

　　1. 台南關稅務司公署訓令，政字第 626 號（民國 38 年 3 月 17 日）。

　　2. 海關稅務司署統計科，《中華民國海關進口稅稅則（1934）》，頁 26。

　　3. 海關總稅務司署統計科，《海關進口稅則（中華民國 37 年）》，頁 29。

　　整體而言，第八類商品分為「化學產品與藥品」、「染料、顏料、鞣料、
油漆凡立水」等二大品 135 項商品，平均稅率不高，為 28.35%，而二大品平
均稅率亦相當接近，前者為 27.95%、後者為 29.13%。至於貿易政策方面，
如表 4-23 所示，有 7 項商品被列為管制進口商品、20 項為暫停進口商品，占
第八類商品之 18.62%。相對地，此類協定稅率商品也較多，僅次於「第五類
金屬及其製品類」，共有 44 項占第八類 135 項商品之 32.59%。緣此，此類商
品應為政府開放進口的商品之一。

〔註220〕台南關稅務司公署訓令，政字第 712 號（民國 39 年 1 月 18 日）。台南關稅務
　　　　司公署訓令，政字第 722 號（民國 39 年 2 月 25 日）。

表 4-23：民國 41（1952）年間化學產品與染料管制表

第八類：化學產品與染料		
管制進口	暫停進口	禁止進口
硫酸銨（440） 未列名化學人造肥料（450 甲、乙） 氯化鉀（459） 純鹼（465） 硫磺（479 甲、乙）	乙炔（426） 鹽酸（430） 硫酸（433） 酒精（434 甲、乙、丙） 次氯酸鈣（444 甲、乙） 碳化鈣（446） 液體氯（448） 臭樟腦（454） 氧（455） 燒鹼（469） 矽酸鈉（475） 硫酸鈉（476） 硫化鈉（477） 碳酸鈣（480 丁） 碳酸鎂（480 庚） 魚肝油丸（481 戊） 薑黃（512）	
7 項	20 項	0 項
合計：27 項，占第八類商品之 18.62%		

資料來源：依據《1952 准許進口貨品表及海關稅則》第五類統計。

四、能源燃料

當時主要燃料能源為煤與燃料油（汽油、柴油、煤油），燃料油歸列於第九類，煤為第十三類。此二類商品之平均稅率較低，第十三類為海關進口稅率表十六類商品中最低者，僅為 18.13%；第九類稅率 28.79% 為稅率次低商品。在貿易政策上，第九類僅將煤油一項列為暫停進口的商品，占整類之 2.44%；而第十三類則高達 50%，且都是燃煤製品。可見同為燃料能源，政府的管制措施有所不同。

（一）燃料油與工業原油

燃料油包括汽油、柴油、煤油，為軍事、工業與民生之必需品。在汽

車與電力照明尚未普及化的年代，煤油則爲民生照明〔註221〕，汽油、柴油則爲軍事、工業與航空用途。而這些燃料油，其生產原料則爲原油（Crude Oil）。

因爲燃料是工業化以後一切動力的根本，早在國民政府時期，包括原油、柴油、汽油均免稅，而民生用途的煤油課徵 30% 的進口稅，這也使得煤油成爲當時走私進口相當猖獗的商品之一〔註222〕。民國 36（1947）年 10 月 1 日，政府第八次國務會議決議，本爲免稅進口的汽油、柴油與稅率 30% 的煤油，調高進口稅率爲 50%〔註223〕。從大幅調高燃料進口稅率開始，政府其實已著手整體關稅稅率的調整，對於軍事、工業用途相當重要的柴油，隨即於民國 37（1948）年 1 月 1 日調降爲 18%〔註224〕。民國 37 年（1948 年）1 月 1 日開徵的臨時附加稅（45%）與既有的海關附加稅（5%），也將煤及煤焦、汽油、煤油、柴油等能源商品，均予排除。表 4-24 爲燃料油稅率調整的情況。

表 4-24：燃料油進口稅的調整情況

	民國 34 年 9 月	民國 36 年 10 月	民 37 年 1 月
原　油	免稅	免稅	7.5%
柴　油	免稅	50%	18%
汽　油	免稅	50%	60%
煤　油	30%	50%	50%

資料來源：

1. 台北關稅務司公署佈告第 90 號（民國 36 年 10 月 1 日）。
2. 台北關稅務司公署佈告第 111 號（民國 37 年 1 月 6 日）。
3. 《1952 准許進口貨品表及海關稅則》，頁 29。

〔註221〕民國 20 年的海關年報提到，煤油油價上漲，使得貧困用戶不敢問津，相繼改用舊式燃料如荳油、他項植物油及蠟燭，至較大城市電氣之需用增加，亦爲減少煤油進口之重要原因。國史館重印，《中華民國海關華洋貿易總冊——中華民國二十年（1931）（一）》，頁 86～87。
〔註222〕國史館重印，《中華民國海關華洋貿易總冊——中華民國二十年（1931）（一）》，頁 87。
〔註223〕台北關稅務司公署佈告第 90 號（民國 36 年 10 月 1 日）。
〔註224〕台北關稅務司公署佈告第 111 號（民國 37 年 1 月 6 日）。

　　至於台灣，其油田試探始於清末，分別在苗栗、枋寮、玉井各有油井，日產約 40 斤。日治以後，計有寶田石油株式會社、南北石油株式會社、日本石油株式會社，以及海軍投入台灣油田的開採〔註 225〕。二次大戰後，台灣煉油與油品行銷統籌由中國石油公司接收，計中國石油公司台灣營業所接收台灣石油販賣有限會社、出光興產株式會社台北支店、日本油業株式會社台灣支店、日本石油聯合株式會社台北事務所；高雄煉油廠則接收海軍第六燃料廠高雄工場、日本石油株式會社高雄製油所、共同企業株式會社台灣出張所、日本油槽船株式會社高雄出張所〔註 226〕。接受後的產銷計劃上（民國 39 年），石油產品限銷省內，丁醇則外銷，天然氣供應新竹、苗栗一帶燃料用〔註 227〕。政府為管制燃油，民國 40（1951）年 8 月訂定「台灣船用燃油限制辦法」，規定公民營輪船公司使用船用燃料油、輕柴油及煤油，應先向交通部申請核准後，交通部按需供情形分別統籌核定配給數量，而且不得私自出售燃油〔註 228〕。除作為燃料之外，石油在化學工業乃肥料工業與塑膠工業的上游的原料〔註 229〕，原油 7.5% 的低關稅，使中油公司成為油品與化學工業的龍頭。

（二）燃煤之進口管制

　　台灣煤礦之開採始於十九世紀中葉，因外國船舶來台日多，所需燃料煤日殷，由民間開採販賣煤炭每年產量達 6 千噸以上〔註 230〕。日本治台以後，台灣煤礦有著大幅的成長，最高產量曾達二百八十五萬餘公噸（1941 年），不僅提供台灣內部消費，亦為外銷商品之一，最高有 51.72% 的煤產提供外銷（1924）〔註 231〕。二次大戰後，政府接收台灣礦山，所採取的措施是延續日治後期以來的煤業統治政策，統由「台灣省石炭調整委員會」（簡稱石調會）

〔註 225〕小林久平，《石油工業》（東京：日本評論社，昭和 11 年 1 月），頁 41～43；273～275。

〔註 226〕薛月順，《資源委員會檔案史料彙編──光復初期台灣經濟建設（上）》（台北：國史館，民國 82 年 11 月），頁 141～147。

〔註 227〕同上註，頁 254。

〔註 228〕海關總稅務司署訓令，第 454 號（民國 40 年 8 月 1 日）。

〔註 229〕張志純，《塑膠大全》（台北：國史館，民國 82 年 11 月），頁 22。

〔註 230〕黃嘉謨，《甲午戰前之台灣煤務》（台北：中央研究院近代史研究所，民國 50 年），頁 9～45。

〔註 231〕陳慈玉，《台灣礦業史上的第一家族──基隆顏家研究》（基隆：基隆市立文化中心，民國 88 年 6 月），頁 28～31，表 1-4。

統籌收購和配售。石調會因運輸條件的限制和求取較高利潤的考量，將煤炭運輸到基隆港口以供外銷〔註232〕，民國35～37（1946～1948）年總計輸出煤炭產品約佔台灣出口大陸總額之 1.236%、3.978%、6.96%；外銷至國外也占有 2.38%、0.16%、0.02%、0.68%（1949 年）之比例〔註233〕。政府遷台後，台煤失去大陸市場，因而生產過剩，後來轉為外銷國外，與砂糖、米、茶、鹽、香茅油、香蕉、鳳梨罐頭同為台灣在民國 40 年代主要的出口產品〔註234〕。所以燃料煤雖然稅率不高，其整組平均稅率僅 18.13%，卻計有 3 項包括炭、煤、煤磚等，被列為管制進口的商品，如表 4-25 所示。

表 4-25：第十三類燃煤之稅率與管制

稅　率	貨　名
20%～30%	炭、煤、煤磚、焦炭
10%	瀝青、柏油

說明：單下標線如「炭」：表示暫停進口類商品
資料來源：依據《1952 准許進口貨品表及海關稅則》第十三類統計。

五、水泥

　　水泥為建築材料必需品，兼具軍事與民生用途，日治以來台灣已逐漸建立自主的能力。戰後，資委員接收台灣水泥事業成立台灣水泥公司，成為台灣此階段僅有的水泥公司。在關貿政策上，水泥成品（稅則 618）進口稅高達 70%且為暫時進口商品，相反地，製造水泥原料石膏（稅則 642）由 40%稅率調降為 30%〔註235〕。

六、奢侈品管制

　　在十六類商品中，被歸列為奢侈品者以第十六類最多，配合奢侈品管制政策，第十六類商品的貿易限制也相對較多，共 41 項（41.84%），其中多數均為奢侈品。

〔註232〕同上註，頁 109～112。
〔註233〕李文環，〈戰後初期台灣對外貿易之政經分析（1945～1949）〉，頁 84～85、表 3-15、表 3-16。
〔註234〕同上註，頁 86、表 3-17。
〔註235〕《1952 准許進口貨品表及海關稅則》，頁 41。

表 4-26：第十六雜貨類管制品

第十六類：雜貨類		
管制進口	暫停進口	禁止進口
實業用炸藥（637） 人力車、腳踏車輪胎（644 丙） 樂器其他類（652 乙～3）	琥珀、珊瑚、玳瑁及其未列名製品（627-甲） 留聲機及他種唱機及其零件（641 甲乙丙共 4 項） 全部或一部橡皮製鞋（644 乙） 假熟皮及油布（647 甲、乙） 未列名地衣品（648） 安全及他種火柴（651） 樂器象牙紙板（652 乙～2） 脂粉、香水（655-甲、乙） 海綿（661） 未列名運動用器具（662） 菸用雜貨（666） 傘、禦日傘（670 乙、丁、戊） 美術作品（671） 糊精（672 甲） 蠶種（672 乙） 金屬軟木瓶蓋內鉗入軟木者（672 丙） 活動房屋（672 已）	古玩（633） 鑲金屬器、薩摩磁器、漆器（634） 未列名裝飾品用材及製品（635） 未列名首飾及裝飾品（645） 粉撲、粉盒、梳妝盒，修指甲用器具（650） 真假貴重寶石、半貴重寶石（658 甲乙共 4 項） 人造松香製品（664 甲） 玩具及遊戲品（668） 衣箱、旅行箱、首飾盒、書夾、書包（669） 傘、禦日傘（670 甲、丙）
3 項	24 項	14 項
合計：41 項，占第十六類商品之 41.84%		

資料來源：依據《1952 准許進口貨品表及海關稅則》各類統計。

　　綜合上述有關各主要產業商品的關貿政策的變動，整體而言，進口稅率調降幅度最大、最廣者乃為第一類「棉及其製品類」，其次為肥料及製造肥料的原料，再者為花生油、蔬菜油與榨油原料等。棉花、棉紗、大眾棉布等減稅，可提供穩定的衣著來源，肥料為促進農業生產，復以米、穀免稅，調降花生、大豆進口稅，則是為了建立自足的食用油品。總之，在不失財政目的與充裕物資進口的用意下，政府於過渡期調整關貿政策乃以民生的食、衣為主體的策略。

小　結

　　民國 38（1949）年底到 43（1954）年的四年多間，乃是台灣往後發展成為獨立的政經實體的關鍵時期。在此關鍵時刻，政府為因應兩岸的局勢緊張，以戒嚴法所建立的邊境安全體系為界域，結合對出入國境管制、金銀外匯管制、高貿易管制與高關稅等四項，構成一種嚴厲限制人民、金融、貨物流通的半封閉體系。就財經的角度來看，這個半封閉體系在於避免物資外流、儘量降低不必要浪費的「節流」政策，而邊境安全體系、金銀外匯管制、高貿易管制與高關稅等即為此項政策中最重要的節流機制。

　　在此節流機制中，政府以金、銀、外匯為貨幣保證，除民生必需且為台灣境內無法生產的物資外，嚴禁飲食、紡織商品進口，而將主要外匯用之於內部無法或不足的消費需求，以及生產事業再生產之工業原料、機器與生產財，在減少不必要的消費前提下，建立得以自給自足的經濟體系，亦即進口替代產業之建立，其中以「代紡代織」的統制生產方式，移植大陸紡織產業最具代表。此外，在政府減稅的獎勵下，食用油品工業也得以自給自足。在半封閉體中，足衣、足食的建立，成為此階段最重要的成就，而關貿政策的機動性調整，有其正面的意義。